慶應ものがたり

福澤諭吉をめぐって

服部禮次郎

慶應義塾大学出版会

再版のはしがき

このたび、慶應義塾大学出版会の坂上　弘会長のご好意で、わたくしの前著『慶應ものがたり』の第二刷が発行されることとなりました。まことに面映ゆい感がいたします。

第一刷に収められているわたくしの文章のなかには十年も十五年も前に執筆したものも多く含まれています。したがって、そこに登場する人物のなかには、今はもう帰らぬ人となったかたがたもあります。訪問先の土地で、そこに描かれている景観がすっかり変わってしまったところもありますす。それらについては、追記・補註などを書き添えたい気持ちにもなりますが、いまは誤記訂正などのほかは、そのままにさせていただきました。ご了承いただきたく存じます。

二〇〇八年十月

服部　禮次郎

序にかえて

明年（二〇〇二）、慶應義塾は、安政五年（一八五八）の築地鉄砲洲開塾から通算して一四三年、慶應四年（一八六八）の芝新銭座移転―慶應義塾命名から起算して一三三年、明治四年（一八七一）の三田移転から数えて一三〇年目の年を迎えます。

鉄砲洲　芝新銭座　三田の山
　義塾の歴史　舞台めくかな

という、豊かな趣を持つ歌がありますが、慶應義塾の活動舞台はそののち三田を中心として四谷信濃町、広尾天現寺、日吉台・矢上台、湘南藤沢キャンパス、さらにアメリカニューヨーク州ハリソン市などへ拡がりました。

また、二〇〇一年は福澤諭吉生誕一六六年、没後一〇〇年の年にあたります。福澤の名、福澤の著作は、その生前から現在にかけて、日本国中に広まり、その思想・業績はいまも内外の学者が研究対象としています。

このように、世紀をつらぬく時間、国境をこえる空間の中で、福澤諭吉を源とする慶應義塾の歴史は、一年また一年と築かれてきました。その長い歴史の中には、「慶應ものがたり」とでもいうべき、大小さまざまのエピソード、物語が織り込まれています。その中には軽い、ほほえましい小話もあれば、固い、真面目《まじめ》な長話《ながばなし》もあります。

この一冊に集められた私の短文は、それぞれ何かの折りに、私が会合で語り、あるいは筆を執って記した「慶應ものがたり」の断章です。もとより系統立った文集ではありませんが、もし全編を通じて何か漂うものがあるとするならば、それは福澤諭吉たちが作り出した「慶應義塾社中の気風」とでもいうものでしょうか。

二〇〇〇年十月

服部　禮次郎

慶應ものがたり　目次

序にかえて

I　福澤先生の心に触れながら

新世紀とともに迎える福澤諭吉没後一〇〇年　12
福澤先生と社中協力の伝統　18
福澤先生と少年時代　35
福澤先生と中津　44
福澤先生誕生記念会　59
福澤先生誕生記念会とご命日の墓参　62
福澤先生の百回忌ご法要　66
福澤諭吉と交詢社　70
交詢社発足一二〇年　95

福澤諭吉とシャム　100
福澤先生とアメリカ　111
福澤先生と塾員議員の国会活動　120
『福澤諭吉選集』の再刊によせて　124
「福澤手帖」一〇〇号にあたって　128
二人の福澤諭吉　131
福澤先生と煙草　134
セント・アンドリウスへの旅——宣教師ショーの子孫をたずねて　135
A・C・ショー先生と福澤諭吉先生　139

Ⅱ　三田の風に吹かれて

気品の泉源　智徳の模範　172
社中協力の伝統　177
一〇〇年前の慶應義塾社中　188
世紀の送迎　215
十九世紀から二十世紀へ――慶應義塾の学生による世紀送迎会　218
慶應義塾の周年行事　232
義塾の昭和史――その出発点　239
「平成」を迎えて　248
大学部開設一〇〇年式典・記念講演　251
あらたに大きな校地を取得せよ　266
「大学部」設置一〇〇年と「湘南藤沢二学部」の新設　269

新キャンパス誕生を祝う　273
数理と独立——理工学部拡充計画に想う　277
慶應義塾ニューヨーク学院（高等部）の開設を祝う　280
義塾創立一二五年を迎えて　288
塾歌制定五〇年　293
体育会一〇〇年を讃える　296

Ⅲ　三〇万社中とともに

慶應連合三田会会長就任あいさつ　300
台風一過、秋晴れの大会　306
海外三田会の発展とその意義　308
慶應義塾に学ぶ留学生　312

「慶應志木会」の誕生 316
関西合同三田会と名古屋三田会 319
秋のシーズン——義塾社中の多彩なイベント 323
山形県と慶應義塾——東北連合三田会の集いに参加して 328
第四六回東北連合三田会 331
東北六県三田会のつどい 337
三田会の義援活動 340
慶應倶楽部の歴史 344
フランシス・ウェーランドの肖像画について 372
大食堂壁間の絵画——梶原緋佐子の美人画 374
交詢社談話室壁間の絵画——原撫松の女性像 378

Ⅳ　師よ…友よ…。

師——高橋誠一郎先生のこと　386
高橋誠一郎先生の想い出　388
『虎が雨』あとがき　395
『芝居のうわさ』はしがき　398
永沢先生を悼む　405
高村象平先生を偲んで　407
佐藤前塾長を偲んで　410
『考証　福澤諭吉』の出版を祝う　414
藤山一郎さんの国民栄誉賞ご受賞を祝す　420
武藤会長逝く　422
またひとつ消えた社中の巨星——早川種三さんを偲んで　425

星野靖之助氏を偲んで　428
学生時代の友達　430
卒業式の風景　435
生粋の慶應マン――梅田晴夫君を悼む　439

V

福澤先生をささえた門下生

小幡篤次郎・仁三郎兄弟のこと　444
塾の三尊　小幡（篤）・門野・鎌田の三先生　451

I

福澤先生の心に触れながら

新世紀とともに迎える福澤諭吉没後一〇〇年

こんにち、「二十一世紀へ向けて」という言葉が、さまざまな機会に人々の口にのぼっている。「二十一世紀へ向けての日米関係の展望」「二十一世紀へ向けての新しい教育」などというのがその例である。その二十一世紀の到来も今（一九九八年六月）から数えてあと二年六ヵ月ほどに迫ってきた。

慶應義塾では、次世紀の第一年である二〇〇一年（平成十三年）が福澤先生没後一〇〇年に当たるので、その年に、さまざまな記念行事を展開することを決定し、去る一月、塾内に「福澤先生没後一〇〇年記念事業委員会」が設置された。〝二年以上も先のことなのに、いまから委員会を発足させるのは気が早すぎるのではないか〟とも思われるが、〝いや、決して早すぎることはない。記念事業の性質によってはむしろいまからでは準備が間に合うかどうか心配なくらいだ〟とも考えられる。いずれにせよ、偉大な思想家であり、一世の指導者であり、そしてその没後も一〇〇年にわたって世の人から決して忘れ去られることなく、時勢の変遷を超えて常にその著作・思想等が問い返され続けてきた福澤諭吉の没後一〇〇年を記念することは、単に慶應義塾の行事として重要なだけでなく、日本の近代・現代、十九世紀・二十世紀を総括する上でも、きわめて意義深いことであろう。

慶應義塾の社中にあっては、福澤諭吉はその在世当時からこんにちにいたるまで、つねに変わることなく〝福澤先生〟として、塾員・塾生の敬慕を受けている。

しかし、ひとたび慶應義塾の外に出ると、福澤に対してはその在世当時から明治・大正・昭和・平成の各時代を通じ、一方においては熱心な共鳴・共感、高い評価、深い敬意が寄せられるとともに、他方においては根強い批判反発、敵視、攻撃が向けられてきたことも事実である。明治時代には、福澤は文明の先導者として多くの人の支持を得たとともに、〝政府に対する反逆者〟としてのレッテルを貼られ、〝共和主義者〟と疑われ、あるいは、〝拝金主義者〟としてののしられた。

大正から昭和の初期にかけては、「福澤にかえれ」「福澤に学べ」の声がおこるとともに、福澤の『西洋事情』『学問のすゝめ』等は〝啓蒙時代の通俗書であって歴史的使命を終えた過去のもの〟として低く位置づけられたこともあった。しかし、一方、ふたたび福澤の著書が復刻され再刊され普及して世の注目をひくようになると、今度は戦前戦中の時期には福澤は〝非国民扱い〟をされ、その著作は検閲にかかって多くの部分が削除を命ぜられるようになった。戦後の福澤は一方においては〝民主主義の先導者〟〝愛国者〟としてたたえられるとともに、その〝脱亜論〟のなかの片言隻句が問題にされたこともある。いつの時代にも、「福澤びいき」と「福澤ぎらい」が世の中に並存しているのである。

福澤と同時代に近代日本の黎明期を生き抜いてきた思想家・教育家・学者・評論家の数はすこぶる多い。そしてその生前、大きく名声を博し、その著書論説が広く行われた人も少なくない。しかし、その没後一〇〇年を経て、いまもその思想論説が単に伝承されるだけでなく、多くの人々の引用するところとなり、さまざまな角度から研究されている例は、福澤以外にはほとんど見ることができないであろう。

われわれ社中にあるものは、努めて福澤の著書著作等に親しむ機会をつくり、また、毎年つぎつぎに刊行される福澤に関する評伝等にも接し、世の人々とともに、「福澤を知り」「福澤にかえり」さらに「福澤をこえる」べく、「究めていよよ遠」い「限りなきこの道」を進みたいものである。

ちなみに、福澤先生没後一〇〇年記念事業として、現在取り上げられているのは、

一、式典の開催（二〇〇一年二月三日）（福澤先生一〇〇年忌法要は前年二月三日に挙行）
二、福澤書簡集の刊行
三、展覧会・講演会・シンポジウム等の開催
四、福澤思想普及事業の展開その他

となっている。この中で、福澤書簡集の刊行については別に専門委員会を設けて、すでにその作業がスタートした。福澤先生は、まことに筆まめに手紙を書き残したので、『福澤諭吉全集』（昭和三十六年〈一九六一〉刊）に収められているだけでも、二一三〇通にのぼり、そののち発見されたものも三〇〇点ほどあるといわれている。今回の書簡集は前記『福澤諭吉全集』の編集者が蒐集し、

解読し校訂し解説した貴重な業績をふまえ、新しい編集方法のもとに、原稿作成のデジタル化、マイクロフィルムの利用等をとり入れ、全九巻（四六判各巻平均四〇〇頁）にまとめあげ、二〇〇一年二月の記念式典にあわせて第一巻を刊行の予定である。

福澤と同時代の人は、福澤に限らず日常生活で手紙を書くことが、現在とは比較にならないほど多かった。それは電話等が不備であったことにもよるが、趣味・教養・習慣・儀礼にもよるものであろう。

また一方、人からもらった手紙、ことに目上の人、著名人から受け取った手紙は大切に手元に残しておくのが、人々のたしなみであった。

それにしても、福澤の〝手紙書き（レター・ライティング）〟好きは群を抜いている。『福澤諭吉伝』の著者石河幹明氏は、福澤は一生のうち、一万通以上の手紙を書いただろうと述べている。

不特定の読者に向けて発表する著書を執筆する場合とちがって、手紙の場合は、特定の相手に語りかけるものであるから、書き手の考え・気持ち・真情がそのまま表現されていることが多い。福澤の書簡もその意味で、福澤を理解する上できわめて貴重である。それゆえ、『全集』への収録は別として、福澤の書簡の重要性に着目し、福澤書簡の中から適当数を選び出して解説を付したものも多く世に出ている。

鈴木梅四郎『修養実訓　福澤先生の手紙』（大正七年）

小泉信三『福澤諭吉の人と書翰』（昭和二十三年）

小泉信三・富田正文『愛児への手紙』（昭和二十八年）
富田正文・土橋俊一『福澤諭吉百通の手紙』（昭和五十九年）
などがそれである。

前記のように、『全集』発刊後も〝新書簡〟の発見は続いている。それらは、福澤研究センター発行の「近代日本研究」、福澤諭吉協会発行の「福澤手帖」「福澤諭吉年鑑」等に、その都度発表報告されている。しかし、福澤書簡は、いまもなお、〝未発見のもの〟が世の中のどこかに相当数眠っているものと思われる。また『全集』に収録されているものでも原本の所在が不明のもの、正確な写真・複写が保存されていないものも少なくない。

慶應義塾では、福澤書簡の調査をさらに綿密に行うため、「三田評論」等を通じてよびかけを行っている。社中一同あるいは広く一般の方々のご協力を得て、立派な書簡集が刊行され、福澤先生没後一〇〇年記念の行事に輝きをそえることを願うものである。

（「三田ジャーナル」一九九八年六月十五日号）

以上の一文を執筆してから早くも二年が経過した。この二年間に、福澤諭吉に関する数々の論文、著作が世に送られた。それは慶應義塾関係者によって執筆されたものもあるが、内外の学界における近代思想史、政治史、文化史等の分野の研究家による力作が多く注目されている。

われわれ慶應義塾社中にあるものが、もし福澤諭吉を「吾《あ》が仏、尊し」「祖師礼讃《らいさん》」の気持ちでのみ仰ぎみるならば、われわれは到底塾祖諭吉の真の姿を見ることができないであろう。われわれは、一歩はなれ、十歩はなれて、広く十九世紀、二十世紀を通じる二〇〇年間の世界の歴史の中で、福澤の生涯が、福澤の思想が、福澤の残した慶應義塾が、同時代の群像、諸思潮、時流時勢の中で、どのように位置づけられるか、そして二十一世紀以降の未来に向けて福澤の思想はどのように活かされるべきかを真剣に見すえることが求められるであろう。

（二〇〇〇年八月追記）

福澤先生と社中協力の伝統

鉄砲洲開塾から慶應義塾会社設立まで

本日は伝統ある福澤先生誕生記念会にあたりまして、皆様にお話を申し上げる機会をお与え下さいまして、塾員の私といたしまして誠に大きな光栄と存じております。

私どもは、平生、慶應義塾社中、あるいは社中の協力という言葉を無意識に使っておりますが、「社中」というのはいまでは普通には余り見られない文字、聞き慣れない言葉でございます。現に慶應義塾の中におきましても、学校法人慶應義塾の規約、あるいは学則の中には、「社中」という言葉は出てまいりません。また慶應義塾維持会、慶應連合三田会等の規約を見ましても、「社中」という文字は見当たりません。従いまして塾生諸君、あるいは若い塾員の方々の中に、「社中」という言葉は聞いたことがないという人がありましても、不思議はないと存じます。

「社中」でなくて「塾員」という言葉、これは「慶應義塾規約」の中にもちゃんと載っておりますし、また、「塾員名簿」という、立派な卒業生名簿がございますので、「塾員」という言葉は若い塾員も塾生もご存じと思いますが、「社中」となりますと耳慣れない上に、どういう範囲の人々を「社中」というのか、はっきりしないというのが実情であろうかと存じます。

普通私どもが余り考えもせずに口にしておりますのは、慶應義塾というのは、狭い意味でいえば、第一に塾長はじめ学内の先生方、すなわち教職員の方々、それに第二に現在塾にいる塾生諸君、この二つのパートで慶應義塾は構成されている。しかし広い意味で慶應義塾というものをとらえるならば、慶應義塾の構成メンバー、慶應義塾の仲間というのは、いまの二つのパートのほかに、卒業生という集団が加わる。すなわち三つのパート、先生方、塾生諸君、そして塾員諸氏、この三つによって慶應義塾というのは構成されている。この社中全体によって慶應義塾は構成され維持され、そして社中全体の協力によってこれからも生々発展してゆくのだというのが、われわれの普通の考え方でございます。

慶應義塾におきまして、「社中」という言葉がはっきり用いられるようになりましたのは、一八六八年、慶應四年四月のことでございます。「慶應義塾」という新しい名称のもとに、慶應義塾が福澤先生を社頭とする同志的集団、公の独立結社であることを宣言して以来のことであります。その「宣言」すなわち「慶應義塾之記」には、まず、十年前の安政五年に、鉄砲洲奥平藩邸で藩命によって開かれた福澤の塾からの脱皮を宣言いたしております。すなわち中津藩からも独立し、福澤個人の私塾からも脱却した新しい学塾、新しい理念のもとに結成された結社、これを「慶應義塾会社」と名づけております。「慶應義塾会社」あるいは「慶應義塾同社」とも申しますが、これこそ聞き慣れない、見慣れない表現でございます。

さて、「慶應義塾之記」は次のような書き出しで始まっております。

今爰《いまここ》に会社を立《たて》て義塾を創《はじ》め、同志諸子、相共《あいとも》に講究切磋《せっさ》し、以て洋学に従事するや、事本《も》と私《わたくし》にあらず、広く之《これ》を世に公《おおやけ》にし、士民を問はず苟《いやしく》も志あるものをして来学せしめんを欲するなり。

続きまして、この洋学の起源というものが記されております。

抑《そもそ》も洋学の由《よっ》て興《おこ》りし其始《そのはじめ》を尋《たずぬ》るに、昔、享保の頃、長崎の訳官某等《ら》、和蘭《オランダ》通市の便を計り、其国の書を読習《よみなら》はんことを訴へしが、速《すみやか》に允可《いんか》を賜りぬ。即ち我邦《わがくに》の人、横行《おうこう》の文字を読習《よみならう》るの始めなり。其後宝暦明和の頃、青木昆陽、命を奉じて其学を首唱し、又前野《まえの》蘭化《らんか》、桂川《かつらがわ》甫周《ほしゅう》、杉《すぎ》田鶚斎《たいさい》等起り、云々

と書きまして、この洋学がいかに現在必要であるか、いわゆる「天真の学」としての洋学が、いかに必要であるかを述べ、それからわれわれが何をするかということを述べておるのでございます。

蓋《けだし》此学を世に拡《おしひろ》めんには、学校の規律を彼《かれ》（欧米のこと）に取り、生徒を教道《ママ》するを先務とす。仍《よっ》て吾党の士、相与《あいとも》に謀て、私に彼《か》の共立学校の制に倣《なら》ひ、一小区の学舎を設け、これを創立の年号に取て仮に慶應義塾と名《なづ》く。今茲《ことし》四月某日、土木功を竣《おさ》め、新に舎の規律勧戒を立てり。冀《こいねがわ》くは吾党の士、千里笈《きゅう》を担ふて此《ここ》に集り、才を育し智を養ひ、進退必ず礼を守り、交際必ず誼を重じ、以て他日世に済す者あらば、亦国家の為に小補なきにあらず。且又、後来《こうらい》此挙に倣ひ、益々其結構を大にし、益々其会社を盛にし、以て後来の吾曹《われら》を視ること、猶吾曹の先哲を慕ふが如きを得ば、豈亦《あにまた》一大快事ならずや。嗚呼《ああ》吾党の士、協同勉励して其功を奏せよ。

慶應義塾会社

という文言であります。これが、慶應義塾建学の精神のマニフェスト、宣言書でございます。

具体的な塾内の取り決めとして、

一　会社に入る者は其式として金壱両可相納事
一　入塾の節は塾僕へ金弐朱可遣事
一　外宿の社中は毎月金弐朱可相納事
一　入塾の証人は本塾在塾中は一身の事故悉く可引受事

となっております。この中に「社中」という文字が出てくるわけであります。

そのような宣言が慶應四年の春に行われ、私塾から離れた新しい公の結社だという宣言をしておるわけでありますが、このような精神、あるいは基本理念、またそれを直ちに実践に移した意気込みと実行力は、それまでの一〇年間にどのようにして塾の中に蓄積され、培われてきたのか。そしてなぜこの慶應四年春というときに、それが一気に迸り出たのでしょうか。

先生にとっては、この一〇年間は、数え年で申しますと二十五歳から三十五歳までの時期であります。そして先生の身分を見ますと、先生が安政五年、大阪の緒方塾から在塾中に江戸へ移られたのは、中津藩の命令によるものでありました。先生は藩の命令のままに動く、純然たる中津藩の藩士であります。鉄砲洲の中津藩邸で蘭学塾を開いたのも、藩の命令によるものであります。

それから二年たちますと、万延元年、先生二十七歳のときにアメリカから帰られて、直ちに幕府の「外国奉行支配翻訳御用御雇」となっておられます。しかしこれは中津藩士としていわば幕府に一時出向したようなもので、あくまで中津藩士であったわけであります。

しかしそれからまた、四年ほどたちまして、一八六四年、元治元年十月に先生は幕府に召され、「外国奉行支配翻訳御用」として出仕しておられます。これは先生が『福翁自伝』の中で、「いよいよ幕府の家来になって仕舞えというので、一寸《ちょい》と旗本のような者になっていたことがある」と書いておられますが、まあこれは、中津藩から幕府の方へ、いまでいう移籍をしたようなものでありまして、先生のステイタスはここで変わっているのだと思います。

いずれにいたしましても、この一〇年間は、先生にとって二十五歳の秋から三十五歳の春までの、血気溢れる青年の時期でありました。また人間形成の時期でありました。しかも前後三回の海外渡航を通じ、先生は貪るように西欧の思想、西洋の文物を研究し、吸収し、この海外旅行における生々しい体験と、また幕府外国方に勤めることによって得られた先生の国際知識とは、ますます先生をして日本への危機感を深めさせたのであります。そして先生はこの危機感によって、日本の将来を救う唯一の道として、洋学の研究・普及・展開を図る、これが自己の使命であるという使命感を持たれたのであろうと思います。先生が抱かれたこの危機感、この使命感、これは先生の内面に次第に強く蓄積されていったのでありますが、先生はこれを不用意に爆発させることなく、組織的に洋学研究の基礎づくりを整え、時機を待っておられたのであります。

安政の開塾から一〇年間、先生はたびたび塾を留守にしておられます。「咸臨丸」でアメリカに行かれたときは、一月から五月まで先生は塾を留守にしておられる。それから翌々年、文久二年一月、ヨーロッパへ渡航されたときは、丸々一年日本を留守にしておられる。従って塾を留守にしておられるわけであります。また、慶應三年にアメリカへ再び行かれたときも、ほとんど半年は留守にしていらっしゃる。

従って先生不在がちの塾というのは、志は高かったといたしましても、塾の内部は極めて不整頓、乱雑なものであったようであります。『自伝』によると、第一回のアメリカ旅行からヨーロッパ旅行へかけてのころは「まずこの両三年間というものは、人に教うるというよりも、自分でもって英語研究が専業であった」というのでありますから、いったい学生、生徒のほうはどうやって先生と勉強しておったのかわかりません。先生ご自身も「教うるが如く学ぶが如く」というのでありますから、学生のほうはなかなか大変だったろうと思います。従っていろいろなタイプの学生がいて、混乱を極めておったということは、先生自身も書いておられます。

しかし先生は、次第に体制を整えていかれまして、ヨーロッパ渡航中には、イギリスそのほかの教育制度、教育の理念というものを鋭い観察眼また深い洞察力をもって視察し、研究し、持ち帰っておられます。

ヨーロッパ行きの翌年（文久三年）、新銭座の仮住居からふたたび鉄砲洲に戻られたとき、今度の塾舎は、以前よりも手広く、やや整ったものとなりました。そして入れ物が立派になっただけでなくて、その翌年（元治元年）には、先生は中津へ行かれまして、小幡篤次郎、小幡仁（甚）三郎、浜野定四郎、三輪光五郎その他の人々を中津から連れて帰られます。これによって先生を中心とする同志が加わり、これらの方々がやがて塾の有力なスタッフに育っていかれるのであります。教育スタッフとして育っていかれただけでなく、小幡仁三郎氏のごときは塾の管理にも長けていたと伝えられております。

このようにしてスタッフも育ち、更に先生はアメリカへ再渡航されたときには、アメリカの教育のカリキュラムに沿って、アメリカのテキスト・ブックをたくさん持ち帰られたといわれております。校舎もできた、教材も整ってきた、スタッフも充実してきたということでありますが、これをこのままいままでの延長線で仕来りをひきずっていたのでは新しい革新はできない。世の中はどんどん変わっておりまして、慶應三年、すなわち義塾命名の前の年には、既に徳川慶喜は二条城において「大政奉還」を定めております。そして慶應四年になりますと、一月には、もう鳥羽伏見の戦が起き、三月には西郷隆盛が江戸に入ってくる。そして四月に義塾の命名が行われる。五月には上野の戦争中に、先生はウェーランドの経済書を講義しているという順序であります。

この新しい時世に対処するためには、新しい理念、新しい組織でことに当たらなければならない。すなわち新しいネーミングとして「慶應義塾」という名称を選び、新しい組織として「会社」あるいは「同社」という制度をつくり、明確な洋学の理念を打ち出し、新しいルールや手続きをつくり、慶應義塾は中津藩の藩校ではない。福澤の私有する私塾、家塾でもない。同志社中が共に学び、共に教え、共に支え、そして共に栄えていくものだという理念が、名実共に打ち出されているのであります。これが私どものいまも申しております「社中一致」あるいは「社中協力」の原点であろうと存じます。

福澤先生を中心とする社中・社員・塾員・塾友

それでは「会社」とか「同社」とか「社中」などというものが、いわゆる同志的結合であるということはわかりましても、いったいどういう仕組みになっているのかというのは、義塾の発展と共に、その唱え方も内容も急速に変化していくのであります。塾が慶應四年に高らかに開塾の宣言をしましたときには、当然のことですが、卒業生というのはいないわけであります。現在は先生方の数よりも塾生の数が多い、塾生の数よりも塾員、卒業生の数のほうがもっともっと多いというのが実情でございますが、初めの頃は卒業生というのはいないわけでありますから、社中というのは、福澤先生を中心に、共に教え、共に学ぶ、毎日顔を合わせている人々のことであったでしょう。それが塾の発展と共に、内容が変わってくるわけでございます。

この「社中」「会社」「同社」という言葉につきましては、慶應義塾高校の佐志伝先生の「会社、同社そして社中」というすぐれた論文が福澤研究センターの出版物の中に収められておりますので、ご参照下さい。

「会社」という考え方、コーポレーションという考え方、福澤先生は「コルポレイション」と書いておられますが、これは当時として新しい観念であります。幕府時代の塾は必ずどこかの藩の藩校か、藩の中の家塾か、あるいは荻生徂徠の塾とか伊藤東涯の塾といった個人的な塾か、どれかしかなかった。しかしそれは旧時代のことであって、これからは公の結社、今日でいう法人あるいはgoing concernとして、藩がどうなろうと、その先生の一人ひとりがどうなろうと、長く続いて行くものでなければならないという観念であります。しかし学校を「会社」と呼ぶということは、いまではないことですし、また「同社」という文字もいまでは見かけません。

しかし一方、「社中」という言葉のほうはこんにちまで長く伝えられております。ただ「社中」と言いますときに、慶應義塾というコーポレーションを指すのか、あるいはコーポレーションの構成メンバーを指しているのか、あるいは構成メンバーのつながりを指しているのかその辺はいろいろとニュアンスが違うようでございます。

初めの頃にはさきほど申しましたように卒業生もおりませんから、先生の明治元年の言葉に、「僕は学校の先生にあらず、生徒は僕の門人にあらず、之を総称して一社中となづけ、僕は社頭の職掌相つとめ……その余の社中にも各々其の職分あり」とありますように、本当に毎日顔を合わせる同志の結社であったのだろうと思います。

少し後になりまして、明治六年以降になりますと、「社中之約束」という中に、「社中ヲ区分シテ四類ト為ス」「社中ヲ支配スル者ヲ支配人ト名ク」とあります。これは社頭のことでありましょう。「社中・諸務ヲ司ル者ヲ執事ト名ク」、現在で申しますと塾監局長なのでありましょうか。「社中教ル者ヲ教員ト名ク」「社中学ブ者ヲ生徒ト名ク」とありまして、こういうような分類になっております。しかしその但し書きとして、「但シ一人ニシテ数類ヲ兼ル者アルベシ」とありますから、教員であるような学生であるような人がいたと思われます。

また、明治時代には「社員」という言葉、あるいは「社友」という言葉も使われておりまして、慶應義塾の社員、慶應義塾の社友というような表現がございます。あるいは更に「社中」「旧社中」という言葉も使われております。この「社友」というのは慶應義塾の社中ということなのか、あるいは福澤先生のいわれる「社友の誰々君」というのは、先生にとって慶應義塾社中を通じての友人という意味なのか、この辺もいろいろ使い方があるようであります。『文明論之概略』にも、「社友小幡君を煩わし」とか「社友に謀り」というような言葉が見えております。

次に「塾員」という言葉でございますが、これはさきほど申しましたように制度上の言葉でありまして、現在の規約にもございますが、明治二十二年に新しく制定されました規約に、「慶應義塾卒業生と、社頭の特選せる者とを以て慶應義塾々員とす」となっておりまして、以来塾員という文字が次第に「旧社中」とか「旧社員」とか「社友」というような曖昧な言葉に取って替わって、制度的にも定着してきたように思います。

ただ、面白いと申しますか、ちょっと不思議に思いますのは、初期の「塾員名簿」、明治二十二年に塾員の制度ができて間もない「塾員名簿」を見ますと、もちろん福澤先生在世当時のことでありますが、小幡篤次郎先生とか三輪光五郎、松山棟庵以下古いお弟子の方々は、全部塾員になっております。ところがいろは順の「ふ」のところを見ますと、先生のご子息の福澤一太郎氏、福澤捨次郎氏というお名前は出ておりますが、どこを見ても福澤諭吉という名前は出てこないのでありまず。考えてみますと先生は卒業生ではないし、塾員になりたければ「社頭の特選せる者を塾員とす」というのですから、福澤先生が当時社頭でありますから、ご自分でご自分を推薦するしかないので、そこで塾員にはとうとうなれなかったと言うとおかしゅうございますが、塾員にはなっておられないのであります。

更に「塾友」という言葉もございます。「塾友」という雑誌がございますが、当時は塾友という言葉は、ある場合には社中と同じように使われ、ある場合には義塾の卒業生以外の人を指しておりまして、福澤先生も「慶應義塾に学んではいないが、常に塾のことに関してこれを喜憂する者」、塾のことに関心を持って喜んだり憂いたりしてくれる人、「すなわち塾友とも言うべき人々云々」という表現をしておられまして、メンバーではないが、アソシエイト・メンバーのような、コーポレーションの中での位置づけをしておられるようであります。

またずっと下ることでありますが、小泉先生が塾長のときに「三田評論」に毎年塾の近況を告げる報告を掲げておられますが、その中では、「塾員・塾友諸氏に告ぐ」「塾員諸氏、または同窓外の塾友諸氏」というような使い方をしておられました。

いずれにいたしましても、これらのいろいろな呼び方は、すべて慶應義塾というコーポレーションを構成し、支持する人たちを指す言葉、あるいはその人たちの仲間を指す言葉であろうかと思います。そしてこの場合の慶應義塾と申しますと、単なる学校のことを指すのではなくて、学者・教育者としての福澤先生の思想、社会の指導者としての福澤先生の精神、その思想・精神を受け継いで、これを高揚していく結社としての慶應義塾を指しているのだろうと思われます。「社中協力」と申しますのも、従って単に母校であるから支持する、縁故があるから支持するというのではなく、義塾の精神に共鳴し、福澤先生の精神に共鳴してこれを支持し、これに協力するという意味であろうかと思います。

話は元に戻りますが、慶應四年四月にスタートいたしました慶應義塾は、その後どのようにして発展したのでありましょうか。それは輝かしい発展ではありますが、しかし決して平坦な道を歩んだのではございません。明治の時代に入りまして、福澤先生の学識・思想はいよいよ成熟し、先生の著書・論説は一世を風靡し、従ってまた義塾の名声はますます高まり、義塾の卒業生は社会の各方面に迎えられまして、次第に頭角を現してまいりました。このようにして卒業生が次第に増加し、また卒業生の社会的地位が高まるにつれまして、社中におきます旧社員、いわゆる卒業生の比重が次第に増大してまいりました。しかしちょうどそうなりかかった明治十二年の頃、西南戦争による社会変動によりまして、義塾を含めて東京における学生数が非常に減少いたしました。とくに慶應義塾はその学生数の減少によって、大きな痛手を受けたのであります。

そしてこのときには、一時はほとんど慶應義塾を廃止することまで真剣に考えられた時期がございます。このときに先生が塾の社中に告げられた「明治十二年一月二十五日慶應義塾新年発会之記」という文章がございます。

末文に尚一言することあり。抑も我慶應義塾の今日に至りし由縁は、時運の然らしむるものとは雖ども、之を要するに社中の協力と云はざるを得ず。其協力とは何ぞや。相助ることなり。創立以来の沿革を見るに、社中恰も骨肉の兄弟の如くにして、互に義塾の名を保護し、或は労力を以て助るあり、或は金を以て助るあり、或は時間を以て助け、或は注意を以て助け、命令する者なくして全体の挙動を一にし、奨励する者なくして衆員の喜憂を共にし、一種特別の気風あればこそ今日までを維持したることとなれ。云々と書いてございまして、このような社中の努力によりまして、幸いにして明治十二年の危機も脱することができたのであります。

それから一〇年たって、ちょうどいまから一〇〇年前、明治二十三年には文学、理財、法律、三つの科による大学部が発足いたしました。

福澤先生没後の社中協力

それから更に一〇年ほどたちまして、明治三十四年、一九〇一年に福澤先生は逝去されたのであります。しかし福澤先生の周到な配慮によりまして、慶應義塾というコーポレーションは、先生を失っても、一つの結社、集団として、あるいは立派な学塾として、社会からも広く認められるように成長していたのであります。先生が逝去されましたその年に、慶應義塾維持会というのが発足いたしております。その「趣意書」は、

福澤先生没せらる、慶應義塾も共に葬る可きか、否《いな》我々は之を葬るに忍びざるなり。

という書き出しで始まります。先生は亡くなられた、先生の残された慶應義塾も共になくなるべきか、否これをなくすには忍びない、というのが、当時の社中の決意であります。それまでの「社

中一致」「社中協力」というのは、現実におられる福澤先生を中心とする、福澤先生を指導者とする社中の一致であり、結束であります。しかし明治三十四年以後の社中一致というのは、福澤先生のいない社中協力でありまして、福澤先生のいない、しかし福澤先生の精神を中核とする社中の再結束、再発足であったと存じます。この「社中一致」の伝統が、次の人々によってみごとに受け継がれていったのが今日の慶應義塾社中であると存じます。

先生が亡くなられたのは二十世紀の第一年、一九〇一年のことでありました。それからこんにちまで約九〇年、慶應義塾は社中の協力によって、常に社会の要請に応え、あるいは社会の要請に先立って発展し充実してまいりました。社中を構成する塾員数、あるいは塾生数は年々増大いたしまして、その構成内容は過去とは比較にならないほど多様化が進んでおります。

四〇年前までは、塾生はすべて男性のみでありました。従って、また塾の卒業生というのは男性ばかりでありました。しかし、現在は、社中を構成する先生方にも多数の女性の方がおられ、塾生にも、女子高、看護短大の塾生をはじめ多くの女性が見られ、二〇万人の塾員、卒業生の中には二万一〇〇〇人を超える女性がおられます。義塾の発展にとって誠に素晴らしいことであると存じます。

また、諸外国からの留学生が毎年増加し、従って外国人の塾員が世界各地に増加しておりますことも、誠に心強いことであります。大学各学部、大学院の拡充によりまして、塾員の活躍する分野はますます多岐にわたり、多様化しつつあります。これも誠に喜ばしいことであります。

最後に申したいと存じますが、それではいったい社中の協力といい、あるいは義塾の発展というのは、私たち社中の者だけの心の喜び、感情の満足、更にあえて申しますならば、他校との競争心、あるいは優越感の満足のためにのみあるのでありましょうか。それは決してそうであってはならないと思います。

われわれ社中の志すところは、福澤先生が示されましたように、社中の先輩及び一般社会全体からの支持によってつくられている慶應義塾を、われわれの力で一層発展させることによって、社会全体に報い、世運の進展に貢献することにあります。われわれはまた、慶應義塾以外の大学・学園が、それぞれ正しく発展し、義塾と共に、学問・教育の向上に各々貢献されることを、心から望み、願うものであります。

さきほど引用いたしました「明治十二年新年発会之記」の中で、福澤先生は、次のような意味のことを述べておられます。

「いまや、かつて義塾に学んだ者で日本国中各地にいる者は四千名に近づいている。そしてそのなかには社会において責任の重い地位についているものも少なくない。実にわが社中のごときは天下到るところ同窓の兄弟のいない土地はないといってもよいであろう。実に人間無上の幸福ではないか。われらはすでにこの幸福を得た。しかし、これは決して偶然に得られた幸福ではなく、社中先進者たちの苦心と努力の賜である。」

先生は、ただこの幸福に満足しておられるのではなく、この幸福を次代に伝えるため、社中の後進を強く励まし、厳しく戒めておられます。この一節を朗読して、私の話を終わりたいと存じます。

されば今後とても此兄弟なるもの、益相親み益相助けて、互に其善を成し、互に其悪を警しめ、世に阿《おもね》ることなく、世を恐るゝことなく、独立して孤立せず、以て大に為すあらんこと、諸君と共に願ふ所なり。

ご清聴ありがとう存じました。

（本稿は、一九九〇年一月十日に行われた第一五五回福澤先生誕生記念会での講演を加筆修正したものである。）

（「三田評論」一九九〇年四月号）

福澤先生と少年時代

みなさん、おはようございます。

きょうは普通部のみなさんの前でお話をする機会をもちまして、たいへんうれしく思っております。いまもご紹介がありましたように私もかつて普通部に学んだことがあります。もっとも、そのころの普通部はいまの三田の中等部のところにありましたし、いまとは制度も大分違っておりました。幼稚舎六年あるいは小学校六年を終わって十二歳のとき普通部へ入る。そこまでは同じなのですが、普通部が一年生、二年生、三年生、四年生まであって、それからすぐに大学予科という高校みたいなところに進学する。そのあと予科と学部とあわせて六年間大学にいて二十二歳のときに大学を出る。もっとも、これは一ぺんも留年や浪人などしない場合のことですが、結局、小学校へ入ってから大学を出るまで合計十六年間かかるというのはいまと同じなのですが、ただ区切り方がいまとすこしちがっていました。六・三・三・四でなくて六・四・三・三でした。それはともかく、私も十二歳のときから四年間――これは留年なしの四年間ですが――普通部におりましたので、普通部時代の思い出をあれこれと持っております。

普通部の年中行事というと第一番目に思い出すのが「労作展」、これはそのころからありました。そのころの「労作展」も、いまと同じように自分で研究題目を選んでその成果を一年に一回発表するということで、熱心な人は随分努力して力作を出品したものですが、しかし、いまのみなさん方のほうがはるかに優秀な作品を出品しておられる。それはハッキリ言えると思います。たいへんうれしいことであります。すべて世の中は、「昔のほうがよかった」とか、「戦前のほうが優れていた」などということがあってはならないので、労作展だけでなく、一般の学科でも、体育でも、あるいは規律というかふだんの行動も、心がまえも、私たちのころよりも、幸いに現在のみなさんのほうがずっと進んでいるし優れています。そしてこれからも将来も、もっとそれを向上させていくように皆で努力しなければならないと思います。

普通部時代の年中行事は労作展覧会のほかにももちろんいろいろありました。いまは当然なくなっている軍事教練、野外演習、実弾射撃などという勇ましいものもありましたが、いまも続いているものとしては福澤先生の「お墓まいり」も毎年ありました。ただ、これもいまと違っているのは、二月三日のご命日は同じですが、当時はお墓がいまの善福寺でなく目黒駅の近くにありました。しかし、二月三日になると塾生がつぎつぎに福澤先生のお墓におまいりするという風景はいまと同じでありました。

きのう(二月三日)も、私は善福寺のお墓におまいりしたのですが、塾生が大勢きていました。OBもいました。そのとき私はおまいりをしながら福澤先生の一生というものをつくづく考えてみました。福澤先生の若いときには、もちろん小学校もなければ中学も高校もない。大学もない。そういうときにどうやって先生は勉強したのだろうか。少年時代をどうすごしたのだろうか。いまの中学生、高校生、大学生にあたる時期を先生はどんな気持ちですごしておられたのでしょうか。みなさんの中にも『福翁自伝』などを読んだ方がおられるでしょうが、きょうはそのことを、みなさんと一緒に考えてみたいと思います。

福澤先生が生まれたのは一八三五年というのですから、いまから一五〇年以上も前のことです。先生は幼いときにお父さんを病気でなくします。顔もおぼえないうちにお父さんをなくす。八つ違いの兄さんと、その間に姉さんが三人いる。先生は五人きょうだいの末っ子です。先生はお父さんの転勤先の大阪で生まれたけれど、お父さんが亡くなったので、物心つかないうちにお母さんにつれられて一家六人、大阪からふるさとの九州の中津へ舟にのって引きあげる。中津へ帰ってから、親戚も大勢いるのに、「大阪から引きあげてきた一家」ということでことばが違う、着ているものが違うということから、なんとなく孤立してしまって、まわりとは全然つき合わない。いとこ達ともつき合わない。お母さんを中心に、くらし向きももちろん楽ではない中で、きょうだい五人だけでかたまっていたというのですから、先生自身も「他人の知らぬところで随分淋しい思いをしましたが」と語っておられるように、私たちから考えると余り恵まれていた環境とはいえないのですが、先生は決してそれを恵まれないとか、ふしあわせだなどとは全く考えていなかったようであります。すべて、心のもちようだと思います。

先生はきょうだい五人で家でむつまじく喧嘩もせず遊んでいたけれど、教育となると誰も世話をする人がない。ただ、そのころのさむらいの風習で、幼いときから『論語』とか『大学』とかいうむずかしい漢字ばかりの書物を意味もわからず読まされることはあったようです。これを素読《そどく》といって誰でもやることになっていた。しかし、お母さんも家事がいそがしい。たった一人でご飯をたいたりお菜をこしらえて五人の子供の世話をするので教育の世話まで手がまわらない。誰も勉強を奨励する人もない。先生はご自身で「誰だって本を読むことの好きな子供はない。私一人が嫌いというこ とも なかろう。天下の子供みな嫌いだろう。私は甚だ嫌いであったから、休んでばかりいて何もしない。手習いもしなければ本も読まない」と言っておられます。これは先生が十二歳までのころのことですから、だいたい普通部へはいる前までのことにあたります。先生は、子供のときに馬鹿にむずかしい本を読ませられたことによほど反発を感じたというか、これは無意味だと感じたのでしょう。三十歳をすぎたころになって「或云随筆《わくうん》」という文章の中でこんな意見を述べておられます。

「人は生まれて六、七歳になれば天然の智恵がはじめて出てきて、物事を習い覚えるときになる。しかし、何といってもまだ未熟なのだからなるべくやさしいことから習わせるべきである。まず、その国のことば、東西南北、十干《かん》十二支《し》、年月時刻の算えかた、地理学の初歩、すなわち日本でいえば日本地図、日本地理のようなものを教え、だんだん世界地理も覚えさせ、物理自然科学の初歩を教え、手近のものを観察させて、分かり易く面白く楽に勉強させ、十六、七歳になって初めて社会のこと経済のことなどを勉強させるべきである。それをいまはカナ文字もロクに知らぬ子供に初めから『論語』だ『大学』だという難しい本を読ます風習がある。子供は面白くないからイヤイヤ日を送り、大事な物覚えのよい年頃は通り越して一生〝書物ぎらいの廃物〟となることが多い。」

これは先生の幼いころの苦い体験にもとづく意見だったのでしょう。苦い経験をそのままにしておかずに、あとでそれを分析して後のひとのために活かしてゆくというのも先生のゆきかたです。

ところが先生は十三歳ぐらいから急に勉強好きになった。それは十三歳ぐらいになってみると近所の知っている子はみな本を読んでいるのに自分一人読まないのは外聞が悪い、恥ずかしいと思ったのか、それから自分で本当に本を読む気になって田舎の塾へ行き始めた。そこからが先生のえらいところだと思うのですが、自分と同年齢の子供はもう随分上級の本を読んでいるのに、こちらはあとから入ったのだから初級からやらなければならない。それを我慢して続けているうちにたちまち追いついて、漢学――いわゆる漢学者の教える学問を四、五年ばかり塾に通学して、すっかり上達してしまった。いま先生が勉強した漢学の書物を調べてみると随分むずかしいものをたくさん読んでおられる。文明開化、自由思想などとはおよそ縁のないような書物をたくさん勉強している。旧式といえば旧式なのですが、立派な中国の古典を読みこなしている。これは先生にとっても大きな勉強になったことと思います。何でも徹底的に勉強すればその対象が何であっても思考能力というか理解力というか、基本的な研究能力を高めるのに大きく役立つのであります。

それで十三、四歳から四、五年間の先生の勉強ぶりはわかったとしても、いくら勉強好きになったと言っても一体先生はそのあいだ毎日どんなことをしていたのでしょうか。先生は、漢学の塾へ四、五年通ったあと、十九歳三ヵ月のときに蘭学を学びに中津を去って長崎へ行ってしまうのですから、その十九歳まで中津で勉強のほか何をしていたか。初めに言いましたように、福澤の一家は大阪から中津に引き上げてきて、まわりの人とあまりつき合わない。先生は『自伝』の中で「私は少年の頃から家にいて、よくシャベリもし、飛びまわりはねまわって至極活潑でありながら、木に登ることが不得手、水を泳ぐことが全然出来ないのは、同じ中津藩の子弟と打ちとけて遊ぶことが出来ずに孤立したせいでしょう」と述べておられますが、しかし全然よその子供と遊ばなかったわけでもない。ただ、同年輩の子供と本当に一緒になって何かすることはなかったようです。先生は『自伝』の終わりのほうで、中津にいた十九歳までのときのことを語って、「私はドチラかといえばオシャベリのほうであったが、人にほめられても嬉しくもなく、悪く言われてもおそろしくもなく、すべて無頓着で悪く批評すれば人を馬鹿にしていたようなもので仮そめにも争う気がない。その証拠には、同年輩の子供と喧嘩をしたことがない。喧嘩をしなければ怪我もしない。友達と喧嘩をして泣いて家に帰っておっかさんに言いつけるというようなことはただの一度もない。口さきばかり達者で内実は無難無事な子供でした」と述べておられますが、無難かどうか、みなさんのお友達にこういうタイプの人がいるかどうか考えてみてください。

またよく聞かされる話ですが、福澤先生が子供のころ、ばちが当たるかどうか試しに神様の名のあるお札《ふだ》を踏んでみたというのも中津時代の十一、二歳のころのことです。お稲荷様の扉をあけて、中のご神体の木の札を取り出して捨ててしまったというのも、それから一、二年あとのことのようですから、普通部一、二年のころのいたずらだったのでしょう。お酒を飲み始めたのは何歳のときかわかりませんが、先生自身が「幼少のころから酒を好む」と言っておられるから、まあ普通部生くらいのときから飲み始めたのでしょう。これは先生が「私の身にきわめて宜しくない、きわめて赤面すべき悪癖は幼少から酒を好む一条で」とか「私は酒のために生涯の大損をして」と言っておられますから、いくら福澤先生がえらくても、こればかりは真似しないほうがいいでしょう。

さて、十九歳のときに先生は蘭学の勉強をすることになりました。——オランダ語の学習、およびオランダ語を使って学習する技術学問のことを「蘭学」といっていましたが——先生はお兄さんのすすめで蘭学の勉強をすることになります。ところが中津では蘭学なりオランダ語を勉強するところがない。九州の中では長崎へ行けば、そこは当時日本唯一の貿易港・国際都市でオランダ船が出入りするから自然オランダの学問や技術に縁がある。そこで長崎の山本という人、この人はオランダから渡ってくる鉄砲や大砲の技術を知っていた人だそうですが、その人の家に住み込んでオランダ語を勉強することになりました。先生はこのことを「私の生まれてから一生涯の活動の始まり」と言っていますが、中津藩という、どうも大阪から帰って十何年住んでみたがしっくりいかない田舎の城下町をとび出して、国際都市長崎に出て蘭学家の家に初めて親元をはなれ下宿する。これは先生が十九歳三カ月というのですから、ちょうど大学生になったくらいの年齢です。先生にとっては大きな文化ショックだったでしょう。そしてこれが先生の一生涯の活動、大活躍の始まりで、これから一年余り長崎で勉強——といっても住み込みの修業ですが、オランダ語の初歩を覚える。それから大阪へ出て緒方洪庵の適塾という、これはちゃんと系統的な教授法をもつ蘭学塾で先生は二十四歳まで、前後二年半ばかりみっちり勉強をします。これが先生のいわば「大学生生活」にあたるのでしょう。この緒方塾——適塾で初めて先生は三つの大きな収穫というか、三つの大きな幸福にめぐまれました。

それは、緒方洪庵先生という立派な人格・学識をもった先生にめぐりあったということが、幸福の第一です。つぎに、中津や長崎のようなせせこましいところとちがって、大阪のような大きな自由都市・商業都市の中で、全国各地から緒方塾に集まったいろいろな違うバックグラウンドを持った友人にめぐりあって交りを結んだこと、これが幸福の第二です。それから第三番目の幸福というのは、これは基本的なことですが、ここで先生は、単にオランダ語を学習したというだけでなく、蘭学の研究を通じて西欧の合理主義、科学的合理主義というものに接し、大きく大きく視野が開けたことです。

先生の学生生活、大学生活ともいうべき大阪緒方塾での学習は、一八五八年、安政五年の秋、先生二十四歳のときに終わります。それは、その年に中津奥平藩の命令で、先生は江戸へ出て、鉄砲洲の奥平屋敷で蘭学塾を開くことになったからです。この福澤先生の蘭学塾が慶應義塾の始まりです。

江戸へ出てからの先生は、いわば「社会へ出た社会人としての福澤諭吉」です。もちろんそれからも先生はいままでの学習で得たところを基礎にして勉学を続けます。一生涯先生は学習勉強を続けられました。江戸へ出て社会人になってからの先生の前途には、蘭学から英語への転向、三回の海外旅行、慶應義塾の拡充、著書の出版を初め、さまざまな重要なしごとが待っていました。それらの重要な事業を先生が十分になしとげることができたのは、やはり先生が少年時代、青年時代に、内部に蓄積してきたもの、形成してきたものが、あの幕末明治初年、十九世紀後半という時代の環境の中にあって外部に発揮されたからだと思います。中津・長崎・大阪という学習の場で、ちょうど普通部生、高校生、大学生という年齢をすごされた先生の勉強の成果が、十九世紀後半における日本の偉大な指導者としての福澤先生をつくり上げたといってよいだろうと思います。その福澤先生の教えを受け継ぐみなさん方、私たちも、先生のあとを継いで、こんにちの日本、世界の中の日本、あるいは広く人類社会・地球社会のために、一生懸命尽してゆきたいと思います。

みなさんのご健康を祈って私のお話を終わります。

（本稿は、一九九一年二月四日、慶應義塾普通部での講話を加筆修正したものである。）

（「慶應義塾普通部会誌」第四〇号）

福澤先生と中津

(上)

一九九八年七月十五日(水)午後七時から、中津市中殿《なかどの》の「ホテル・サンルート中津」を会場として、中津三田会(会長細川直俊君—昭和27年医、副会長佐藤正直君—昭和36年経、同半田良助君—昭和36年経、事務局河野誠男君—昭和52年法、会員数六〇名)の会合が開かれた。今回は私が中津を訪問する機会に「連合三田会会長歓迎会」として催され、みなさまから温かい歓迎をいただき、ありがたく出席させていただいた。参加者は、中津三田会会員三〇名に加えて、来訪三田会として、北九州三田会(広石俊彦会長ほか二名)、大分県三田会(野内健二君ほか一名)の参加があり盛大であった。

中津三田会は毎月第二月曜日に月例昼食会を開くほか、今回のようにたまたま来訪した塾員OBを迎えて臨時三田会を開き、あるいは季節に応じて納涼会を催すなど、その活動はきわめて活発である。さらに明後年(二〇〇〇年)には、〝福澤諭吉没後一〇〇年記念九州沖縄連合三田会中津大会〟の開催が計画され、さまざまな企画が進行中とのことである。

中津市には「福澤旧邸保存会」という財団法人（理事長は中津市長鈴木一郎氏、事務局長向本《むくもと》双美氏）が設立されており、同市留守《るす》居《い》町に〝国指定文化財　史跡福澤諭吉旧居〟として、敷地一一五坪余の中に建てられた、建坪三一坪のかやぶき屋根の家一棟とほかに物置風の二階建の土蔵が立派に保存され、公開されている。旧居に接して二階建の記念館が建てられ、福澤先生の遺墨遺品そのほか貴重な参考品が保存展覧され、さらにパネル、写真等によって、福澤先生の生涯の業績とその時代的背景が手際よく展示され多くの来館者を集めている。記念館および〝旧居〟の前は大きな広場となっており、バスの駐車場、胸像記念碑、みやげ店等がひろびろと展開している。

ＪＲ九州日豊本線の中津駅を下りると、駅前には福澤先生の大きな銅像が立っている。町を歩けば〝福澤通り〟と名づけられた道路があり、〝旧居〟のほかにも〝独立自尊〟のオベリスク型記念塔、その他の記念物が見られる。みやげ物店には、〝福澤せんべい〟その他の福澤グッズがならんでいる。また、中津市寺町には明蓮寺という真宗のお寺があり、そこは福澤家代々の菩提寺であった。いまもその境内に小さな福澤家祖先の墓石があり、毎年二月三日、福澤先生のご命日には、中津三田会が中心となって明蓮寺の本堂で法要が営まれるとのことである。福澤先生がその故郷として終生こよなく愛した〝豊前中津〟は、慶應義塾社中にとっても、大切な縁故地である。

『福翁自伝』の中で、先生は中津ですごした少年時代のことを回顧して、十九歳で蘭学修業のため長崎に向けて中津を去ったときは、〝再び帰って来はしないぞ〟と心の中でさけんだ、と記している。しかし実際は、先生はそののち六回も中津を訪れている。一回目は長崎から大阪に行き、緒方塾で修業中の安政三年（一八五六）、兄の病気等による帰郷であったが、その年のうちに大阪再遊を果たしている。二回目は安政五年（一八五八）藩の命令で大阪を去って江戸に移るとき、母に暇《いとま》乞《ごい》をするための一時帰郷であった。三回目は元治元年（一八六四）、拡大しつつある築地鉄砲洲の福澤塾の中核ともなるべき優秀な青年を、中津藩士の子弟の中からスカウトするための中津行きであった。その結果、小幡篤次郎・仁（甚）三郎兄弟、浜野定四郎ら六人を同伴して江戸に戻った。小幡兄弟、浜野はそれぞれのちに塾長に就任している。

明治に入ってから、先生は三回、中津を訪れている。明治三年（一八七〇）先生は中津の旧居に残してきた母を東京へ迎えるため帰郷し、約一カ月滞在し、藩の重役の諮問に応じて中津藩の武備の全廃と、洋学校設立の必要を説いている。そして、母を奉じて中津を去るに当たって、「藩の青年に与える書」として「中津留別の書」を残している。その末段は次のとおりである。

「願わくば、わが旧里中津の士民も、いまより活眼をひらいて先ず洋学に従事し、自《みずか》ら労して自ら食い、人の自由を妨げずして我が自由を達し、脩徳開智、鄙吝《ひりん》の心を却掃し、家内安全天下富強の趣意を了解せらるべし。人誰か故郷を思わざらん、誰か旧人の幸福を祈らざる者あらん。発足の期近きにあり、匇々筆を執って西洋書中の大意を記し、他日諸君の考案に遺《のこ》すのみ。

明治三年庚午十一月二十七夜、中津留主居町の旧宅敗窓の下に記す。福澤諭吉」

これは先生が中津の青年を通して日本中の青年によびかける、中津発のメッセージであったと言えよう。

明治五年（一八七二）五月、先生はまたまた中津を訪れた。これは中津市学校の視察と旧知事奥平一家を奉じてその東京移住に随従するためであった。その年二月、『学問のすゝめ』の初編が発行された。この初編は、「福澤諭吉、小幡篤次郎同著」となっており、端書《はしがき》には、「このたび余輩の故郷中津に学校を開くに付学問の趣意を記して旧《ふる》く交りたる同郷の友人へ示さんがため一冊を綴りしかば、或人これを見て云く、この冊子を独り中津の人へのみ示さんより、広く世間に布告せば其の益も亦広かるべしとの勧《すすめ》に由り、乃ち慶應義塾の活字版を以てこれを摺《す》り、同志の一覧に供うるなり」と記されている。

これによれば、「天は人の上に人を造らず……」で始まる『学問のすゝめ』初編も、初めは先生の同郷故旧、中津人へのメッセージとして記されたのであった。また、『学問のすゝめ』の第九編、第十編（いずれも明治七年刊）は「中津の旧友に贈る文」という副題がつけられ、文中にも「わが旧里」「中津の旧友」の文字がみられる。

このの ち先生は、なかなか中津を訪れる機会がなかった。明治十九年、先生は全国漫遊を思い立ち、まず東海道を旅行し、関西方面に遊んだ。そしてその帰京のすぐあと、先生は中津に住む先生の長姉小田部禮《れい》宛に「私はこの後も旅行致し候積もり、其内には又々中津へ参り候儀もこれあるべく」と報じている。しかし、先生の全国漫遊はそののち余り続かず、中津行も実現しなかった。

明治二十六年（一八九三）先生は中津行きを思い立ち、十月初旬出立の用意までしたが赤痢流行のため延期し、翌明治二十七年（一八九四）二月、一太郎、捨次郎の二子をつれて中津に行き墓参をしている。このとき、耶馬渓《やばけい》に遊び、景勝地〝競秀峯〟が売物に出ていると聞き、景観保存のためこれを買い取ることを決め、三月中旬中津を去った。これが先生最後の中津行となった。

しかし先生は、そののちも中津行きの機会を待っていたようである。中津から帰京ののち、耶馬渓の山林買い入れのあっせんを依頼した中津の有力者(曾木円治)宛の手紙の中で「老生もほんの一時の発意にて申し上げ候事なれど、折角思い立ち候上は事を成就いたしたく、且つかようのものがあれば、折々中津へ参る口実とも相成り、旁《かたがた》以て御願い申し上げ候……」と本音を述べている。

また、明治三十年(一八九七)、九州の私鉄「豊州鉄道」が小倉―行橋間の路線を宇佐まで延伸し、中津にステーションができたとき、先生は翌年一月中津の小田部家宛の年始書状の中で「……中津には鉄道出来《しゅったい》、自《おの》ずから旧面目を改め申し候ことならん。老生もそのうちにて一見致し度く存じ居候」と書き送っている。先生はいつまでも中津に対し、望郷の念をいだいておられたのであろう。

明治三十四年(一九〇一)福澤先生逝去のあとも、慶應義塾社中と中津との関係は、福澤旧邸保存事業、福澤祭その他の記念行事、あるいは福澤研究者の中津地域での史料採訪、中津三田会の活動などを通じて固く結ばれている。来る西暦二〇〇一年の〝福澤先生没後一〇〇年〟に向けて、義塾社中と中津のつながりが一層強くなることを心より願ってやまない。

(下)

周知のように、福澤先生は豊前中津奥平藩の藩士の子として大阪で生まれた。父福澤百助《ひゃくすけ》が中津藩の大阪倉屋敷在勤中に、その第五子として誕生した。八歳年長の兄も、六歳、四歳、二歳うえの姉三人も、先生自身も大阪生まれであるが、先生だけは父の顔も覚えぬうちに父の死に遭い、乳呑児の先生をふくむ福澤一家は母に連れられて中津に引きあげた。したがって、福澤先生が生まれたのは確かに大阪であるが、〝物心づいた〟のは中津である。先生がのちに大阪を〝第二の故郷〟と述べているのは、生まれたところとしての〝大阪〟ではなく、緒方洪庵の〝適塾〟で多感な青春期を送った〝大阪〟を指しているのであろう。福澤先生にとって、真の〝故郷〟はやはり〝父母の国〟中津、物心づいてから幼少年期をすごした中津であった。

福澤先生は終生、故郷である豊前中津をこよなく愛し、郷土のためになにかと心を労し力を尽くしている。先生は晩年、『福翁自伝』の中で少年期の中津を回想し、「窮屈なのが忌《いや》でいやでたまらぬ」「終始不平でたまらぬ」「こんなところに誰が居るものか」と思ったと記し、安政元年（一八五四）十九歳三カ月で蘭学修業のため長崎へ出ることとなって中津を去ったときの心境を「故郷を去るのに少しも未練はない」「一度出たら鉄砲玉で再び帰って来はしないぞ」「今日こそ宜《よ》い心持ちだと心に喜び、後向《うしろむき》に唾《つばき》してさっさと足早にかけ出したのを覚えている」と勇ましく述べている。

この部分だけを読むと、先生は一生中津がきらいで、飛び出したきり一ぺんも中津に足をふみ入れなかったように思われるかもしれない。先生は『自伝』の中で、少年反抗期時代の自己をかえりみて、当時の中津の窮屈さを、おもしろおかしくズバズバと切り捨てている。しかしこれは、晩年になって故郷を想う念がますます強くなった先生が、血気さかんであった少年時代へのほほえましいなつかしさを込めて、ことさらに筆を強めて書き上げた〝望郷の詩《うた》〟であったといえよう。

先生は〝再び来はしないぞ〟と思った故郷中津へそののち六回も帰っている。これはすでに述べたところである。

明治八年（一八七五）、中津の町に芝居・飲食・夜遊等が流行し風俗が乱れているとの風聞を耳にした先生は、先生が主唱して設立された中津市学校の生徒がその風俗に染まることを大いに恐れ、有力者島津復生にあてた手紙の中で次のような警告を発している。

「……学校の生徒読書に鬱《うつ》することあらば、その鬱を散らす場所には乏しからず。龍王の浜あり、高瀬川あり、大貞も可なり、宇佐羅漢もよし……」と述べている。高瀬川は山国川の中流、いまの市場橋のあたりであろうか。大貞《おおさだ》はいまの大貞公園のあたりであろうか。宇佐羅漢は宇佐市にある名所のことかと思われる。

明治二十三年（一八九〇）七月、先生は中津の有力者山口廣江あての手紙の中で、次のように述べている。

「小生も、一度中津へ参りたく存じ居り候。その用は、墓参に兼ねて椎屋の滝と羅漢寺を一見するつもりなり。羅漢寺へは六、七歳のとき一度まいり帰路母におぶさり候ことをかすかに記憶するのみ。他はすべて夢の如し。」

先生にとっては〝羅漢寺〟も、そしてさきに述べた〝龍王の浜〟も〝高瀬川〟も〝大貞〟も、なつかしい故郷の山であり川であったのであろう。〝一見するつもり〟と述べられた〝椎屋の滝〟は宇佐郡安心院《あじむ》町の東椎屋《ひがししや》の滝であろうか、それとも、宇佐郡院内《いんない》町と玖珠《くす》町にまたがる西椎屋《にしじや》の滝のことであろうか、さだかでない。また先生は続けてその手紙の中で、「毎度、人に面会、耶馬渓のことをたずねられ何も不案内にて申訳なし」と述べ、耶馬渓へ行きたい気持ちを述べている。ただし、このときの中津、耶馬渓行きは実現しなかった。

先生の最後の中津訪問は明治二十七年（一八九四）のことであった。しかしそののちも中津をたずねたかったことは、故郷の親戚故旧にあてた手紙の中にもありありと示されている。明治三十一年（一八九七）七月、先生はすでに夫を失っていた末の姉、服部鐘《かね》が、老齢にもかかわらず、中津から神戸へ旅行したことをきいて喜び、中津の知人に「老生ことも今一度中津へまいり度く、毎度思い立ちては中止、姉の方が却って元気宜《よろ》しく、赤面いたし候」と書き送っている。先生はいつまでも中津に対し、望郷の念をいだいておられたのであろう。

先生には三人の姉があった。次姉の婉《えん》は中上川《なかみがわ》彦次郎の母であるから、彦次郎が早くから東京へ呼び寄せた。旧中津藩士小田部《おたべ》武に嫁した長姉の禮《れい》は、小田部が篤実の士でありその家産も堅実であったから、一生中津に住んで幸福な生活を送ることができた。先生は中津にある先祖の墓の供養、年忌法要、親戚身内の災難病気の見舞い、中元歳暮の儀礼などには常に細かく配慮しているが、それらの送金伝達はほとんど毎回小田部の姉夫婦を煩わし、こまごまとした伝言等を依頼している。

先生が終生気にかかっていたのは末姉の鐘の身の上であった。鐘は服部復城（先生の漢学の師服部五郎兵衛の弟）に嫁したが、その家庭生活は不幸であり、その生計は不如意であった。先生は絶え間なく慰めの手紙をとどけ、定期的に生活費を送り、その他にも援助の手を尽している。

三人の姉がそれぞれの境遇はことなったにせよ、三人揃って健在であることは先生にとって何よりの喜びであった。ところが東京で仕合わせよくすごしていた次姉の中上川婉が明治三十年（一八九七）一月二十二日病没した。先生は、ただちに中津の二人の姉にその訃を報じた。

「中上川御姉様御事……ついに今日午十二時五分御死去相なり候。誠に残念至極の御事……天命は致し方御座なく、御病中医薬の手当は残る所なく……外国医のベルツと申す人をも度々招待いたし候こともこれあり、すべて手落ちと申すは万々御座なく、……」と至情を述べたあと、署名に続いて、〃一月二十二日午後一時過〃とあるから、姉の臨終後一時間ほどで筆をとったのであろう。

不幸は重ねて起こった。その年六月十九日、中津にあった長姉の小田部禮が病没した。先生は中津の服部鐘に、即日長文の手紙を書いた。そのごく一部だけを左に引用する。

「……ご同様に兄弟五人大阪に生まれて自《おのず》から中津人とは別《べつ》の者のように育ち、生来ただの一度も兄弟喧嘩致し候こともなく、母様の手になりたち候ところ、其の五人の兄弟は今は三人を失い、もはやおまえ様と私とさし向かい二人に相なり候。……今後ともおまえ様ご一身の事はたしかに御引受申上、何なりとも御世話仕《つかまつ》るべく、これは私が父上様母上様に代りて勤め候こと故、ご遠慮なく、さっさっと仰せ下されたく、ご生涯ご不自由はなきよう致すべく存じ候……。」

二人の姉を失ったとき、先生は六十四歳であった。そして、その翌年九月、先生は脳溢血症を発し、以来静養生活に入られた。病中の先生は、ようやく筆を執るまでに快復した明治三十二年八月、残された一人の姉（鐘）に自筆の手紙を送り、「……私事大病後次第によく相成候様御座候得共、人間百事知るが如く忘るるが如く、真に及ばざるもの御座候。今日病後はじめて筆にしるし申上候次第に御座候」と記している。そののち先生は幸い立派な揮毫を残すまでに本復されているが、逝去の三カ月あまり前の明治三十三年十月にも鐘に手紙を出している。『福澤諭吉全集』第十八巻の註によれば、これが〝現在判明している先生最後の自筆の手紙〟とのことである。

先生の姉鐘は、先生没後も長らえて、大正二年（一九一三）一月に没した。鐘は先生在世中にギリシア正教（日本ハリスト正教会）に入信した。中津市龍王の墓地にある鐘の墓には十字架が刻まれ、「神婢徳露斐亜」という霊名が誌されている。小田部禮の墓は中津市寺町日蓮宗大法寺の境内にある。美しい墓石には「恭護院妙温日操大姉」の法名が刻まれている。東京青山霊園の中上川家墓域内にある「中上川婉之墓」には、その側面に「福澤百助女　中上川才蔵妻　中上川彦次郎母」と刻まれている。

先生は、旧幕・旧藩時代、明治初年の版籍奉還から廃藩置県までの時代、廃藩後の時代を通じ、中津についても深い関心をもち続け、ことに廃藩置県後の〝豊前国下毛郡中津町〟の経済、旧奥平家の維持、旧藩士族の生活安定、人材の養成等については深い関心をはらい、助言、仲介、援助を惜しまなかった。

旧幕時代においても、先生は〝中津藩〟の盛衰存亡についても無関心ではいられなかった。『自伝』の中で先生は藩に対して建白書など出したことがないと言い切っているが、それは自己の栄達を願うような〝売り込み〟や〝陳情〟をしなかったという意味であって、幕末の危機に際し、先生は藩の有力者に対して藩の進むべき道についていくたびか率直な意見を書面で述べている。先生は幕末の一時期、中津藩士ではありながら、幕府の外国方（外務省）に、いわば〝出向〟のような形で幕府（中央政府）の役人として勤務していたので、中津藩のおかれている危機的な位置を〝外側〟から客観的に観察することができた。その結果、先生は広い視野から〝親元〟の中津藩に対し、親《しん》身《み》になってアドバイスを送ったのであろう。

明治になってからも廃藩置県になる前、先生は中津に帰省したおりに藩の重役一同列座の席に招かれ、意見を求められている。そのときの先生は、もはや中津藩の下級武士としてではなく、〝国際情勢〟〝国内政局〟について高度の情報と見識をもつ洋学界の権威、『西洋事情』等の著者としてその席に招かれたのである。

廃藩置県のあとも先生は旧藩主奥平家の安泰をはかるために力を尽している。明治の新時代の人材養成のためには旧藩主、旧士族の拠出した基金による中津市学校の設立に参画し、慶應義塾から有力な教員を派遣している。

明治十年（一八七七）六月、先生は西南戦争の影響を受けて動揺を続けていた中津の情況を憂慮し、中津の有力者鈴木間雲《かんうん》に手紙を出した。その中で先生は「戦争もなかなか片付き申さず、近日は豊後の方も騒がしく、就ては中津は如何、随分掛念《けねん》なきにあらず。何かと御心配の段、察し奉り候」と述べ、中津の動揺は旧藩以来の〃門閥の残夢〃によるものだと指摘し、〃中津の安全幸福〃のために、中津において徳望ある鈴木間雲に〃非常の英断を以て〃〃世間の残夢を驚破するのお考え〃はないか、是非奮起していただきたいと促している。そして「小生は中津人にして中津人にあらず、中津旧藩の盛衰も左まで心に関せず、奥平様の禍福も夫れ程頭痛に病まず、中津の学校も工業も等しくこれ人事の一小部分、浮世の外の細事とは思えども、折節物に触れ事に当りて、郷里の事は丸で棄て難きものなり、是また人生の至情ならん。ご推察下さるべく候」と真情を打ち明けている。

中津の経済振興についても先生は、前記の鈴木間雲を中心とする金融機関〃天保義社《てんぽうぎしゃ》〃――旧藩時代から受け継いだ基金をもとに主として旧士族向けに設けられた一種の銀行――の運営に助力を惜しまなかった。

また、中津地方の道路改良を主唱し、明治八年（一八七五）、みずから「豊前豊後道普請《みちぶしん》の説」を起草し、率先して金一〇〇円を寄付した。そしてその道路の方角（路線）について議論がわかれていることをきき「……敢えて遠方より嘴を入るべきにあらざれども、私どもは唯中津の便利を計るのみ……細《こまか》に論ずれば中津も中津、然も私の生育したる留主居町の便利と思う程の私欲偏心に候えども、此の留主居町を利せんとするには中津一般の利を謀らざれば叶い難きことゆえ中津のために道普請を祈るなり。豊前の国に道さえ出来れば満足と申す趣意には御座なく候……」と愛郷心を丸出しにして中津の先輩（島津復生）宛に訴えている。しかも、先生はそれに続けて、「概していえば今の世に当たり私心を去りては公利は起らざるものなり。ただ此の私心を拡げて公に及ぼすこと緊要なり」と開き直っている。まことにみごとな愛郷心である。また〝公利〟についての鋭い指摘である。

先生は先生一流の姿勢を一流の表現で〝小生は中津人にして中津人にあらず〟〝中津の盛衰も左まで心に関せず〟と記しているけれども、中津は先生にとって愛する故郷であり、忘れられぬふるさとであった。病中最後の手紙を姉に送るときも、先生の脳裏には中津に関するさまざまな想いが去来したことであろう。

年表――福澤先生と中津

天保五年十二月十二日（一八三五年一月十日）大阪玉江橋北詰中津藩倉屋敷で生まれる。

天保七年（一八三六）六月十八日　父百助没。母子六人、船で中津に帰る。

天保七年から嘉永六年（一八五三）まで中津ですごす。

安政元年（一八五四）二月　十九歳三ヵ月で、蘭学を学ぶため中津を去って長崎に行く。

安政二年（一八五五）長崎を去って江戸に向かう途中、大阪の中津藩倉屋敷に兄三之助を訪ね、兄のすすめでそのまま大阪の緒方洪庵の適塾に入門。

安政三年（一八五六）任期の満ちた兄と二人で船で中津に帰る。八月、中津を出て大阪に戻り、中津屋敷の空長屋に独居自炊、適塾に通学。九月、中津の兄三之助没。ただちに中津に戻り、家督を相続。大阪再遊を決心し中津を去る。大阪に着き、緒方洪庵の好意で適塾の内塾生となる。

安政四年（一八五七）適塾の塾長となる。

安政五年（一八五八）中津藩の命令で江戸に出る。出発前、中津に帰り母に別れをつげる。一旦大阪に戻り、江戸に出る。江戸鉄砲洲、奥平家中屋敷の長屋を借りて蘭学塾を開く。【慶應義塾の起源】

文久元年（一八六一）中津藩士（江戸定府）土岐太郎八の次女錦と結婚。

元治元年（一八六四）三月出発、中津に帰省。六ヵ月逗留。母と六年ぶりに対面。小幡篤次郎らを伴い帰京。

慶應四年＝明治元年（一八六八）四月　鉄砲洲の中津屋敷を引き払い、前年購入した新銭座の旧有馬家中屋敷に移る。校舎を新築し、塾の名を「慶應義塾」と定める。

明治三年（一八七〇）十月　中津に行き母を伴って帰京。

明治五年（一八七二）京阪神を経て五月中津着、市学校を視察。旧藩主奥平一家とともに七月帰京。

明治七年（一八七四）五月　母お順、東京で没する。

明治十八年（一八八五）六月十八日　父百助の五十回忌を東京で営む。中津明蓮寺では旧暦六月十八日に法要。

明治十九年（一八八六）五月八日　母お順の十三回忌を東京福澤宅、および中津明蓮寺で営む。

明治二十六年（一八九三）十月　中津へ出立を予定したが赤痢流行のため中止。

明治二十七年（一八九四）二月　長男、次男を連れ墓参のため中津帰郷。初めて耶馬渓に遊ぶ。

明治三十年（一八九七）一月二十二日　次姉中上川婉、東京で没する。六月十九日、長姉小田部禮、中津で没する。

明治三十四年（一九〇一）二月三日没。二月八日、麻布善福寺で葬儀。同日中津では中津倶楽部、明蓮寺、寿福寺でそれぞれ追悼会、追弔法会が行われる。


（「三田ジャーナル」一九九八年八月十五日号、一九九九年二月十五日号）

福澤先生誕生記念会

去る一月十日（一九九一）午前十時半から、恒例の「福澤先生誕生記念会」が、三田山上の西校舎で開かれた。

石川塾長は記念会における年頭の挨拶の中で「福澤先生の理想と心を土台として、多くの先輩が築き上げてくれた慶應義塾独特の気風、あるいは社中一致の精神」は今後ともしっかりと持ち続ける必要があるが、同時に「時代の変化に対応できる柔軟な、そして鋭敏な感覚」を慶應義塾が持つことが大切であり、そのためには、「義塾の体質がつねに瑞々《みずみず》しい、生き生きとしたものでなければならない」ことを繰り返し強調されていた。

福澤先生は『福翁自伝』の中で、「私の生まれたのは天保五年十二月十二日、父四十三歳、母三十一歳の時の誕生です」と述べておられる。先生在世中はもとより先生逝去ののちも、先生の誕生日といえば、十二月十二日と決まっていた。先生逝去の翌々年、明治三十六年（一九〇三）十二月十二日、先生の長男福澤一太郎氏、次男捨次郎氏が三田の福澤邸に小幡篤次郎、門野幾之進、鎌田栄吉等社中の古参者三十余名を夕食会に招いたとき、一太郎氏は「諸君ご承知のとおり十二月十二日は父の誕生日でございます」と述べ、これを報じた「慶應義塾学報」（「三田評論」の前身）もこの会合の記事に「福澤先生誕生記念会」という見出しをつけている。ところが、それから数年たった明治四十四年から、福澤家では先生の誕生日を一月十日に改めた。先生誕生の天保五年十二月十二日は、西暦では一八三五年一月十日にあたるからとのことであった。

一方において、福澤先生没後、社中一同は二月三日の先生のご命日を先生の記念日と定め、毎年この日に記念会を開いて先生の遺徳を偲んでいた。しかし、先生没後十一年目の明治四十五年からは、その前年新しく誕生日に設定された一月十日に記念会を行うこととなった。当時の通告には次のとおり示されている。

告慶應義塾出身及関係者諸君

福澤先生記念会は是迄毎年二月三日（先生命日）に挙行し来り候ところ、明治四十五年よりは先生誕生日即ち一月十日に挙行の事に相改め、来る一月十日午後四時本塾に於て同会挙行仕るべく候あいだ、ご参会下されたく候。追て会費一円当日御持参の事。

この予告どおりに開かれた記念会において、福澤捨次郎氏は「この記念会が年々追悼会の意味に終るは亡父の性質より推すも面白きことにあらず。生前、常に悪しきことは忘れて好きことを記憶せよと口にする例なりしほどなれば、本年よりこの会を誕生日に改められしは甚だ満足なり」と挨拶があった。

また、さきに記した明治三十六年十二月十二日福澤邸においてひらかれた記念会の直後、福澤一太郎氏は「当日は慶應義塾創立者の死を弔うためでなく、その誕生の日を祝するためでございました」「常に進取経営に怠ることなかりし多事多忙なる人の生涯の始まりを追想し、わが慶應義塾の発端を思い出して勇気を鼓するの資とし、以てこの創立者が実例によって示した活発進取の気風を益々盛ならしめようとの考でございました」と述べ、さらに「亡き人の命日を紀念することは貴ぶべき人生の至情であって私はこれに対してかれこれとがめ立てをしようというのではない。ただ、もしも故人臨終の時をおもうて心耳を澄ます要があれば、その健全活発の日を追想して進取の気風に習うのも、また極めて必要であろうと申すまでのことでございます」と語っておられる。

福澤家では先生没後はやくから、「記念会はなるべく命日ではなく誕生日に」と希望しておられたように思われる。

このようにして、明治四十五年(一九一二)以来、義塾においては毎年一月十日に福澤先生誕生記念会を開き、「常に進取経営に怠ることのなかった」福澤先生の「生涯の始まり」を追想し、先生の示された「活発進取の気風」を一層高揚することを社中一同心に誓っているのである。

この記念会は、新年最初の社中の集まりとして、今後もながく続けられることであろう。

(「三田ジャーナル」一九九一年二月十五日号)

福澤先生誕生記念会とご命日の墓参

慶應義塾社中においては、毎年一月と二月に、それぞれ福澤先生にちなむ行事が営まれている。一月は〝一月十日〟の福澤先生誕生記念会であり、二月は〝二月三日〟福澤先生ご命日のお墓まいりである。

福澤先生は『福翁自伝』の冒頭に「福澤諭吉の父は豊前中津奥平藩の士族福澤百助」「藩でいう元締役を勤めて、大阪にある中津藩の倉屋敷に長く勤番していました。それゆえ家内残らず大阪に引越していて、私共は皆大阪で生まれたのです。兄弟五人、総領の兄の次に女の子が三人、私は末子。私の生まれたのは天保五年十二月十二日父四十三歳、母三十一歳の時の誕生です」と述べておられる。従って先生ご自身は終生この十二月十二日を誕生日としておられた。天保五年は〝甲午《きのえうま》〟であるから先生は〝うまどし〟であった。天保五年から六〇年経過した明治二十七年に、ふたたび〝甲午〟の年がまわってきて、先生は還暦を迎えられた。しかし明治二十七年は日清戦争の最中であったので還暦祝いは一年延期され、翌二十八年、芝の紅葉館で盛大に開かれた。この還暦祝いの日どりも、十二月十二日であった。このように先生のお誕生日は先生在世中は十二月十二日であったが、先生没後一一年目の明治四十五年（一九一二）になってから、「旧暦の天保五年十二月十二日は太陽暦に換算すると西暦一八三五年一月十日に当たる」ということで、にわかに先生のお誕生日は一月十日に変更された。それ以来こんにちまで、毎年この日に福澤先生誕生記念会が催されている。

旧暦（太陰暦）が用いられた時代に生まれた人の誕生日を、あとから新暦（太陽暦）に換算して別の日に変えてしまうということは、いささか奇異な感じがするが、明治時代にはほかにも実例があったようである。いま、十一月三日は〝文化の日〟として祝日になっているが、戦前は〝明治節〟として明治天皇あるいは明治の御代を偲ぶ祭日であった。そして、もともと、十一月三日は明治時代の天長節、すなわち明治天皇のお誕生日を祝う祝日であった。しかし『明治天皇紀』によれば、明治天皇が孝明天皇の第二皇子として誕生されたのは、嘉永五年九月二十二日であった。そしてそれから、毎年九月二十二日が〝ご誕辰〟の日であり、ご即位後も、明治五年までは九月二十二日が天長節であった。それが、明治六年の改暦以来、天長節は十一月三日となった。これも太陽暦換算によったのだろう。

さて、ことし（一九九三）の第一五八回福澤先生誕生記念会において、石川塾長は、きわめて示唆に富む心強い年頭挨拶を述べられた。石川塾長は、これからの慶應義塾は〝国際的評価に耐え得る優れた大学〟をめざしたい。もしひとたび目標をそのように定めたならば、われわれが行うべきことはたくさんある。「仮に時間がかかって歩みはおそくとも、そういった目標を絶えず心の中におきながら、一歩一歩着実に歩んでいくことができますれば、十年たったとき、二十年たったときに、義塾の発展は期して俟つべきものがあろうと考えます。その意味で今年をその方向への第一年目にしてほしいと心に願っている」と述べられた。

慶應義塾の名は、日本国内ではあまねく知れわたっている。しかし、海外では、慶應義塾に対する評価はさておき、まず一般の人々のあいだで慶應義塾の知名度がきわめて低いことは、われわれはつねに痛感し残念に思うところである。

こんにち、日本の一般の大学生に問いかけて、欧米あるいは諸外国の有名大学の名を五つほど答えて下さいとたずねたとする。大部分の大学生は、オックスフォード、ケンブリッジ、あるいはエール、ハーバード、スタンフォード、プリンストン、コロンビア等々の大学名をやすやすとあげるに違いない。これに反して、アメリカやヨーロッパ、アジアの一般の大学生に、日本製の自動車、カメラ、電気製品等のブランド名をあげなさいといえば、たちどころにトヨタ、ホンダ、ソニー、キヤノン等の名が返ってくるであろうが、日本の大学の名を五つほどあげなさいとたずねたならば、たちまち答えに窮するであろう。もとより一般の知名度の高低と専門家から優れた評価を受けるということとは別の話であろうが、外国の一般の大学生が「日本には、いくつかの優れた大学がある。その中でも慶應はすばらしい」という認識を持つようになってもらいたいものである。義塾の諸教授あるいは研究グループの優れた学問的業績が国際的に高く評価されている事例は必ずしも少なくないであろう。しかし、慶應義塾全体が学問の府として、諸外国のいわゆる名門大学とならんで国際的に認識され、尊敬されるという段階には至っておらないのが実情であろう。石川塾長が述べられたように、今年を〝その方向への第一年目〟として、ひとり慶應義塾のみならず、日本の大学のいくつかが高い国際的評価を受けるようになることが強く望まれる。

二月三日は福澤先生のご命日である。麻布二の橋ちかくの麻布山善福寺にある先生の墓所には香花がそなえられ、大学生の中には前の晩からおまいりにつめかけるものもあり、朝になると幼稚舎生がつぎつぎにきてお墓の前で手を合わせている。ほほえましい光景である。先生没後すでに九十二年、しかし先生の思想、先生の教育理念は、慶應義塾社中を中心に、いまも脈々と受け継がれている。

一月十日のお誕生日、二月三日のご命日を迎えるたび、われわれ社中のものは改めて先生の高風を仰ぎ、敬慕の念を新たにするのである。

（「三田ジャーナル」一九九三年二月十五日号）

福澤先生の百回忌ご法要

二月三日（木）（二〇〇〇）、午前十時から、三田の山に近い港区元麻布一丁目「麻布山善福寺」で福澤先生の百回忌法要が福澤家によって営まれました。善福寺は、浄土真宗本願寺派の名刹で、福澤家の菩提寺となっています。明治三十四年（一九〇一）二月三日、福澤先生は三田山上の自邸で亡くなられましたが、その葬儀は二月八日の午後、善福寺で執り行われています。

福澤先生のお墓は、現在、善福寺の山門を入って左手の丘の中腹にある墓域のなかに建っています。毎年二月三日のご命日には、幼稚舎生から大学生までの塾生、塾長はじめ塾関係者・塾員がこのお墓におまいりし、早朝から夕暮まで、墓前にささげるお線香の煙の絶えることがありません。

福澤家では、毎年絶やすことなく福澤先生ご命日の法要を善福寺で営み、先生のご子孫方が大勢参列され、塾長も慶應義塾を代表して毎年出席しておられます。

福澤先生の没後一〇〇年は、来年（二〇〇一）のことになりますが、仏教の年忌では、本年二月三日が、まさしく福澤先生百回忌の忌日にあたるので、今回、百回忌のご法要が営まれました。慶應義塾では、この記念すべき百回忌ご法要に当たり、福澤家のご了承を得て、鳥居塾長、神谷評議員会議長、三村同前議長、理事、学部長、研究科委員長、学校長など多数が参列して福澤先生を偲びました。

法要は、善福寺の広大な本堂でおごそかに営まれました。特に印象深かったのは、念仏・回向・御文章《ごぶんしょう》拝読・ご法話まですべて一一人の塾員（浄土真宗本願寺派の都内各寺院のご住職、副ご住職あるいはご衆徒）によって執り行われたことでした。

ご導師は善福寺ご住職、麻布弘海師が務められました。一一名のお名前は次のとおりです。

麻布弘海師（昭和27年文）　港区元麻布　善福寺住職
近藤佑定師（昭和36年法）　世田谷区松原　勝林寺住職
佐々木賢秀師（昭和38年法）　調布市若葉町　正善寺住職
樹谷淳宣師（昭和39年商）　港区高輪　正満寺住職
寺崎　修師（昭和43年政）　世田谷区北烏山　妙善寺副住職・慶應義塾大学法学部教授
山田正宏師（昭和44年法）　豊島区南池袋　香教寺住職
高輪真澄師（昭和54年文）　大田区萩中　善永寺住職
本多静芳師（昭和55年文）　所沢市東所沢　万行寺住職
佐々木義史師（昭和58年文）　港区三田　教誓寺衆徒
蔵田秀樹師（昭和60年法）　渋谷区広尾　上宮寺衆徒
真柄唯信師（昭和62年文）　中央区築地　善林寺副住職

ご回向ご焼香のあと、山田正宏師によって、本願寺八代蓮如上人の御文章の拝読がありました。蓮如上人のお文《ふみ》は、福澤先生が平易なカナまじり文のお手本として参考にされ愛読された名文章です。

先生は晩年、「福澤全集緒言」(明治三十年〈一八九七〉)の中で次のように文章についての苦心談を述べておられます。

「自分の文章は概して平易で読み易いことは世間の定評でもあり自分でも自信がある。それはひとつには全く緒方洪庵先生の教えの賜であって、今日に至るまで無窮の師恩を拝する者である。また、自分が若年十七、八歳の頃、旧藩地豊前中津に居るとき、家兄が朋友と何か文章のことを談ずるその談話中に、和文の仮名使いは真宗蓮如上人の御文章《おふみさま》に限る。これは名文なり云々と称賛するのを傍できいて記憶していたことがある。そののち江戸に出て洋書翻訳を試みるときにそのことを思い出し、御文章の合本一冊を買い求め、いかにも読み易い、これは面白しとて幾度も通覧熟読して一時は暗記していた部分もある。これがため仏法の信心発起は疑わしけれど、多少にても仮名文章の風を学び得たるは蓮如上人の功徳なるべし。」

平易とされた蓮如上人の御文章もいまでは必ずしも平易とは受けとられず、福澤先生の著訳書も、『福翁自伝』など口語体のものをのぞいては、若い人には読み易いものとはいえなくなりました。これも時勢の移り変わりでしょう。

ご法要の終りに樹谷《きたに》淳宣師によるご法話がありました。その中で樹谷師は、福澤先生のご法要は、百回忌のあと、いずれ二百回忌、三百回忌も営まれることであろう。しかし、われわれはそれらに参列することはできないであろう。出会うことが稀れな百回忌の法要にこんにち参列できた喜びと幸せを感謝し、謝恩の心をいだきたいという意味のことを述べられ、感銘を深くしました。

正午ごろ、ご仏事がすべて終り、お灯明のともる冷え冷えした本堂を出て一歩境内に出てみると、そこには立春の日のあかるい日ざしの下に、お墓まいりの順番を待つ幼稚舎生の列が続いているのが目に入りました。福澤先生からみれば、今の十歳前後の幼稚舎生は曾孫《ひまご》の孫くらいのへだたりがあります。しかし、そのような遠い時間の流れをのりこえて、先生の教えは脈々としていまに伝わり、未来に向けても語り継がれていきます。福澤先生は、いつまでも多くの人々の敬慕の的であり、また先生の思想はつねに人々の関心をひき、広く大きな影響を世に与え続けています。

いまから一〇〇年が経過し、二十一世紀の終りの年、二一〇〇年の二月三日に福澤先生の二百回忌法要が営まれるときにも、先生の教えはいまと同じように生き続けていることでしょう。

（「三田ジャーナル」二〇〇〇年二月十五日号）

福澤諭吉と交詢社

江戸東京自由大学の本年（一九九六）のテーマは、「会う、集う、交わる」、サブタイトルとして、〈江戸東京の文化創造〉となっております。きょうは、私はこのテーマの一つの象徴的なものとして、「福澤諭吉と交詢社」という題でお話を申し上げます。

交詢社の立地された銀座という地域は、いわゆる文明開化の時代に再発足した土地です。「銀座」という地名、そういう場所は、江戸時代からあったのですが、明治五年の東京の大火により、銀座周辺は焼け野が原になりました。その時に東京の都市計画を考えた人は、現在の国道一号というか、中央通りを、防火壁のようにして不燃家屋の町をつくりたい。それによって、西から焼けてくれば、東への延焼を防げる。東から燃えてきた場合も、またそこで火を食いとめることができる。そして、広い道路をつくり、できればロンドン、パリのような道路づくり、町づくりをしたいということでスタートしたのです。

江戸の文化、江戸の経済の中心は、日本橋でした。サイデン・ステッカーという人の表現によると、「日本橋は江戸のチャイルドであり、銀座は東京のチャイルドである」と言っております。つまり、銀座は東京になってからの、文明開化の申し子であったという意味であるかと思いますが、本日はこの銀座という文明開化の産物と、福澤という啓蒙家との接点としての交詢社ということでお話したいと存じます。

福澤諭吉は「東京人」であった

福澤諭吉は、慶應義塾をつくったとか、『学問のすゝめ』『文明論之概略』その他、いわゆる名著を残した知識人として、また当時の思想界、あるいは若い知識人をリードした啓蒙活動家として名をとどめておりますが、実は多方面の活動をしております。これは日本に限らず、啓蒙期の指導者は非常に多面的な活動をするのが常で、福澤もその一人であったかと思います。すなわち、言論活動を行うかと思うと、教育活動を行い、直接、事業に手を出すわけではありませんが、鉄道の事業を奨励する。あるいは印刷の技術を奨励する。殊にコミュニケーション、トランスポーテーションの発展のためには、いろいろな手立てを用いて、これを推進しております。

その福澤は大阪に生まれました。もともと、いまの大分県中津の藩士であった父親が、たまたま転勤で大阪に駐在していたのです。当時、各藩は江戸と大阪に駐在所を持っており、大阪の場合は「倉屋敷」、江戸の場合は「上屋敷《かみ》」「中屋敷《なか》」「下屋敷《しも》」と申しておりました。現在、東京には必ず、何々県東京事務所とか、東京出張所というのがあって、中央との連絡を図っておりますが、江戸時代には各藩がそういうことをしていて、経済的には各藩の経済部の出張所が大阪にあったのです。

福澤の父親は大阪の中津藩経済出張所のようなところに勤めており、福澤はそこで生まれました。

その後、長崎で蘭学を学び、次いで大阪で緒方洪庵の下で蘭学を学び、明治維新の十年ほど前、二十五歳の時に江戸へ出てまいりました。そして、十年間は江戸生活をし、明治元年から明治三十四年まで、いわゆる東京になってからは、東京に住んでいたわけです。福澤の書いたものを見ますと、大阪弁とか、関西の方言はあまりトレースできません。福澤も、「明治の初めごろまでは大阪弁も覚えていて、関西旅行をした時には、昔、覚えた大阪弁を使ってみた」というようなことを言っておりますが、それ以後はずっと東京におりましたので、書いたものは非常にべらんめぇ調な、東京の方言をたっぷり入れた表現をしており、そういう意味では、福澤は「江戸人」というより、「東京人」であったと申せましょう。つまり、若い時は西日本育ち、二十五歳から最晩年まで「東京人」であったということです。

大阪の「適塾」で学んだこと

福澤の「略年譜」を見てみますと、天保五年十二月十二日に生まれたとなっています。それでは天保五年は西暦何年かというと、これが厄介で、天保五年は旧暦ですからその十二月三日が西暦の一八三五年の一月一日になります。ですから天保五年は大部分一八三四年なのですが、福澤の生まれた日は、西暦一八三五年一月十日ということになります。福澤と同じ天保五年に生まれた人には、橋本左内、江藤新平、前原一誠、岩崎彌太郎がおり、一八三五年という取り方をしますと、坂本龍馬、井上馨、松方正義が同年生まれとなります。橋本左内は、「安政の大獄」によって二十六歳で日本橋の小伝馬町で死刑にあい、江藤新平、前原一誠は、明治の初めに明治政府と意見が合わず、いわゆる「佐賀の乱」「萩の乱」を起こし、それぞれ処刑されている。そういう不運の時代でもありました。岩崎彌太郎は三菱の創始者であり、これはまた福澤と時代を同じくして、違う意味で大きな活動をした人です。

一方坂本龍馬は幕末に活動した人であり、井上、松方は、むしろ明治の後半に名声が定着した人で、井上は外務大臣その他の要職を歴任した明治の元勲の一人であり、大正時代には「元老」と言われ、松方正義は大蔵大臣として令名が高く、やはり大正時代に「元老」と言われた人でした。

そのような時代に福澤は大阪に生まれて、一旦は中津へ戻りますが、安政二年、数え年二十二歳の時に、当時、大阪にあった有名な蘭学塾である緒方洪庵の適塾へ入門することができ、約三年半、在学しております。もちろん、ここではオランダ語を教わり、物理、数学、いろいろなオランダの本を読まされておりますが、社会科学的なことは勉強していません。緒方塾はもともと医者を養成する医学学校のようなものでしたが、現代の考え方からすると、語学を中心とした教養学部のような幅の広い学問を教えたところのようです。

ここで福澤が緒方洪庵から学んだことは、もちろん、専門的な蘭学が中心ですが、平易な文章を書くことを教わりました。殊に翻訳書というのは原文が読めない人が読むのであるから、原文を読まなければわからないような翻訳は翻訳ではない。やさしい言葉で翻訳書をつくることを、緒方洪庵も実行しており、塾生にもそれを教えました。福澤は緒方の塾で、大きくこの辺の影響を受けたのであろうと思います。

また、緒方の塾では、塾生仲間で議論、討議し合うことが盛んであったと言われておりますが、これはどちらが正しいといって自説を通すためではなく、いわばディベートの練習をしていたのです。例えば赤穂浪士は忠義な侍か、忠義ではないのかという議論では、「忠義な侍である。なぜかといえば、主人の敵を討った」ということも言えますが、「決して忠義ではない。もし忠義であれば、初めからああいう事件が起きないように上手に藩の運営を図るべきであった。また当時の幕府の法律によって裁かれて死を与えられた主君の復讐をすることは間違っている」という論も立てられる。福澤も仲間同士で、きょうは自分は忠義の側に立って、君は反対側に立って討論をしよう。明日はまたさかさまの立場に立って論戦をしようと言っておりますが、これもどちらの主義というのではなく、お互いにそれで議論のポイントを探りあて、終わったら笑って討議を終わるということを楽しんだと言われております。

蘭学から英学へ

三年半の在学が終わり、福澤は藩の命令で江戸へ出て、築地鉄砲洲の中津藩邸で蘭学塾を開きました。現在、聖路加病院のあるあたりに、福澤が初めて塾を開いたところであるという記念碑が立っております。そこで蘭学塾を開いたというと、大層なことのように聞こえますが、実際には、中津藩の鉄砲洲の屋敷の一棟の長屋を与えられて、そこに藩の中の子弟、あるいは外の人までが来て、蘭学を教えておりました。

ところが、その翌年、二十六歳の時に、「安政の五カ国条約」によって、まず函館、神奈川（横浜）、長崎の三つの港が開かれ、英、米、フランス、ロシア、オランダの五カ国との貿易が行われて、いわゆる外国人の居留するところとして、横浜が栄え始めました。福澤はさっそくそこへ見物に行き、オランダ語が通じないことに驚いて、これからは英語だというので英学に転向するわけです。ちなみに、福澤と同じ年に生まれ、福澤に先立って、これも緒方洪庵のもとに二年半ほど在学していた橋本左内は、福澤が横浜へ行って英学に転向した年に処刑されております。

そして、翌年、二十七歳の時に初めてアメリカへまいります。サンフランシスコへ行っただけですが、福澤はアメリカの人々、アメリカの文化、ライフスタイル、アメリカ人の精神に、非常に深い印象を受けたようです。この原体験があったためもありましょう、福澤は終生、アメリカに対しては非常に好意的でした。アメリカと日本はもっともっと接近して、貿易の面においても、文化の導入についても、アメリカを大切にすべきであるという主張をしております。しかしながら、明治年間には、この主張を公にすることは非常に憚られました。今から考えると不思議に思われるかもしれませんが、明治時代の日本は、すべてイギリスを手本としておりました。つまり、イギリスには王室があり、日本には皇室がある。イギリスの王室は日本の皇室の模範ともいうべきもので、日本は東洋の英国になりたい。アメリカは共和主義の国であり、アメリカを褒めることは共和政治を褒めることである。民主主義と言うけれども、民主主義の中での共和主義を唱えるものであるというので、福澤が少しアメリカについて述べると、「福澤は共和主義者である」というレッテルをはられそうになる。従って、アメリカについては、福澤は終生、深い関心を持ち、日米のあり方について議論をしておりますが、世の嫌疑を避けるために、この議論を非常に慎重に、控え目に控え目に発表しております。

その後二年ほどで、今度はヨーロッパへ行きます。アメリカへ行った時には、サンフランシスコに滞在しただけでしたが、ヨーロッパでは、イギリス、フランス、プロシア、オランダ、ポルトガル、ロシアを訪問いたしました。ここでは、いわゆるコミュニケーション、トランスポーテーションが非常に進歩しており、印刷、新聞、電信、郵便、鉄道、情報の伝達、人間の交流、交際など、文明開化のいろいろなインフラが整備され、いろいろな制度が進んでいるのに驚嘆しております。当時、ヨーロッパへ行った幕府の使節団は、福澤を含めて、病院、学校、倶楽部、国会を見学してまいったのですが、後に福澤は、政党政治の仕組みがわからず、あの人とこの人とは敵だなどといいながら同じテーブルで酒を飲んで飯を食っている、少しもわからない、意見の交換、人間の交際がこんなに進んでいるのかというのに驚嘆したことを書いております。また、新聞についても、なにか事件のあった翌日の朝に数百万人の人が同じ情報を共有する制度ができていることに驚嘆して、当時、『西洋事情』等にそれを書いておりますし、自分の手控えにも、克明にノートしております。

さらにまた四、五年たって、アメリカへ行く機会がありました。この旅は、ニューヨーク、フィラデルフィア、ワシントンなど、いわゆるアメリカの文化の進んだ東部へ行くわけですが、その翌年、福澤は三十五歳の時に、塾を鉄砲洲から新銭座へ移します。新銭座というのは、新橋から第一京浜国道を少し田町のほうへ行き、ちょっと左へ入ったところです。今の新橋のガードの先ですから、すぐ脇を鉄道線路が通っていたようで、明治のごく初めに福澤は、「今、新銭座に住んでいるけれども、汽車が開通するので、うっかりすると敷地がとられるかもしれないが、自分のところは大丈夫であろう」というようなことを書いております。その時までは藩の中の福澤塾で、塾の名も、「中津藩内の蘭学塾」、あるいは通称「福澤塾」と言ったのでしょうが、この新銭座に移ったのを契機に、塾を改組して、「慶應義塾」と命名しております。これはたまたま年号が「慶應」と言ったからつけたのだそうです。

当時、世の中にはたくさんの先生がおり、漢学の塾、洋学の塾をそれぞれ開いておりましたが、これらはすべて、「何々先生の塾」ということで、プライベートなスクール、プライベートな塾でした。しかし、福澤は、これからは組織でものを運営しなければいけない。「福澤塾」ではなく、「慶應義塾」にする。パブリックなものであって、みんなでサポートし、みんなで運営していく学校にするということを宣言して、弟子の主だった人をその運営に参与させ、ゆくゆくはこれをもっともっとパブリックなものにしたいという抱負を語っております。そして、その教授内容は、アメリカから大量に持ち帰ったテキスト・ブックを中心に、いろいろなカリキュラムを組み上げていったようです。このようにして福澤は人材を養成していったのですが、本人の告白しているところによると、自分が蘭学から英学へ移った時には、先生である自分も共々に英学を学んだ、「教えるが如く学ぶが如く」であったと言っています。実は福澤は非常に広範な読書をして、自分の知識の蓄積に努めているわけです。そうなると、その知識をみんなに分かち与えたい、発表したいと思うのは当然です。西洋に三回も渡った体験をもとにして、『西洋事情』『西洋旅案内』その他の外国事情の紹介書を刊行しておりますが、これは当時の世の中では、広く行われていたようです。

明治における知識人の集団活動の始まり

明治になって、地理的には新銭座に近い三田に移りました。そして、福澤は終生、三田に住み、三田で亡くなっておりますが、明治六年ごろになり、自分の学校の中の教室だけでは、訴える範囲が非常に狭い。本を出せば、不特定多数の人に知識を広め、いろいろ考えるチャンスを与えられる。しかし、自分の教室と文筆活動の二つだけでは不十分だ。やはりスピーチをして大衆に自分の考えを述べることが必要である。それは自分がしたいというだけではなく、大勢の知識人がそれぞれ小さな塾を開いたり、小さな規模で出版をしても、日本中に対する影響は少ないであろう。それよりも大勢の人がスピーチをすることが必要であるというので、四十歳のころから、演説討論の稽古を始めております。今では誰でもスピーチをいたしますが、当時はお坊さんの説教のようなこと以外は、大勢の前で何か意見を発表することはなかったのです。そのころは不思議に感じられたようですが、福澤はそれをだんだんと広めていきました。

これをやっているうちに、ただ勝手に時間も忘れて延々としゃべっているのでは困る。やはり演説のルール、討論のルールを世の中に広め、自分も研究しようというので、今で言う会議の進め方とか、議事法ということでしょうが、『会議弁』という本を出版しております。そして、スピーチをするには入れ物がなければならない。まず手始めに、自分の三田のキャンパスの中に、「演説館」というのをつくりました。今でも残っておりますが、二、三〇〇人ぐらいは入るでしょうか。当時としては大きかったであろうと思います。しかし、これは内輪で練習し合っている程度です。やはり外に「演説館」をつくる必要がある。今の昭和通りあたりでしょうか、木挽町に「明治会堂」をつくり、演説を奨励いたしました。ところが、そういう演説会を学校の中でやっているぐらいはいいとしても、パブリックのところでやるのは危険であると言う明治政府に、ジワジワと圧迫されて、「明治会堂」は福澤の手を離れ、やがて会堂自身も消滅してしまいます。

しかし、パブリックにいろいろなことを行うのは憚られても、知識人同士が集まって内輪の議論を行うのは良いであろうということで、福澤が演説討論の稽古を始めた明治六年という年号に因んで、明六社というのがつくられました。これは森有礼が言い出して、加藤弘之、西周《にしあまね》、津田真道、神田孝平、福澤諭吉、中村正直、杉亨二、箕作秋坪《みつくりしゅうへい》、西村茂樹という一〇名がスターティングメンバーになっております。いずれもわれわれが名前を聞かされている、当時、一流の学者、知識人であり、しかも漢学者、国学者ではなく、いわゆる洋学者ばかりで、官吏もあれば、官学からも、また民間からも参加しておりました。月二回、築地の精養軒で会合しては議論をし、それが月三回発行された「明六雑誌」という雑誌に発表されて、毎号、三〇〇〇部が売りさばかれたということです。
明六社と申しますのは、その規約によりますと、その目的はわが国の教育を進めるために有志が集まって、その手段を相談することにある。また、同志が集まって異なる意見を交換し、知を広め、識を明らかにするということでした。洋学者ですから、一種、共通の地盤があり、志を同じくする。しかしながら、意見は必ずしも一緒ではない人が集まって議論を交わす場であり、知識人の明治における最初の結社として、明六社ができたわけなのです。メンバーも次第に拡大し、洋学者以外でも阪谷朗盧のような開明的漢学者も加わっています。「明六雑誌」の記録によると、その中で福澤は何回か、他の人と、随分、激しい論争を行っております。西村茂樹、中村正直、津田真道、西周、いずれも筆達者であり、意見のはっきりした人ですが、それらの人々が、この雑誌の中にその議論を残しているわけです。

ところが、そのようなフリーな意見の交換、発表というのは、これまた明治政府の喜ぶところではなかったのです。明治八年になりますと、政府は「讒謗律《ざんぼうりつ》」という法律をつくり、「新聞紙条例」を改定して、日刊新聞に限らず、刊行物の規制を始めます。殊にこの一〇人のメンバー、あるいは後から加わった人の中には現職の官吏もいる。公務員が勝手なことを言うのはけしからんというので、自由発言ができなくなってまいります。その時、明六社では会合を開き、福澤は、「この条例と学者の自由な言論とは両立することができない」ということを申します。「学者」というのは、いわゆる学校の先生という意味ではなく、知識人というような広い意味ですから、官吏であろうと、実業界の人であろうと、識者ということですが、「われわれは自分たちの思想をにわかに変え、節を屈して政府に迎合して雑誌を続けるか、あるいは条例に触れても構わないから、自由に筆を揮って、あえて政府の罪人となるか。それが二つとも困難だとするならば、雑誌の出版をやめるより仕方がない。この三つのどれがいいか」といってみんなに諮《はか》ると、ほとんど全員が、「それではもうやめよう」ということで、雑誌は四三号で廃刊となりました。従って、雑誌なしでただ集まってもだんだんと張り合いがなくなり、明六社自身も先細りになって、あえなく終わってしまうわけです。

この後、東京学士会院というのができます。これは現在の学士院に似ておりますが、政府主導でできた学者の集まりです。これも福澤が初代の院長、会長になりましたが、そのメンバーは、明六社のメンバーがほとんどそのままのように引き移っておりました。しかし、今度は官の庇護のもとというか、ほとんど官の中の組織としてできるわけですから、そこでは活発な議論というより、政府の諮問機関のように抱え込まれてしまったわけです。福澤はそれが性に合わなかったのでしょうか。結局、半年間、会長を務めて、辞めてしまいました。

福澤諭吉の活動

一方、福澤は幕末時代には、『西洋事情』『西洋旅案内』『条約十一国記』というような解説書を次々に出版いたしましたが、明治になりましては、『学問のすゝめ』『文明論之概略』というような思想的な内容を持つ出版を行っております。これも啓蒙思想家としては普通の順序でした。まず第一に、一般の知識の水準を高めるために、西洋の事情、あるいは国内の事情というファクツをみんなと分かち合う活動をし、その土台の上に議論を展開して、われわれの考え方、生き方をどうするかということを展開していくわけですが、この『学問のすゝめ』『文明論之概略』は、まさにその第二段階の活動であったわけです。

『学問のすゝめ』はパンフレットみたいなもので、第一号、第二号というように不定期に出していたわけですが、『文明論之概略』は単行本でした。福澤は一生の間にどのくらいの本を書いたのか。『学問のすゝめ』のように、初編、二編となっているのもありますから、勘定の仕方で違いますが、要するに数十冊の単行本を出しております。しかし、単行本では限界がある。彼は演説会を始めたころから、「民間雑誌」という雑誌を出しました。当時、日本ではそういう新聞、雑誌がそろそろ出かかっていて、随分といろいろな傾向のものが出ており、中には非常に政府に反対するようなものもあれば、ごく低俗な、いわばゴシップ式な記事を出した新聞もあったようです。

明治七、八、九年というころは、世の中がまだゴタゴタしていて、福澤と同じ年に生まれた江藤新平は、明治七年、四十一歳の時に「佐賀の乱」を起こし処刑されておりますし、明治九年には「萩の乱」で前原一誠が処刑されており、明治十年には「西南戦争」があって、西郷隆盛が死んでおります。福澤は西郷と会ったことはないのですが、西郷は福澤の著書を褒め、福澤は、後年、西郷のことを弁護する論文を発表している仲でした。そういう人々が相次いで天寿を全うしない死に方をしている。その最中に福澤は演説を始め、雑誌を創刊し、明六社に加わるというような文化活動を行っているわけです。

明治九年には、「家庭叢談」という雑誌を出しておりますが、この発刊の辞によると、「このごろ、新聞が世の中に出ている。みんなそれをとりたいのだけれども、随分、いかがわしい記事が出ているので、子供や家内には読ませたくない。従って、新聞がなかなか家庭に入らない。それがために女子供は外界のことを知ることができなくて、家庭に閉じ籠もってしまう。どうにかして家庭にも安心して迎えられるようなニュース新聞、あるいは論説新聞をつくりたい」ということですが、やがてそれを「民間雑誌」のように名前を変えて、週刊誌として出しております。しかし、現在の週刊誌に載っているようなことは載せない週刊誌ということで出したので、どのくらい売れたのかはわかりませんが、少しは発展したと見えて、明治十一年にはいよいよ日刊紙として大々的に展開しようといたしました。

ところが、「西南戦争」の翌年に大久保利通が暗殺されます。今のホテル・ニューオータニの脇の清水谷公園のあたりを大久保が通った時に、暗殺されたわけですが、福澤は日刊紙となった「家庭叢談」にそのことを取り上げ、「大久保が死んだ。自分は大久保の政策のことを褒めるとか、批判するとか、ここで言うつもりはない。ただ、暗殺によって政府が方針を変えることがあってはならない。すなわち、暗殺すればいろいろなことが変わるとなれば、第二、第三の暗殺が起きる。暗殺などがあっても政府はビクともしないという姿勢をとってもらいたい。世の中に不慮の死を遂げる人は大勢いる。今回の大久保の暗殺も不幸なことではあるけれども、これによって政府は動揺してはならない」ということを書いたわけです。ところが、「これはけしからん。大久保利通公をもっと礼讃して書かなければいけないのに、こんな冷たい、突き放したような新聞は困る」というので、加藤政之助という福澤の弟子が役所に呼びつけられ、「謝り状を出せ」と言われて、帰ってきて福澤に報告しますと、「そんな請書を出すバカがあるか。すぐに廃刊届けを出してこい」と言って、その日のうちにその新聞をやめてしまったということです。そのように福澤は政府の干渉を嫌ったのです。

そのうちに福澤は、東京学士会院、その前の明六社は、限定されたわずかの人しか集まらない団体だということがわかってまいりました。もっともっと広く人を集め、大きな組織の集団、きょうのテーマであります「会う、集う、交わる」場を提供することが必要であると感じ、「家庭叢談」という日刊紙をやめて、新聞のほうは、ちょっと小休止して、こんどは大きな交際の場として、交詢社をつくることを始めるわけです。

「三寸の舌、一本の筆」で世論を指導した

福澤諭吉は多面的活動をしております。いろいろ学校をつくるとか、組織を編み出すこともしておりますが、直接、人々にアピールするには、福澤自身の言葉でいえば「三寸の舌、一本の筆」で訴えたわけです。福澤は文章によって自分の意見をアピールし、コミュニケーションを図っておりますが、よく手紙を書きました。手紙というのはマン・ツー・マンのものですが、いまから四〇年

ほど前に編纂された『福澤諭吉全集』という二一巻の大部の本のうち、二冊が全部、手紙、書簡集です。そして、後から出た別巻にもまたその追加が出ており、合わせると、二千四百何十通かの手紙が全集に収められている。その後、福澤の手紙はあちこちから続々と出ており、これからも出てくると思われますので、三〇〇〇通近くの手紙が残っていることになる。これはもらった人がとっておいたということですが、よくそれだけのものが残ったと思います。それにしても、随分、手紙を書いた人だと思わざるを得ません。単行本では、『西洋事情』『学問のすゝめ』『文明論之概略』『民情一新』『男女交際論』『日本婦人論』等、たくさんの本を出しておりますし、自分で雑誌を週刊誌にしたり、後に「時事新報」になる日刊紙をつくったり、論説記事等もたくさん書いております。そういう文章によってコミュニケーションを図っているわけですが、それがまた限界があるということで、談論、談話を重んじているわけです。

その一つとして、マン・ツー・マンの対話を喜んでおりました。しょっちゅう人と会っては何かをしゃべっている。相手に対して何かを言わせる。それにまた何かを言う。そういう時に話をするには、口下手ではダメだ。態度も大事であるということで、人々に対話の重要性を言っており、交際、社交、集会を奨励して、また実践もしております。家庭の中での交際も大好きで、たまたま、福澤のうちは子供が多く、家も広かったせいもあるのでしょうが、しょっちゅうお客をしたり、子供のお客をしたり、恩人を呼んだり、友達を呼んだりするのが大好きでした。また、各々がそれぞれの規模でやることを奨励しております。殊にその時にあまり手重い食事などは喜びません。手軽な扱いをしろと言っており、「外国ではティーパーティーをやって、わずかなものしか出さないで数時間の団欒を図っている。ああいうことをすべきだ」と言っております。これも交詢社をつくるもとになるわけで、慶應の自分のキャンパスの中にも、学生も入ってくるし、先生方もそこへ入ったり出たりする千客万来の倶楽部をつくって、それを「万来舎」と呼んでおりました。これは主人もなければ客もない。招く人も招かれる人もない。勝手に来て、勝手に帰っていく。これが千客万来の家であるということを言っているのです。

しかし、自分のキャンパスの中だけでは満足できなくなり、社会に開かれた倶楽部をつくりたいというのが、交詢社になってくるわけです。また、個人個人のお互いのおしゃべりと同時に、演説、討論を奨励いたしました。実は明治六年ごろから討論の始めをし、入れ物として「演説館」をつくったのは、当時、まだ国会はないのですが、いずれ国会が開設されるであろう。その時には、議事法をわきまえ、演説の仕方、質問の仕方をわきまえた人が議員になって、中心的な勢力とならなければならない。今からその人たちを養成して、国会開設の時に、「さすがに演説のうまい人」という落ちを取ろうと思うのが狙いであると、既にそのころに書いております。実際に国会が開かれるのは明治二十三年ですから、一〇年以上、待たされたわけですが、現に第一回の国会以来、三田演説会の中で練習をした人たちの多くが議員に出ております。ただ、最初の三田演説会の時は、内輪でやれば官の圧力もないであろうということで、キャンパスの中で内輪でやっていたのですが、外の人も、「あれは面白そうだ。自分も出たい」と言うようになりました。原敬も、「何とかしてあそこへもぐり込んでやりたい」と言ったけれども、「これは部内ですから」と言って断られたという話が残っているほどです。いずれにしても、福澤は演説、討論を重んじました。

そして、マン・ツー・マンのコミュニケーションを図ったり、一方で出版、あるいは手紙を出すようなこともやりましたが、やはり大きな教育、人材開発、学習の場をつくらなければならないということで、まず学校をつくりました。これが慶應義塾であったわけですが、ここでいくら入学生を増やしたところでたかが知れている。教員の養成をして、それをどんどん他の学校へ派遣しております。当時の東京大学へも派遣をし、大阪、京都には慶應の分校をつくったり、その他のところへも自分の養成した弟子を派遣しております。新聞も後ほど「時事新報」を出すわけですが、ジャーナリストの養成も行い、それをどんどんよその新聞へ派遣しました。尾崎行雄、実業界の藤原銀次郎など、地方の新聞、マスコミの場において活動をし、それを基礎にして、その後に政治家となり、あるいは実業家となった人が多く、池田成彬という人も福澤の下で「時事新報」に入りました。記者をやらされて、論文を書いて福澤に出すと、真っ赤に直される。だんだん腹が立って、とうとう辞めてしまって実業家になったので、それで良かったのかもしれませんが、そういうところでいろいろな人材をつくっているわけです。

さて、学校をつくって若い学生を集めるほかに、団体をつくって年輩の人たち、有識者の交流を図る場をつくることに福澤は興味をもち、友人とともに明六社に参加したり、東京学士会院にも参加したのですが、とうとう、今度は福澤自身が中心となって人を集める交流の場をつくることとなりました。それが明治十三年創立の交詢社であります。

「会う、集う、交わる」場としての交詢社

現在（一九九七）、銀座通りを新橋から京橋のほうへ、八丁目、七丁目と資生堂の側を歩いて行って、七丁目と六丁目の間を左へ曲がると、「交詢社通り」という看板が出ております。そこをちょっと歩いて右側のところに、「交詢社」というビルがございます。これは昭和の初年にできたビル（二〇〇七年に新築）で、現在では、日本工業倶楽部、日本倶楽部、東京倶楽部、如水会館、学士会館などと同じような会員制の社交倶楽部になっておりますが、明治時代にはもっと違う機能、構成を持っていた一つの団体というか、集団であったと思います。

そこで福澤およびその周囲の人たちはどういうことを考え、どんなことをしていたのか。まず「交詢」というのは字引にはありません。交詢社の目的とするところの、「知識の交換と世務の諮詢」からとった造語です。ある時、諸橋轍次先生のような大きな字引をつくった方々が、「交詢」とは何か出典があろうかと思い、いくら古い中国の本を引っ張っても、全然、出てこない。そこで交詢社へ見えた時に、「いったいあれは何ですか」というお話がございました。「これは『知識交換・世務諮詢』という当時の新造語ですから、字引にあるわけがありません」とお話して、大笑いになったのですが、「知識交換」はわかるとしても、「世務諮詢」というのは今ではわかりにくい言葉です。交詢社の初期の役員の一人の西周が、「世務の二字たるその包含するところ広く、かつ大

にして際限あることなし。およそ天下人生のこと、何事か世務に非ざらん」と書いております。世の中のビジネスや、いろいろなことを言っているので、余り文学、芸術などは含まれていないようですが、その仕事のこと、あるいは世の中の万般のことをお互いに質問しあうのがモットーになっており、それに従って、その目的とするところは、異業種、違う地域、異文化間の知的交流、意見の交換と、社会教育、生涯学習が目的であったようです。

従いまして、創立当時のメンバーの内訳を見ますと、東京の人が六百何人に対して、地方の人が一〇〇〇人以上おりました。これは当時、地方にいると、いろいろな知識が得られなくて飢えている。いろいろなことを相談したいけれども、そういうチャンスがないという人たちが、翕然《きゅうぜん》として集まったということです。また、明治十三年ぐらいになりますと、当時の新知識人とも言うべき人が、日本の各地に頭をもたげてきて、交詢社の趣旨に賛同して集まってきたのであろうと思います。職業別に見ますと、官吏が三〇〇人、学者——これは必ずしも大学の先生という意味ではなく、弁護士、医師なども入るのであろうと思いますが、商売人、それから当時、まだ日本の経済は、地方は農業が中心ですから、農業経営者、つまり地主さんでしょうか。そういう人がこれからの世の中はどうなっていくのか。あるいは酒の醸造法、コメの栽培の方法などについても、日本中のいろいろな地域の習慣、手法が、知識として交換されていない時期ですから、そういうことを求めて、知識の集散センターとしての交詢社に集まったのであろうと思います。従って、東京を本社として、京都、浜松、それから当時、東海道線が全通しておりませんから、東京と大阪を結ぶ鉄道が、名古屋の手前で伊勢湾のほうへ折れて、船で桑名、四日市のほうへ渡った時代です。その伊勢湾に近いところの亀崎、そして、大阪、神戸、播州竜野、金沢、松江、鹿児島、延岡というようなところに交詢社の支部ができ、東京から巡回委員が回っていって、いろいろ知識の交流を図るということで活動をしておりました。

そのほかに「交詢雑誌」という、月二回の雑誌を発行して、本局から社員への報告を載せる。社員からの質問や情報に対し、本局では質問事項を取り調べて誌上で回答する。そのほか社員の演説、論文等を載せるということになっておりました。これは福澤の幅の広いいろいろな活動の中で、非常にユニークなものであったと思います。この福澤を中心とした知識集団としての交詢社は、福澤が明治三十四年に亡くなっても、しばらくそのような機能を果たしたと思われますが、時代の変遷により、明治の終わりごろには、こういう意味での活動はだんだん変わってまいったように思います。それは世間一般の知識水準が上がり、新聞その他の情報がそれなりに高度化してきたり、明治の終わりには鉄道が国有化されて、ほとんど全国の鉄道網が完成するようになりましたので、地方と東京との交流、あるいは印刷媒体その他による知識の交流もだんだんと充実してきて、必ずしも交詢社のこういう活動を必要としなくなったのではないかと思われます。

交詢社の社屋所在地とその周辺

それでは交詢社はどこにできたのか。現在でもビルがある銀座に、初めからありました。「交詢社の社屋所在地とその周辺」という資料によりますと、京橋区南鍋町二丁目十二番地の三等レンガ家屋。あるいは同じ八番地の一等レンガ家屋というようなところにあったようですが、これはだんだん隣接地に拡大したり、その後、区画整理等で、必ずしもこのとおりになっているわけではなく、現在の表示は、銀座六丁目八番七号になっております。

交詢社が南鍋町に開かれた明治十三年ころの銀座一帯はどういうところであったのか。明治政府の新しい官庁は、銀座に近い木挽町、築地のあたりにありました。「みゆき通り」という通りは、明治天皇が築地の海軍、その他の官庁へ行幸なさった名残の名前と聞いておりますが、太政官も築地に近いところにありました。交詢社の設立の当時は、横浜港から東京まで鉄道はありましたが、新橋どまりで、東京駅はありません。新橋駅が横浜港に通じる鉄道のターミナルで、それは欧米に通じる窓でもあったわけですから、成田のターミナルとは違いますが、新橋の駅に立つと、もう外国が見えてくるというような場所でした。そして、築地の今の聖路加病院一帯は、いわゆる外国人の居留地、治外法権の土地で、外国人の住んでいる中、あるいはその周辺には、文明開化のシンボルとも言うべきキリスト教の教会、あるいは各種の学校がございました。立教大学、明治学院大学、いずれも築地の居留地から発生したものであり、そのほかの大学も、その起源を銀座付近に持っているところが多くあります。

そして、文明開化のニュービジネスであったところの新聞社、出版社、印刷所、教会、お医者さんのクリニック、学校、代言人（弁護士）事務所、もともとはオルガンとか、教会用の楽器を扱ったものが始まりである楽器店、洋服屋さん、洋食屋さん、あるいは輸入の食料品屋さんというのが、銀座のビジネスを構成しておりました。そういうところに、知識の集散センターとしての交詢社が位置していたのです。

キャッチフレーズ等によるリード

このように福澤は、明治の文明開化から日本の近代国家の成立にまで貢献をして、この交詢社をつくった翌々年、念願でありました「時事新報」という日刊新聞を創刊し、これを通じて論壇を張っていたわけです。

「時事新報」ができて二、三年後、『日本婦人論』というのを出しました。たまたまこの年に、福澤と同年である岩崎彌太郎は三菱の基礎を十分につくって没しております。福澤は二十世紀の第一年である明治三十四年まで生きておるわけですから、明治十三年の交詢社設立から、さらに二十年余り活動したわけです。

また、福澤はいろいろな活動の仕方をしておりまして、例えば「キャッチフレーズ等によるリード」という手法がみられます。これは啓蒙家としての福澤の性格をよく表しております。つまり、演説をしても、著書を刊行しても、あるいは新聞を出しても、人は必ずしも読んでくれないし、記憶もしてくれない。やはり強烈なキーワード、キャッチフレーズをつくって人に強烈な印象を与え、そのキーワード、キャッチフレーズを基礎に、人々が一人ひとりで考えてくれることを期待するわけで、いろいろなキャッチフレーズをつくったのです。

有名なものでは、「独立自尊」。これは初めは、「独立不羈、自尊自重」と言っておりましたが、短くしたのでしょう。

「天は人の上に人を造らず人の下に人を造らずと言えり」。「言えり」というのは、「そういうことを言っていますよ」ということで、客観性を持たせて言っているのでしょう。

「独立の気力なき者は国を想うこと深切ならず」。国民一人ひとりが独立不羈の志を持っていなければ、本当に国を思う人がいなくなる。あなた任せでは国は守れないということでしょう。

「疑わざれば求めず、求めざれば得ず」。これは昔からこうなんだ。前例どおりですよ、と言っていては、世の中は進歩しない。前例があろうと、従来のしきたりであろうと、権威者の言うことであろうと、すべて疑わざれば進歩を求めない。求めなければ得ることができない。

しかし、いろいろ求めても、「いよいよ究めれば、いよいよ遠し」。ものごとは究めれば究めるほどいよいよ遠くなる。小成に安んじてはいけない。まだその次があるぞ、ということです。

「自由は不自由の中にあり」。これも含蓄のある言葉であろうと思います。

「巧言《こうげん》令色、これまた礼」というのは、いうまでもなく「巧言令色、鮮《すくな》し仁《じん》」の反語です。仁徳のある人は、うまいことを言ったり、いい顔をしたりしないものだというのが、従来の言い方であるが、ただ、何かごついことを言っていればいいというのではなく、うまい表現をして人と円満に交際をし、これを発表したり、意見を交換するということを言っております。

「公平の論は不平の人より出《い》づ」。現状に満足している人は、なかなか公平なことを言わない。やはり現状にあきたらないような人の中から、客観的な議論が出てくるのだということでしょう。こういうと不平家が喜ぶかと思いますが、「馬鹿不平多し」というしっぺ返しのようなことも言っており、これも本当のような気がいたします。

こんなふうに上げたり下げたりしながら、人々を引っ張っていったのが福澤の一生であったかと思いますが、明治三十四年になり、福澤は六十八歳で亡くなります。戒名は「大観院独立自尊居士」となっております。そして、おなじ明治三十四年には、中江兆民が五十五歳で病気で亡くなり、星亨は五十二歳で暗殺されており、まだ明治は不安定な時代であったかと思います。

きょうはこのあたりで「福澤諭吉と交詢社」というお話を終らせていただきます。

ご清聴ありがとうございました。

(本稿は、一九九六年十一月一日「江戸東京自由大学」での講演を加筆訂正したものである。)

(「交詢雑誌」一九九七年一月二十日号、二月二十日号)

交詢社発足一二〇年

いまから一二〇年前、明治十三年（一八八〇）一月二十五日、快晴の日曜日のことである。芝愛宕下町（いまの港区愛宕二丁目）の青松寺で大きな会合が開かれた。仏事ではない。会場の世話人は寒さのきびしい早朝六時半から集合し、受付係・着席係・食堂係・投票係・記事係などにわかれて準備にあたった。まだリボンの胸章などなかった時代で、係員は梅の花を目印につけていた。

その十日ほど前に「郵便報知新聞」などに掲載された「広告」には、「会場青松寺は畳敷にて且つ手狭につき、椅子を用いず。よって洋服ならびに靴御着用は御不便にこれあるべく、……」と記されてあった。参会者がどのような服装で現れたか不明であるが、午前十時、拍子木の合図で開会が報ぜられたとき、五九六名の紳士が着席係の案内で入場着席していた。これが日本最初の社交倶楽部、「知識交換世務諮詢」を目標にかかげた、わが交詢社の〝発会式〟の光景であった。

その前年九月ごろから、福澤諭吉およびその門下生を中心とする準備委員たちは、交詢社設立のために精力的に活動し、趣意書、会則を作成し、全国的に入社勧誘（メンバーの加入募集）を展開していた。また、本局（本部）の建物も福澤の友人宇都宮三郎の好意で年末までに入手することができた。その場所は当時の京橋区南鍋町二丁目、いまの交詢社の一隅である。事務局員も集められた。

それらの結果、新年一月二十五日の開会式のときまでに、地方在住者一一二八名、東京在住者六三九名、合計一七六七名が〝入社〟した。県令、県会議員、各地の学校教員をふくむ地方在住者が六四パーセントを占めているのは注目に値する。これは地方の有識者が強く中央の〝新情報〟を求めていたことの証左であろう。また、その職業別内訳は、官吏三七一名、学者（教員、医師、新聞記者等）三六五名、商二八一名、農一二三名その他となっている。工はわずかに一二名であった。官吏、学者というのは大体が旧士族であり、商というのは銀行役員などが多かったといわれる。農業が主要産業であった当時では農村地主層は地方の有識者として社会に重きをなしていたのであろう。それにしても、わずか数カ月のうちに、全国人口四〇〇〇万人足らずの日本において、新設の結社が一気に一七〇〇人あまりのメンバーを獲得したことは驚異的なことであったと言えよう。発会式当日の演説の中で、福澤諭吉は「交詢社設立ノ速カニシテ其ノ社員ノ多キハ近年ノ一大盛挙」で「人ヲ驚カスモノト云ウベシ」と満足の意を表し、「全国人民ノ知識集散ノ一中心タルコトナラン」と期待している。

発会式の主な議題は「常議員二四名の選出」であった。投票用紙は「発会臨席証」（入場券）とともにあらかじめ社員に配布されてあった。選挙は一二〇名の「被選人」名簿（候補者リスト）のなかから定員の半数である一二名を無記名、連記式で選出するという特殊な方法であった。郵便投票を含む一一四二通の投票（投票率六四パーセント）を開票集計整理し、福澤諭吉、小幡篤次郎、西《にし》周《あまね》、早矢仕有的《はやしゆうてき》、藤田茂吉、矢野文雄、栗本鋤雲《じょうん》、箕作秋坪《みつくりしゅうへい》、菊池大麓、江木高遠《えぎたかとお》はじめ二四名の中選人（当選者）の氏名が会頭（議長）長岡護美《もりよし》から発表された。

そのあと正午より創立委員を代表して小幡篤次郎から十分間経過報告があり、長岡護美、西周、福澤諭吉の演説が終わって、午後一時十三分、会頭は〝解会（閉会）〟を宣した。それからやっと〝食堂ニ会シ午餐ヲ喫シ〟二時半ごろ散会したというが、「手狭な畳敷」の寺内で、どのような昼食が出されたのかは正確な記録がない。

このときの常議員選出規則をみると、なかなか注意深く作られている。太政大臣三条実美のもとで、総理大臣制もなく、まだ国会開設のメドも立っていない頃の日本として、交詢社の役員の選出投票の規約を作ることは、福澤門下生にとって、将来の国会議員選挙の〝夢〟を託す勉強のチャンスであったであろう。規則の解説には「交詢社常議員ハ交詢社員ニ代テ其ノ権内ノ事ヲ議スルノ任ヲ有スルモノ」であるから「之ヲ大ニスレバ西洋諸国立法会（国会）ノ代議人（代議士）トホボ其ノ性質ヲ同ウスルモノ」である。しかし、西洋の国会議員選挙法をそのまま交詢社にあてはめるわけにはいかない。立法会には政党がある。交詢社は同志者相集って一社をなしたものだから、もちろん政党はない。ただ、社員中「商アリ、農アリ、工アリ、医アリ、……」であって、うっかりした選挙法を定めると、社員中「農」が比較多数を占めた場合に常議員全員が「農」となるおそれなしとしない。それゆえその弊を少なくするため「選任スベキ役員ノ半数ヲ選挙」する特別の選挙規則を作ったと述べている。西洋諸国の各種選挙制度をくわしく参照しながら、交詢社に最適の選挙法を作ることを模索している姿には、来るべき日本の国会議員選挙にそなえ、日本の事情に最適な選挙法を研究している〝志〟が投影されていて興味深い。

発会式の翌々日、一月二十七日には、南鍋町の〝本局〟を会場として、「第一回常議員会」が開かれた。投票による互選の結果、常議員長に福澤諭吉、常議員副長に西周が選ばれた。そして常議員長からの指名により、小幡篤次郎が幹事に就任し、岡本貞烋らの事務局員も任命され、交詢社運営の体制が確立された。そして翌月からは月三回発行の「交詢雑誌」がはやくも発刊されている。

交詢社発足の一八八〇年から十九世紀の最終年一九〇〇年（明治三十三年）の終わるまでの約二〇年間、交詢社は福澤諭吉を指導者として、文字通り〝交詢〟の場として、めざましい活動を展開した。

世紀の終わる一九〇〇年十二月三十一日の夜、福澤は三田山上で慶應義塾生の催した「世紀送迎会」に出席した。さまざまな行事のあと新年の午前〇時すぎ「世紀送迎会」は終了した。翌朝、新世紀、明治三十四年（一九〇一）の元日を迎えた福澤は、「独立自尊迎新世紀」の八字を揮毫した。新世紀に入ってわずか三日目の一月三日、福澤は芝・紅葉館で開かれた交詢社の新年会に出席した。そして「独立自尊迎新世紀」の書を持参して披露した。この書は抽選によって門下生美澤進の手に渡された。それから間もなく、一月二十五日、福澤は脳溢血の発作におそわれる。それは明治十三年一月二十五日の交詢社発会式からちょうど二十一年目の日であった。そして二月三日に福澤は長逝したのである。

いま、世紀最終の年にあたり、一〇〇年前、一二〇年前の交詢社の姿を振り返ると、さまざまな感慨がわいてくる。そして、交詢社の未来像をあれこれと心に描きたくなるのである。

（「交詢雑誌」二〇〇〇年一月二十日号）

福澤諭吉とシャム

(一)

『福澤諭吉全集』第二十巻には、四八一頁から八一四頁にわたって「幕末外交文書訳稿」と題し、約四〇〇通の翻訳文案が収録されている。註および巻末の解題（富田正文氏執筆）によれば、これらは、東京大学史料編纂所に架蔵されている幕末外交文書（幕府の外国方から明治政府の外務省に引き継がれたもの）の中から、福澤諭吉の翻訳または校合した訳稿をとり出して収録したものだとのことである。

これらの幕末外交文書の多くは、『続通信全覧類輯』あるいはさらにそれを編集出版した『幕末維新外交史料集成』に収録されているから、文書の内容そのものは世に知られていた。しかし、これらの刊本は、明治時代に浄書編纂されたものを基礎としているので、訳者・校閲者の氏名はもとより、草稿にみられるような添削のあとなどは全く知ることができなかった。その意味で、東京大学史料編纂所架蔵の訳稿の一部が『福澤諭吉全集』に収録されたことは、重要な意味をもつものである。福澤をはじめとする翻訳方のメンバーと幕府外交事務とのかかわりが、これによって初めてあきらかにされたからである。

『全集』に採録されている訳稿には、福澤の名が単名で「福澤諭吉訳」あるいは「福澤諭吉謹訳」と記されている場合もあるが、多くの場合は、「箕作秋坪訳、杉田玄端校、高畠五郎校、福澤諭吉同」「手塚律蔵　福澤諭吉謹訳」「福澤諭吉謹訳　村上英俊校合」「赤澤寛堂謹訳　福澤諭吉校正」「東條禮蔵訳　福澤諭吉校」などというように、複数の訳者・校閲者が名をつらねている。ただし、訳者と校閲者とは、上下関係にあったわけではなく、たとえば福澤と東條は、あるときは福澤が訳者で東條が校者、あるときは逆に東條が訳者で福澤が校者になっている。福澤と名をつらねているのは、このほかに箕作貞一郎、杉田廉卿、大築保太郎、中山作三郎、塩田三郎、小林彌三郎、山内六三郎、乙骨太郎乙、などである。

福澤は『自伝』の中で、万延元年（一八六〇）アメリカから帰国ののち、幕府の外国方に雇われたと述べ、「その次第は、外国の公使領事から政府の閣老または外国奉行へ差し出す書簡を翻訳するためである。当時の日本に、英仏等の文を読む者もなければ書く者もないから、諸外国の公使領事より来る公文には必ずオランダの翻訳文を添うるの慣例にてありしが、幕府人に横文字読む者とては一人もなく、止むを得ず、吾々如き陪臣の蘭書読む者を雇うて用を弁じたことである」と記している。

福澤はさらに続けて、「雇われたについてはおのずから利益のあるというのは」として英米公使からの書簡は「原文が英文で、ソレにオランダの訳文が添うてある」「なかなか英文研究のためになりました」「ソレからもう一つには、幕府の外務省にはおのずから書物がある」「ソンなことで幕府に雇われたのは、身のために大いに便利になりました」と淡々と述べている。しかし福澤は外国方出仕によって、英文研究以外にも多くのものを得ている。多くの知人・親友を得たこと、多くの外国知識、政治知識を得たこと、経験・見聞を広めたことなどである。ことに、福澤が国際情勢についての深い認識を終生持ち続け得たことは、三度の洋行に負うところも多いとはいえ、この万延元年（一八六〇）から幕府の末年（一八六八）までの八年間におよぶ外国方出仕、すなわち、こんにちでいえば「外務省生活」によって、外交知識の基礎が身についていたからであるといってもよいであろう。

この意味で、全集に収録されている福澤関係の翻訳案文は、福澤の他の著作とは別に、福澤研究の貴重な資料であるといえよう。

さきごろ私は、東京大学史料編纂所において、この四〇〇余通の訳稿のうちの一通を閲覧する機会があった。それは、オランダ副領事からの来簡の訳文であったが、それには蘭文の書簡の原本が添えて綴じられてあった。また、このオランダ副領事からの来簡は、返事を要する文書であったので、幕府からの返書の日本語の文案と、オランダ語の返書のうつしが、一件書類として一括されていたが、オランダ語返書の蘭文起草者氏名は見あたらなかった。もし、これらの往復文書を入念に調査したならば、あるいは福澤の起案した蘭文を見いだすことができるかもしれない。こんご、この方面の福澤研究が盛んになることを期待したい。

(二)

さて、私が東京大学史料編纂所におもむいたのは、福澤のシャム（タイ）との接触を確かめるためであった。昭和六十二年（一九八七）は、明治二十年（一八八七）に「修好条約締結方ニ関スル日暹宣言書」が調印されてから一〇〇周年にあたるので、日タイ両国においては、それぞれ慶祝行事がくり広げられた。徳川初期の朱印船貿易時代にはシャムと日本との間に相当の往来があったことは広く知られている。しかし、寛永の鎖国以来、両国間の通商往来は久しくとだえていた。明治時代に入って、両国の間に初めて公式の接触が生じたのは、明治八年（一八七五）のことである。この年明治政府は、英国公使パークスの進言により工部省四等出仕大鳥圭介（旧幕臣、のち男爵となる）以下四名をバンコクに派遣し、大鳥は国王ラマ五世（チュラロンコン大王）から謁見をゆるされたのである。

しかし、明治以前、日本における幕末時代、シャムにおけるラマ四世の時代、すなわち、イギリス、フランス、アメリカ等の強大な力が時を同じくしてシャムにも日本にも及んだ時期に、同じような立場にあったシャムと日本との間に、なにか直接間接の接触、公式非公式の情報交換等はなかっただろうか。これは誰しも考えるところであろう。そしてその疑問に対する答えのひとつが、『福澤諭吉全集』第二十巻四九七ページにある、「暹羅国と条約締結の意図の有無問合わせ」という仮題のつけられた文書である。

この文書は、『続通信全覧類輯』には、「暹羅国条約」として「暹羅王懇請ノ旨ヲ以テ和親貿易ノ条約ヲ紹介セル蘭岡士ノ来簡（文久元年二月廿四日）」の題で、「右ニ答フル外国奉行ノ返簡（三月十一日）」とともに掲載されている。「蘭岡士」とはオランダのコンサル（領事）のことである。

この来簡は、表題の示すように、文久元年二月二十四日、すなわち西暦一八六一年四月一日付で横浜駐在のオランダ副領事から幕府の外国奉行宛に寄せられたものである。原文はオランダ語で二枚の便箋にペン書きでしたためられている。横浜は "Yokko Hamma" と綴ってある。副領事の官名・氏名は、福澤の訳文では「和蘭ヒーセ、コンシュル」「ド、デ、ガラーフ、フハン、ポルスブルック」となっているが、原文はそれぞれ "Vice Consul der Nederlanden" "D. de. Graeff Van Polsbroek" である。

来簡の訳稿は『全集』に収められているが、その内容は大略次のとおりである。

「数日前、自分はシャムに駐在するオランダの領事から一通の手紙をうけとった。それによると、シャム国王およびその大臣たちは帝国日本と条約を取り結ぼうとしており、そのことでシャム駐在オランダ領事に相談があった。そして、日本貿易の景況を、日本駐在の自分からシャム国王に報告するよう取計らってほしいとの依頼があったそうである。自分はこれに従って、これから日本貿易のありさまをシャム国王に報告するつもりであるが、その返事によっては、自分はシャム国王から日本との交渉の全権を委任されるかもしれないと期待している。なにとぞ、貴下（外国奉行）から、このことを外国事務宰相台下（閣老）に報告ねがいたい。さらに、もしシャム国王から希望が出されたならば、日本政府は王国シャムと条約を取結ぶことを好むや否やを宰相台下にたずねていただきたい。」

以上の本文に続いて、「シャムの貿易は輸出を主とせり。その物産の較著なるものは左の如し」として、米・砂糖・胡椒・塩・藍・生絹・水牛皮・海豹皮・孔雀の羽等々、三五品目をかかげている。

この訳稿の末尾には、「福澤諭吉謹訳　高畠五郎校合」と記されている。高畠五郎（一八二五〜一八八四）は、文政八年、阿波徳島の藩医の子として生まれた人である。大阪で学びさらに江戸で学び、のち安政三年幕府に召され蕃書調所教授となり、福澤と同じく外交文書の翻訳にあたった。維新後は兵部省・海軍省に出仕、翻訳課長などを務め、元老院議官となり、海外に出張したこともある。福澤よりは九歳も年長であるし、一方は蕃書調所教授でもあるが、福澤は『自伝』の中で、「本郷にいる親友高畠五郎」と記し、高畠の家を訪ねて大きな居合刀が飾ってあるのを見て、廃刀をすすめた逸話を述べている。『自伝』の他の箇所では、生麦事件についてイギリス公使から強い抗議文が来たとき、高畠らとともに、夜中、外国奉行の家で翻訳にあたったことが述べられている。福澤はまた晩年、『福翁百話』の中で、阿波の藩主に謁したときの仲介者を「高畠五郎なりしかと覚ゆ」と記している。

さて、オランダ副領事の仲介によるシャム国王の対日通商条約締結希望というのは、本当にシャム側の自発的希望であったのか、それともオランダ側が何らかの意図で仲介を買って出たのか、そのあたりは明らかでない。しかし、いずれにせよ、当時の情勢では、幕府はいずれの国ともあらたに条約を結ぶどころではなかったので、オランダ側の申し入れに対し、拒絶の回答をしている。この返書の日本文は『続通信全覧類輯』にも収録されているが、前に記したように、その蘭文は誰の手によったものか、いまは不明である。

福澤とシャムとの接触は、以上述べた文久元年のオランダ副領事来簡が最初であったと思われる。当時シャムに対しても、日本に対すると同様、列強が次々に開国をせまって条約を結んでいた。ことにイギリスとフランスは、シャムと交趾（いまのベトナム地方。のち仏印の一部となる）に領土的野心を抱いて着々とその地歩をかためていた。このあたりの情報を、福澤たちがどの程度得ていたかはあきらかでない。ただ、『続通信全覧類輯』に「シャム条約書和解之義ニ付井上信濃守等之書面（安政三年十月）」「米暹条約ニ関シ下田奉行之書簡（安政四年）」というのが収録されており、これによると、アメリカ総領事タウンゼンド・ハリスが、来日前にアメリカ使節としてシャムに乗込んで締結した米暹条約および附属書、ならびにそれ以前に存在した米暹条約書のうつしを参考のために幕府に交付してくれたとのことである。しかし、福澤たち翻訳官がそれらを参考文書として閲覧したかどうかは知る由もない。

(三)

次に福澤の記述にシャムのことが現れるのは、文久二年（一八六二）の『西航記』ならびに『西航手帳』（仮題）においてである。いずれも簡単な記述であるが含蓄が深い。

福澤は上記のオランダ来簡を訳した文久元年の十一月二十二日、幕府の遣欧使節に随行し、ヨーロッパに向けて、芝田町上陸場から乗船、英軍艦オーヂン号に乗り込み、翌年三月パリに入っている。『西航記』にはその三月十八日（旧暦）の項に、

「今日聞く、去年十二月、暹羅《シャムロ》の使節、巴理に来る。使節三名、士官十二人、従者十五人。従者の内、工匠数人ありて、巴理在留中、諸器械局に入り伝習したりと云」とある。シャムのラマ四世（モンクット王）は、すでに一八五七年に英国へ友好使節をおくり、使節はビクトリア女王の謁見を得ている。さらに一八六一年には別の使節を欧州におくり、イギリスおよびフランスを訪問させ、使節のピア・シーピパットはナポレオン三世の公式接見をうけている。福澤が記しているのは、この後者の使節団のことであろう。

『西航手帳』のほうにはレオン・ロニーから伝聞したアジアに関する情報として、次のような記事がある。

「〇ペルシアは只今勢なし。然れども遂には魯英のものたるべし。二三十年の内には必ず亡ぶべし。其国の宗旨は回回宗フイフイなり。五六年魯と条約し軍艦を持つことを止めたり。此事甚悪し。〇印度は大抵英の有なり。然れども印度人は英の政治をうらむ。〇ビルマ（ン）滅びたり。英之を取れり。〇シャムは仏を慕い英をうらむ。シャム王は好き人物なり、然れども国人の風俗甚悪し。

○交趾は仏よりすでに其一部を取り、三月前条約をなしたり……。」使節一行は、ヨーロッパからの帰途、シンガポールでフランス船エコー号に乗りかえ、交趾のサンジャック（いまのホーチミン市〈サイゴン〉の外港）に寄港した。『西航記』には文久二年十一月十八日の項に「午後、交趾のサンジャックに着。此地方は三年前より、仏の兵、交趾と戦い遂に仏の所領となりたる所なり」と記されている。

福澤が、ヨーロッパ出張中、あらんかぎりの力を尽して西洋の文物の理解吸収に努めたことは、あまりにも有名である。しかし、それと同時に、福澤は、西欧列強の実力と、日本、シャムをふくめたアジア諸国の実力とのあまりにも大きな格差をまざまざと見せつけられ、また、西欧列強、ことにイギリスとフランスが領土的野心を抱いて、インド、ビルマ、シャム、交趾などにおいて着々と地歩をきずいていることを強く印象づけられたに違いない。

ヨーロッパの旅を終えて、文久二年十二月（西暦では一八六三年一月となる）品川沖に帰着した福澤はそののちも幕府の外国方に勤めた。『全集』に収録されている翻訳案文の最終のものは、一八六八年二月二十二日付（慶應四年一月二十九日）の「ハワイ王国との条約調印の件」の訳文である。

このとし慶應四年五月十五日、福澤は上野の砲声をききながら新銭座の慶應義塾でウェーランドの経済書を講じた。八月に入って、福澤は幕臣であることを辞して帰農した。そして、九月には年号が明治と改まった。

明治の世となって福澤は著述家としてすでに名をなしていたが、明治二年（一八六九）、児童向きの地理書として『世界国尽』を著した。そのなかで福澤はアジアの諸国とともにシャムのことにもふれている。

「アジアの南一面《いちめん》の、海に臨めるインド地は、西と東に区別して、西なる方《かた》は後《こう》インド、東の方は前《ぜん》インド、ここに名高き国々は暹羅《シャム》、安南、尾留満国《ビルマこく》、そのまた北に西蔵国《さいぞうこく》、政府をたてし国なれど、人気《じんき》いやしく文字《もんじ》なく、西洋人のあなどりを、受けておそるるばかりなり。」

この一節は一見すると、アジアに対する列強の侵略をひとごとのようにあしらっているかにみえるが、実は、〝人気いやしく〟独立の気象がないならば、そして文字の教えに励まなければ、日本の命運もまた同じ危険にさらされることを、児童にも警告していることばであると読みとることができよう。

この福澤の警告は、それから六年後の明治八年（一八七五）、〝読者はいずれも五十歳以上〟を予期して出版された『文明論之概略』第十章（「自国の独立を論ず」）に高い調子で述べられている。

「そもそも外人のわが国に来るは、日なお浅し。且今日に至るまで我に著しき大害を加えてわが面目を奪うたることもあらざれば、人民の心に感ずるもの少なしと雖も、いやしくも国を憂るの赤心あらん者は、聞見を博くして世界古今の事跡を察せざるべからず。」「東洋の国々および大洋洲諸島の有様はいかん、欧人の触るる処にて、よくその本国の権義と利益とを全うして真の独立を保つものありや。ペルシアはいかん、印度はいかん、暹邏《シャム》はいかん、呂宋咟哇《ルソンジャワ》はいかん。」「わが日本も東洋の一国たるを知らば、たとい今日に至るまで外国交際につき甚しい害を蒙たることなきも、後日の禍は恐れざるべからず」として、独立の大義、文明への道を説いている。

福澤の記したものにシャムの字が現れるのは、私の管見では、以上記したわずかの箇所、すなわち、「幕末外交文書訳稿」『西航記』『西航手帳』『世界国尽』『文明論之概略』の中の数箇所にとどまるようである。しかし、福澤の脳中には、つねにシャムをふくめた東亜の諸国の安危が、幕府外国方勤務中に肌身で感じた日本外交の危機とオーバーラップして映っていたことであろう。

最後に記して教えを乞いたいのは、シャムについての福澤の文字の使い方である。シャムを漢字で書くときは、「暹羅」と記すのが普通である。ところが、福澤の外交文書訳稿では、羅にしんにゅうをつけて「邏」と記されている。朱印船貿易時代の朱印状の写真をみると、「自日本国到暹邏国舟也　慶長十三年戊申孟秋二十五日」「自日本　到暹邏商船也　右　慶長九年甲辰八月廿五日」などと記されている。そのほかにもしんにゅうをつけた例がみられるから、徳川時代にはそのような字を用いたのであろうか。ただ、明治時代に入ってからは、シャムのことは「暹羅」と書くのが普通であると思われるのに、『文明論之概略』では、相かわらず羅にしんにゅうをつけ、しかも、逆に「邏暹」となっている。これは『全集』にも「岩波文庫本」にも、そのまま踏襲されている。もちろん単純なミスであろうが、版木・版下のミスなのかそれとも福澤の草稿のミスなのであろうか。なお『西航手帳』には、カタカナでシャムと記入されている。『全集』本の『西航記』には、「暹羅」と書いて「シャムロ」とふりがながしてある。

（「福澤手帖」一九八七年十二月二十日号）

福澤先生とアメリカ

本日（一九九一年一月二十一日）は「慶友会」のお集まりにお招きをいただき、誠に光栄に存じております。しかも大先輩のみなさまの前で、なにか話をするようにというお申しつけでございまして、重ねて恐縮に存じておる次第でございます。

私は、みなさまがたよりもはるか十年ほど後輩でありまして、昭和十七年九月に繰り上げ卒業で経済学部を出たものでございます。もっとも、塾へ入りましたのは、昭和二年の幼稚舎入学でありますから、ちょうどみなさまがたが大学にご在学のころ幼稚舎におったわけかと存じます。そのころはむろん幼稚舎は三田の裏門のところにありまして、大学生が綱町のほうから裏門を通って坂をのぼってゆく、あるいは山食の脇のほうから坂をおりてくる。それをわれわれ幼稚舎生は、すべり台のあたりから眺めておりまして、〝早く大学生になりたいなあ〟などと思ったものであります。当時の塾長林毅陸先生は、豊沢のさきの「伊達跡」というところに住んでおられましたので、毎朝、裏門から入ってこられて坂をのぼってゆかれる。それを見つけて幼稚舎生のわれわれは、ワイワイ大声でごあいさつしたものでありました。まことに古きよき時代のことでありまして、今でも、あのころの三田の山の上、山の下の風物を、ときおりなつかしく想い起こすのであります。

さて、きょうは、「福澤先生とアメリカ」という題で、お話を申し上げようと存じます。実は昨年（一九九〇）の十月、慶應義塾ニューヨーク学院（高等部）、英語では、Keio High School of New York と申しておりますが、その開校式が行われまして、私もお誘いをいただいて参列いたしました。そのときつくづく思ったのでありますが、福澤先生は、一八六〇年から一八六七年まで、すなわち万延元年から慶應三年の八年間に三回、海外に旅行しておられますが、そのうち二回はアメリカ行きであります。しかも二回とも自分で志願して、いろいろ運動までしてアメリカに渡航しておられる。そして二度目のときにはニューヨークにも足をのばしておられるのであります。しかしさすがの福澤先生も、そのニューヨークに慶應の高等学校《ハイスクール》が開設されるとは当時夢にも思っておられなかっただろう、そんなことを、開校式にあたってしみじみと思いまして、開校式で祝辞を申し述べましたときも、福澤先生とアメリカとの関係についてひとこと申し上げたのであります（本書二八〇～二八七頁参照）。

福澤先生はご承知のとおり、十九歳のときに志を立てて中津をとび出して長崎に蘭学修業に出かける。そして一年ばかりして大阪に出て緒方洪庵の適塾に入って、前後三年半ばかり夢中で西洋の学問、蘭学を勉強する。適塾には日本国中の各地各藩からいろいろな人材が集まってくる。そういう中で、先生の視野はだんだん広がってくる。この長崎時代、大阪時代の三年半ばかりの間に、福澤諭吉の人間形成といいますか、先生の人物の土台ができあがってきたように思われるのであります。そして、二十四歳のときに先生は藩の命令で江戸へ出て鉄砲洲の奥平家の中屋敷に蘭学塾を開く。江戸はさすがに大都会であり政治・外交の中心でありますから、蘭学者、洋学者、進歩的な知識人も多い。先生もその洋学者のサークル、桂川甫周を中心とするサロンのようなものに出入りしておられますから、先生の視野は江戸へ入ってからさらに大きく広がったことと思われます。

しかし、江戸へ出た翌年、先生は大きなショックに見舞われたのであります。それは、安政五年の「五カ国条約」によって開かれたばかりの横浜へある日先生は見物にゆかれた。そして、これは有名な話でありますが、横浜でオランダ語がちっとも通用しない、英語でなければ通用しないことにショックを受けられたのであります。世界情勢を考えてみると、オランダの勢力、オランダの文化圏というものは全く弱く狭いものである。東洋において強大な力をもつ西洋の列強のうちで、何といっても英国の力、そしてアメリカの勢いというものが経済、貿易、軍事、外交、文化のあらゆる面で断然大きい。従って英語の文化圏というものにこれからの日本は取り組んでゆかなければならない。もうオランダ語の時代ではない、英語の時代だということを、先生は一日の横浜見物でハッキリと把握されたのであります。それで「これからは英語」という決心をされたのであります。当時、江戸にいた大勢の蘭学者の中には、先生と同じころに同じように横浜見物をした人もあったでありましょうが、先生のように思い切りよく英学に転じた人は少なかったように思われます。このようにして、先生の眼は、世界の情勢というものに向けて大きく開かれたのであります。蘭学の勉強によって得られた実証主義、科学的合理主義にうらづけされた先生の眼は、〝世界の中の日本〟

というものをジッと見据えるようになったのであります。それが安政六年、一八五九年のことでございます。

そうなりますと先生は外国のことをもっと実際に知りたい。書物を通してでなく実地に、外国へ行ってみたいという強い希望をいだくようになる。これは当然のことであります。幸いなことにその翌年、幕府は日米修好通商条約の条約書交換のためアメリカへ使節団を送ることになり、その護衛艦ということで軍艦咸臨丸を同じくアメリカへ送ることになる。そして先生は軍艦奉行、木村摂津守喜毅の従僕という資格で首尾よく咸臨丸という軍艦——といっても帆前船でありますが、それに乗り組むことができました。三七日かかって太平洋を横断してサンフランシスコに上陸する。そして、サンフランシスコおよびその周辺に三月十八日から五月八日まで五〇日間ばかり滞在する。これが先生にとって外国旅行、あるいは外国滞在の初体験でありまして、西欧人の社会、西欧人の家庭、西欧人の生活態度、人情世態というものに対する先生の第一印象というものは、このサンフランシスコ滞在の五〇日間で形づくられたわけであります。そののち先生は、一年おいた文久二年のヨーロッパ旅行のあと、もう一度アメリカに旅行しておられる。第一回のアメリカ行きから七年ぶりにふたたびアメリカを訪問されたのであります。ヨーロッパ行きのときは幕府の命令で先生は使節団の随員に任命されたのですが、二度目のアメリカ行きは幕府の軍艦受取委員の渡米に際して委員長に頼み込んで随員に加えてもらったというのですから、先生はよほど〝またアメリカへ行ってみたい〟と思われたのでしょう。もっとも、第一回目のときは西海岸サンフランシスコにしか行っていないので、今度は、軍艦受取委員について東海岸のワシントン、ニューヨークへ行ってみたいと思われたのかもしれません。そして、慶應三年、一八六七年の三月二十日にサンフランシスコに着いて、パナマを通ってニューヨーク、ワシントン、もう一度ニューヨークへ出てパナマ、サンフランシスコと戻って七月四日に出帆していますから、こんどは三カ月半アメリカに滞在しているのであります。前回のアメリカ滞在と合わせると、合計五カ月以上のアメリカ滞在ということになります。この二度のアメリカ行きのあいだに先生はヨーロッパにも渡航しておられる。これは文久年間のことで、西暦では、一八六二年の一月から翌年一月まで一年あまりの大旅行で、ヨーロッパの文化、政治、経済、法律、社会制度を具さに視察しておられる。しかし一月二十二日に品川を出帆してからマルセーユに四月三日に着く、帰りも十月二十五日にリスボンを出て翌年一月二十九日に品川沖に着くというように船に乗っている期間が非常に長い。それにヨーロッパの中で六カ国ほど回っているので、一つの国にはあまり長くいられない。一番長く滞在したのがロシアの四六日、それからイギリスの四四日、フランスが前後四二日、オランダの三五日、プロシア、ポルトガルのそれぞれ二〇日間というように、ひとつの国にはせいぜい一カ月弱二カ月以下であります。アメリカについては、さきほど申しましたように前後五カ月以上滞在しておられます。ですから、先生にとって、外国といえば、まずアメリカのことが終生頭に浮かんだのではないかと思われます。

そして、それはただ滞在日数が長かったのでなじみが深いというだけではなく、イギリスやフランスのような余りにも進んでいる、余りにも歴史の古いところよりも、アメリカのような新しい、いわゆる新興国のほうに先生は親しみを覚えたのではないかと思われます。なるほどイギリスは議会制度が進み、産業革命の最初の担い手であるし、学問も進んでいるが、その社会制度をみると、貴族制度、身分制度が厳然として立ちはだかっている。フランスもフランス革命をおこした民主主義の国といっているが、やはり、ナポレオン三世のもとで貴族制度がやかましい。社会制度も複雑で文化は爛熟している。プロシア――ドイツも新興国として頼もしいが、官僚的軍国主義的である。そこへゆくとアメリカは万事が簡便で、率直で親しみやすい。大統領の謁見、これは福澤先生も二度目のアメリカ行きのとき、ホワイトハウスでのジョンソン大統領の謁見で体験されたわけですが、まことに簡素で率直である。イギリスのバッキンガム宮殿、パリのナポレオン三世の宮殿での謁見のような仰々しさがない。こういうことも先生のアメリカに対する親近感に訴えるところがあったと思われます。また、学問のほうでも、先生の代表的著作のひとつである『文明論之概略』、ここに出てくるヨーロッパ文化の歴史、ヨーロッパの精神史、これはギゾー、バックルのようなヨーロッパの学者の研究を大いに参考にしておられ、イギリスのミルやスペンサーの学説も先生の思想の中に組み込まれてゆきますが、『学問のすゝめ』では、アメリカのウェーランドの修身論の説が豊富に取り入れられている。ウェーランドの経済論というのも、慶應義塾では盛んに読まれた時期があります。先生が二度目のアメリカ行きのときにアメリカの教科書を大量に持ち帰って慶應義塾でそれを用いたということも、慶應義塾の学風の中にアメリカ的な精神が自然に入ってくる要因のひとつであったと思われます。ウェーランドの修身論、経済論、パーレーの万国史、カッケンボス

(Quackenbos) のナチュラル・ヒストリー、ウェブスターの辞書、いずれも慶應義塾の教科書、参考書になったのであります。さらに、あの「天は人の上に人を造らず人の下に人を造らずと言えり」という有名な『学問のすゝめ』の書き出しも、その出典についてはいろいろ説はありますが、その精神においてアメリカの独立宣言書の精神と共通するところがありますのは、誰しもみとめるところでありましょう。

先生は、明治二年の『世界国尽』の中で、アメリカの独立戦争のことを力を込めて書いておられます。そして「政体ありて主君なく、天下は天下の天下なり、四年交代《かわり》の大統領、上院下院の評議役、一国中の便不便、議《はか》り定めし法律の、威は行われ猛からず、次第に進む国の富、百工製作商売は、英吉利国と肩並べ、文教技芸学校は、仏蘭西国の右に出で」云々とアメリカをたたえておられます。なお、この『世界国尽』の中で、ヨーロッパの文明をたたえ、「ロシア、プロシア、オーストリア、英と仏との五ヶ国は、当時日の出の五大国。土地の広さを較ぶれば、五大洲の末なれど、狭き国土に空地なく、人民恒《つね》の産を得て、富国強兵天下一、文明開化の中心と、名のみにあらず其実は、人の教の行届き、徳誼を修め知を開き、文学技芸美を尽し、都鄙《みやこいなか》の差別なく、諸方に建《たつ》る学問所、幾千万の数知らず。彼《か》の産業《すぎわい》の安くして、彼の商売の繁昌し兵備整い武器足りて、世界に誇る泰平の、その源を尋るに本《もと》を務むる学問の、枝に咲きたる花ならん。花見て花を羨《うらや》むな、本なき枝に花はなし。一身《ひとり》の学に急ぐこそ、進歩《あゆみ》はかどる紆路《まわりみち》、共にたどりて西洋の、道に栄ゆる花を見ん」とたたえておられますが、同じころ出版された『条約十一国記』の中ではイギリスのことを、

「英吉利の人は、金持と貧乏人と学者と文盲と打交りて甚だ不揃なり。数百万両の身代にて大家《たいか》に居る者あり、裏店《うら》住居にて朝夕の暮向《くらし》に困る者もあり、文学芸術世界に名高き大先生もあり、無学文盲一字を知らざる者もあり」とコキ下ろしておられます。

先生は、アメリカについて、後年たびたび論説や文章を記し、あるいは「時事新報」にもそれらを載せておられます。そのなかのひとつに、「日本の交際」というのがあります。もっとも、これは福澤先生の意を受けて石河幹明さんが起草したといわれておりますが、それは明治三十年五月十一日の「時事新報」に載っております。まず先生はアメリカの初代公使のタウンゼンド・ハリスのことを大変ほめて「ハリスが我国のためにしたる親切の行為を数えれば到底一日の新聞紙上に書き尽すを得ず、一冊の著書に記すも尚お余りある程なれど」と記しておられます。それから、「学問教育の如きも多くは米人の輸入したるものにして、日本にて英語の広く行わるる其英語は即ち米国語にして、特に英に学びたるに非ず。又各学校の教科書に殊に米国史を入れ、文学書の如きも米国出版のものを用うるもの多きが如き、今日においても自《おのず》から其感化の実を認むべし」「右の如き次第なるが故に」「米人といえば一般に之を徳とするは自然の情にして、我国に滞留の外国人多き中にもアメリカの名は日本国中に伝称せられて何人も知らざるものなし、現に東北地方などにては、今日に至りても外国人を見れば一般にアメリカ人と唱え、舶来品はすべてアメリカ品と称するが如き、アメリカの名が深く我国人の同情を得たる証拠として見る可きものなり」そして「日米間の交際に一種特別の次第は凡そ右の如き由来にして、忘れんと欲して忘るるを得べからず。今後万々歳も亦正に斯の如くなる可きは日本人の希望なり」云々とさえ述べておられます。

そのように先生はアメリカについては、そののちになっても親しみを持っておられ、慶應義塾の明治十年代の教育体系といいますか、カリキュラムの設定といいますか、これは大体アメリカのハイスクールをお手本にしたといわれております。そして、明治十六年には、先生は一太郎、捨次郎という二人のお子さんをアメリカに留学させ、さらに明治二十年代になって大学部設立を計画したときには、官立の帝国大学では、主としてヨーロッパからお傭い教師を招いていたのに対し、福澤先生はハーバード大学のエリオット総長に依頼して、ドロッパーズ、ウィグモア、リスカムという三人のアメリカ人を主任教授に招いて、明治二十三年の大学部設置を迎えるのであります。

このように、福澤先生が親近感をいだき、好意をいだきつづけておられたアメリカに、今回、先生のニューヨーク訪問から数えて一二三年目に慶應義塾の高校ができたことは、誠に意義深いことであります。実は、慶應義塾が海外に高校をつくることは、数年前から話がおこりまして、ドイツ、フランスからも、いわゆる誘致がありまして、塾当局が比較検討、シミュレーションを行った結果、アメリカのニューヨークということに決定されたのであります。福澤先生がもしこれを聞かれたならば、定めし会心のえみをもらされたことだろうと存じます。

以上のようなことを、慶應義塾ニューヨーク学院（高等部）の開校式のときに感じましたので、その感慨の一端をみなさまがたにご報告申し上げた次第です。ご清聴ありがとうございました。

（「慶友会」一九九一年一月二十一日例会でのスピーチ）

福澤先生と塾員議員の国会活動

昨年（一九九六）十月二十日、小選挙区比例代表並立制によるはじめての総選挙が行われた結果、衆議院定数五〇〇名のうち、塾員代議士数は前回をやや下まわり、四八名となった。その党派別をみると、本年二月五日現在で自由民主党三一名、新進党一二名、民主党三名、太陽党一名、無所属一名となっている。参議院議員二五二名中塾員数は一三名で、その内訳は自由民主党一一名、公明一名、新党さきがけ一名である。したがって国会議員塾員総数は現在六一名となっている。

いまから一一年前（一九八六）昭和六十一年六月、中曾根内閣のもとで塾員国会議員の数が衆参あわせて四五名であったころ、塾員浅川博忠氏の編著による『燃えよ三田政治家四十五人の応援歌』という本が出版された。いまその四五氏のお名前をみると、そのなかで現在国会議員として活躍しておられるのは、桜内義雄、橋本龍太郎、綿貫民輔、小沢一郎、小泉純一郎、青山丘、中井洽、堀内光雄、村岡兼造、佐藤信二、中川秀直、中村正三郎、丹羽雄哉、船田元、保利耕輔、太田誠一、笹山登生、平沼赳夫、甘利明、大島理森、金子原二郎（以上衆議院）、斎藤十朗、前田勲男、竹山裕、（以上参議院）の二四氏である。その中の最長老は、申すまでもなく元衆議院議長の桜内義雄氏（昭和10年経、衆議院当選一八回、参議院一回）である。

さて、この『三田の政治家四十五人』が出版されたとき、当時の塾長石川忠雄先生は序文を寄せられ、私も、他の塾員九氏の論文とともに「塾出身の国会議員と福澤先生」と題する小文を「第一部　塾ＯＢによる応援歌」という中に寄稿した。その旧稿を少し補正して、恐縮ながら次に再録させていただくこととする。

明治二十三年（一八九〇）、第一回の衆議院総選挙が行われたとき、三〇〇人の当選者のうち、慶應義塾出身者は尾崎行雄、犬養毅をはじめ三十余人におよんだ。また、貴族院勅選議員のなかには慶應義塾長小幡篤次郎の名がみられる。帝国議会召集日を目前にひかえた十一月十七日、慶應出身者の貴衆両院議員は、築地一丁目の寿美屋で同窓会を開き福澤先生を招待した。先生はよろこんで出席し、次のような挨拶を述べられた。

「四〇〇〇万人の国民のなかから選びぬかれた両院議員五百数十名のうち、三十数名が義塾出身者で占められたことは〝異常の数〟である。」

それでは義塾において特別の政治教育でも行われたのであろうか。いや、そうではない。学校教育は園丁が草木を培養するのと同じであって、その性質を作るのではなくて、その自然の発生を妨げないだけである。「天賦の資に富む諸君が偶然にも慶應義塾に入学して、その天賦発達の機を空しうせざりしが故」であると謙遜しておられる。

先生によれば、「天下に無数の学校があるが、学校は〝人品潤飾の場〟であるべきで、決して〝智徳製造の機械〟ではない。しかしそれはともかく人情より論ずるときは、私塾の同窓懐旧の情は一種無限の味があるもので、一生忘れようとしても忘れることができない。〝智徳の発生〟が自発のものであるかはともかく、〝発生の時期〟は正に在塾の時にあったことは間違いない。すなわち人生の春とも名づけるべき血気正に盛んな年齢の時だから、苦楽ともに唯面白く、すべて愉快である。さて学窓を出てからも、おりにふれて往時を回想すると夢のごとく真のごとく無限の快楽がある。自分（福澤先生）も〝頭髪白く孫もある身〟であるが往事を思うと生涯の快楽は〝少年修業の学塾にある。これを思うの情は〝生誕の故郷を望むよりも切〟である。思うに今日諸君がここに宴会を開かれたのも、必ずこの懐旧の情に出たものであろう。身に覚えのある老生こそその情感を最もよく知るものであるから、嬉しさに涙を覚えるものである。」

さて、政治の談となると、「これは〝情感〟の世界ではない。諸君は帝国議会の議士であって、政治上おのおのの所見があるのは無論、〝同窓は同窓、議会は議会〟である。学窓を同じくしたからといって議会の議をともにすべからざるのはいうまでもない。しかし、本来〝情感〟のことではない〝政談〟もその熱度の昇騰する時はおのずからまた熱情を催すこともあるであろう。裏面から語れば滑らかに済むことも、表向きの公論に圭角を生ずる場合も多いであろう。かかる場合には同窓の好情もおのずから屈強の方便であって、議場党派の難問を故旧団欒の間に解決し、一笑に付してあとをとどめぬこともあるであろう。諸君が常に自尊自重の大儀を重んじ、和して和すべき部分だけは政治上の熱情を離れて同窓の旧情に訴え、以て帝国議会の波瀾を静にすることができるならば、誠に望ましいことである」と述べておられる。藩閥政府と国会との正面衝突が予想され、小党が乱立していた当時にあっては、先生は特に官民の調和、各党の協調を念じておられたのであろう。

国会開設以来、ほとんど一〇〇年が経過した。そのあいだ、塾出身者の国会活動にも幾多の変遷があった。そしていま、義塾出身者の国会進出に大きな期待が寄せられている。党派いかんにかかわらず、いや、むしろ各党各派にわたって、義塾出身者が数多くそれぞれの位置を占めることが望ましいであろう。近来は、経済界のみでなく、法曹界、官界にも塾出身者の進出が目立っている。政界においても塾員の一層の活躍が望まれるゆえんであろう。

以上の私の旧稿は、明治二十三年十一月十九日付の「時事新報」社説「同窓の旧情」(『福澤諭吉全集』第十二巻、五三五〜五三八頁所収)に基づいて記したものである。

日本の大改革が求められている現在、橋本総理をはじめとする塾員国会議員が、福澤先生の遺訓を継承し、日本の明るい未来をきずくために存分の国会活動を展開されることを切に期待するものである。

(「三田ジャーナル」一九九七年十二月十五日号)

『福澤諭吉選集』の再刊によせて

久しく絶版となっていた『福澤諭吉選集』全十四巻（岩波書店刊）が、このほど再刊発売された。まことに喜ばしいことである。

福澤諭吉の著作、論文、エッセイ、書簡は、こんにち多くの人々によって、しばしば部分的に引用される。それらが新聞雑誌に現れることも少なくない。福澤の文章には、珠玉の警句、名言がいたるところにちりばめられている。「天は人の上に人を造らず人の下に人を造らずと言えり」「独立の志なきものは国を思うこと深切ならず」などはその例である。また、福澤の著作・文章の題名そのものも、それ自体がキャッチフレーズになっていることが多い。『学問のすゝめ』『文明論之概略』『西洋事情』『脱亜論』等がその例である。これらのゆえに、一〇〇年をへだてたこんにちでも、福澤の文章の一部が、なにかにつけて引用され、人々の目に触れ、話題にのぼるのである。

その一方で、専門の研究家あるいは熱心な読書家のほかには、福澤の著作いずれかの全文を読んだ人はなかなかいないのではあるまいか。第一、たとえ読もうと思っても、岩波文庫等に収められている『福翁自伝』『学問のすゝめ』『文明論之概略』等をのぞいては、膨大な福澤の著作の全容に接することは容易でない。全二十一巻別巻一の『福澤諭吉全集』を座右に備えることは一般には期待しがたいところであろう。

福澤に関心を持ち、興味を抱き、あるいはその思想に共鳴、傾倒する人でも、わずかに『自伝』を通読し、『学問のすゝめ』『文明論之概略』を部分的に拾い読みし、あとは福澤に関する紹介書・解説書を読み、そこにあらわれた長短の「引用文」を読んで、福澤の思想・主張をうかがい知るにとどまっていることが多いのではあるまいか。

しかし、その一方で、『自伝』その他の拾い読みでは満足できず、いくつかのものの全文を読んでみたいと思っている人も、非常に多いのではあるまいか。そして『福澤諭吉全集』を閲覧する便宜もなく、しかも、適当な解説・手引がないと、文庫本でさえ取り付きにくいと思っている向きも少なくないのではあるまいか。もしそうであるならば、『福澤諭吉選集』全十四巻の再刊は、まさにこれらの要求を満たすものといってよいであろう。

『福澤諭吉選集』については、三つの特色があげられる。第一は、膨大な福澤の全著作から、きわめて適切なセレクションが、体系的に行われていることである。第二は、各巻の解説者の人選が、まことに当を得ていることである。富田正文、土橋俊一、小泉仰、飯田鼎、神山四郎各氏のような塾関係者ばかりでなく、松沢弘陽、芳賀徹、山住正己、鳥海靖、石田雄、坂野潤治、鹿野政直、萩原延寿、松本三之介各氏のような、各方面の権威者が解説に当たっている。第三は、新書版サイズ各冊三〇〇ページ前後のハンディな体裁であり、十四巻セットで二万四五〇〇円という価格も、内容の豊富さからみて、リーズナブルといえよう。

福澤文献へのアクセスは、今回の『選集』再刊によって、大きな進歩をみることができた。この機会に、福澤文献の普及計画として、ふたつのことを望みたい。

その第一は、『全集』の補遺の刊行である。『福澤諭吉全集』は、昭和四十六年再版のおりに追加された「別巻」をふくめて二十二巻におよぶ大部のものである。それでは、福澤の著作・書簡はすべてこの中に収められているかというとそうではない。全集再版ののち、いわゆる「未発表の福澤資料」が毎年続々と発見され、それらはその都度、社団法人福澤諭吉協会（理事長富田正文氏）の機関誌「福澤諭吉年鑑」あるいは「福澤手帖」に収録されてこんにちに至っているのである。『全集』未収のこれらの新資料を、何らかの機会に一冊にまとめ、『全集』の「補遺」として出版されることが期待される。

第二の希望は、英文による福澤の著作の刊行、すなわち"The Selected Works of Fukuzawa Yukichi"（仮称）の刊行である。福澤の著作の英訳は、清岡暎一慶應義塾大学名誉教授による、定評のある『自伝』英訳のほか、いくつか刊行されている。古くは、「中津留別の書」（『選集』第九巻所収）の全訳が、一八八三年（明治十六年）刊行の *Leading Men of Japan* by Charles Lanman に収録されている。しかし、これらは福澤の著作のうちの何冊かの英訳にすぎない。こんにち、日本の近代化に果たした福澤の役割が国際的にも高く評価されているにもかかわらず、福澤の著作の「英語版」が、体系的に刊行されていないことは残念である。海外向けにふさわしいあたらしいセレクションのもとに、適切な翻訳者と解説者による英語版〝福澤選集〟の刊行が期待される。「福澤諭吉協会」あるいは塾内の「福澤研究センター」等で、このふたつを検討していただければ幸いである。

(「三田評論」一九九〇年一月号)

「福澤手帖」一〇〇号にあたって

「福澤手帖」が創刊されたのは、いまから二六年前、昭和四十八年（一九七三）のことであります。その年、「福澤諭吉協会」は、当時休眠中であった「福澤諭吉著作編纂会」を改組し、会名を改めて新発足したばかりで、「福澤手帖」の一号は新発足の協会が世に送った最初のメッセージでした。その創刊号の巻頭に「社団法人福澤諭吉協会の発足　本協会理事　富田正文」という文章がのっています。これは協会の設立趣意書ともいうべきものであります。いま、「福澤手帖」一〇〇号発刊にあたり、この趣意書の要旨を摘録し、協会設立の経緯と趣旨をあらためて確認しておきたいと思います。

なお、福澤諭吉協会の前身である「社団法人福澤諭吉著作編纂会」は、現行の『福澤諭吉全集』を編纂するため昭和二十六年（一九五一）に設立されました。編纂会はその主目的である「福澤の全著作の徹底的な校訂事業」を完了したあと、その編纂著作権をすべて慶應義塾に寄付し、義塾はこれを受けてその創立一〇〇年（昭和三十三年〈一九五八〉）の記念事業として『福澤諭吉全集』（全二十一巻、のち再版のとき別巻一冊を追加）を刊行いたしました。刊行完了は昭和三十九年（一九六四）

のことでした。

さて、富田先生の趣意書によれば、『福澤諭吉全集』刊行以来、国の内外における福澤研究の気運はとみに高まり、注目すべき研究業績も相次いで発表されるようになったが、しかし研究者相互間の連絡交流の場は乏しく、せっかくの研究成果を発表し、または出版する機会を得ることも容易でない。そのため学界では、福澤研究の中心となる団体の設立を望む声が高くなったそうです。そこで富田先生を中心に数名が協議した結果、既存の「編纂会」を改組して、福澤研究者の集まりとしてはどうかという考えがまとまりました。その構想は、名称を「福澤諭吉協会」と改め、門戸を広く開放して、福澤の思想・行動を研究する多くの人々に参加を求め、また一方、福澤精神の宣揚普及に関心を寄せる篤志家の協力を得て、福澤研究推進の中心的機関としての役割を果たしたいというものでありました。

なお、「編纂会」は社団法人でありましたが、会員数は一三名でした。ただしその顔ぶれは理事長小泉信三をはじめ、安倍能成、天野貞祐、板倉卓造、潮田江次、大内兵衛、小宮豊隆、高橋誠一郎、辰野隆、津田左右吉、富田正文、長與善郎、和辻哲郎など当代一流の大家ばかりでした。富田先生が広く門戸を開いて会員を求めるといわれたのは、ひとつには長老にかぎらず新進若手の研究者にもよびかけることを意味し、同時に慶應関係者以外にも広くよびかけて内外の福澤研究者に参加を求める構想を明示されたものと思われます。このようにして一九七三年四月には定款を改正し、理事長に高橋誠一郎氏、理事に富田正文・土橋俊一ほか三氏が就任、ただちに会員募集を開始し、その年の十一月には早くも第一回の土曜セミナー（講師　芳賀徹氏）が開かれ、十二月には「福澤手帖」が創刊され、翌年八月には「福澤諭吉年鑑」の第一号が発刊されました。

それ以来、当協会は四半世紀にわたり、設立の趣旨にそって、福澤研究推進のために活動を続けてまいりました。こんにち福澤諭吉は〝日本の福澤〟であるとともに〝世界の福澤〟でもあります。〝十九世紀・明治の福澤〟は、〝現代に生きている福澤〟でもあります。そして、その没後一〇〇年を迎える二〇〇一年以後の世紀においても、福澤の思想行動とその後世にまでおよぼした影響は、ながく内外の人々の関心と研究の対象であり続けることでしょう。当協会はますますその使命の重さを痛感するものであります。現在、協会の急務は、会員増強による収支の安定と、それによる事業の充実であります。会員各位のご支援を切にお願い申し上げます。

（「福澤手帖」一九九九年三月号）

二人の福澤諭吉

このごろは、給与などの銀行口座振込制が定着したので、現金の入った給料袋を受けとることもなくなった。クレジットカードが普及したので買物その他もカードを使うことが多くなった。そのため、昔のように一万円札や千円札を大切に勘定したり、手にとって確かめたりすることも稀になった。まさにキャッシュレス時代に入りつつあることが実感される。最近、フトしたことで手許の一万円札をゆっくり眺める機会があった。一万円札の意匠が十年ほど前に聖徳太子の冠すがたから福澤諭吉の和服姿に変わった（一九八四）ことはもちろん百も承知していたが、その福澤の肖像の下に小さく横書きで「福沢諭吉」と印刷されていることはいままで気付かなかった。また中央の楕円形の枠のなかに、何か透かし模様の入っていることはなんとなく気付いていたが、そこにもう一人の福澤諭吉の肖像がうっすらとかくれていることもいままでウッカリ見すごしていたのであった。

福澤諭吉は明治の啓蒙思想家として、その活発な言論活動を通じ、しばしば大胆な発言、提案を行っている。しかし、他の啓蒙運動家とちがって、後の思想・主張には教条主義的な押しつけや、絶対主義的な観念論が少しもない。極端論のように見えて実はよくバランスがとれている。福澤の考え方は〝複眼思考的〟だなどといわれるのはそのためであろう。

福澤の著作を読んでみると、その中に、福澤自身のほかに、もう一人の福澤が常にソッと寄り添っているのが見えてくる。一万円札ではないが、透かしてみるとそれが見えてくる。

福澤はたくさんのキャッチフレーズ、キーワードを残している。福澤は一身の独立、一国の独立の重要さを唱え、「独立の気力なきものは国を想うこと深切ならず」「国の独立は目的なり、今の文明はこの目的に達する術なり」と熱っぽくいい切っているが、他方で「立国は私なり、公にあらざるなり」と述べ、国家制度などというものは、別段〝天理人道〟に基づくものではなく、遠い未来には〝国〟というものもなくなるかもしれないと冷やかに切り捨てている。

社会の改革について、福澤は熱心に説いた。およそ現状に満足し、あるいは現在の制度から利得を得ている人々の中からは公平な意見が出てくるはずがない。

「公平の論は不平の人より出《い》づ」というのが福澤のお得意のキャッチフレーズであった。しかし、彼は同時に「馬鹿不平多し」という対句も用意している。これは〝もう一人の福澤〟の声である。

独立不羈《ふき》、自尊自重——独立自尊は彼が残したモットーであるが、小学生たちには「今日《こんにち》、子供たる身の独立自尊法は、ただ父母の命によって進退すべきのみ」と書き与えている。

明治憲法制定前、西南戦争直後から、福澤は〝国会開設〟を唱道し、その実現が近くなると演説館をつくって門下生に演説の練習をさせたり、議事法の勉強をさせて、議員になることを奨励しているが、イザ国会がはじまって、地方の〝有志〟が政治熱に浮かされて東京に陳情や請願に押しかけるようになると、福澤は「道楽の発端、有志と称し、阿呆の頂上、議員となる。累代の田畠《でんぱた》を売り飛ばし去って、貰い得たり一年八百円（当時の議員歳費の額）」という狂詩を作って門下の〝政治狂〟に書き与えている。

晩年の論文の中で、福澤は「人事に絶対の美なし」と説いている。また、あれほど現実的実際的で学生教育、成人教育、言論活動に熱心に従事した福澤が好んで書き与えた語句に「一面真相一面空」「戯れ去り戯れ来り、自《おのずか》ら真あり」などがある。

福澤のこのような思考はどこから来たのであろうか。福澤自身は「自分は一身にして二生（二つの生涯）を経験したようなものだ」といっている。鎖国幕藩時代と開国明治の時代というすべての価値観、生活目標、社会風潮がいちじるしく違った二つの時代を生きてきたことをいいたかったのであろう。そして、自分もその中で自己改革をとげてきたことを述べているのであろう。

私たちは、バブル崩壊以前、冷戦終結以前、あるいは第二次大戦以前という前半生を体験した。そしていま、当時とは全くちがった価値体系、史観、人生観をもつ世界各国の〝新人類〟とともに後半生を歩んでいる、まさに〝二生〟を受けたようなものである。これは物事を観察し判断するうえでひとつの大きな幸せといわねばならない。

新旧、東西、保守革新あらゆる複数の〝体系〟の正体を見きわめ、それらを相対的に評価考察し、二十一世紀への途を拓いてゆくのが〝二生〟を受けたわれわれの貴い使命であろう。

（『財界人 随筆集』一九九七年）

福澤先生と煙草

福澤先生は、もともとは酒は好きだが煙草は大嫌いで、緒方塾でも同塾生が煙草をのむのを、「こんな無益な不養生な訳けのわからぬ物をのむ奴の気が知れない。何はさておき臭《くさ》くて汚《きたな》くて堪《たま》らん。おれの側《そば》ではのんでくれるな」とののしっておられた。まさにこのころの先生は「嫌煙家」であった。ところが、あるとき一念発起、禁酒をはじめ、それと引きかえに煙草をすすめられてツイ手を出し、しかも肝心の禁酒はわずか一ヵ月しか続かず、「さらば煙草の方はのまぬむかしの通りにしようとしてもこれも出来ず」「とてもかなわぬ禁酒の発心、一ヵ月の大馬鹿をして、酒と煙草と両刀づかいに成り果て、六十余歳の今年にいたるまで、酒は自然に禁じたけれども煙草は止みそうにもせず、衛生のため自ら作《な》せる損害と申して一言の弁解もありません」と愛煙家の心境を『福翁自伝』の中で率直に告白しておられる。

近年、〝禁煙のすすめ〟が強まり、〝おれの側ではのんでくれるな〟という〝嫌煙権〟も主張されている。福澤先生は地下で苦笑しておられるだろう。

（「三田評論」一九八九年二月号）

セント・アンドリウスへの旅——宣教師ショーの子孫をたずねて

四月もなかばをすぎた週末の一日、私はスコットランドのセント・アンドリウスを訪れた。エディンバラの空港から美しく繰りひろげられる牧場風景のあいだをドライブしてゆくと、左右の山々にはまだところどころにまばらな雪が残っている。

セント・アンドリウスといえば、日本人にとっては〝ゴルフのメッカ〟としてあまりにも有名である。一昨年（一九八四）、ブリティッシュ・オープンがここで開かれたときには、人口一万人あまりのこの町に二〇万人ちかくの人が押し寄せたといわれる。しかし北海に臨むこの港町は、本来スコットランドの古都であって、十二世紀に建てられたカセドラル、十三世紀に築かれた城郭、そして十五世紀に創設された大学がいまもここにある。セント・アンドリウス大学は、オックスフォード、ケンブリッジにつぐ英国第三番目の古い大学である。

今回私がセント・アンドリウスを訪れたのは、話のたねにオールドゴルフコースでプレーするためでもなく、史跡や大学を見学に出かけたのでもない。私の目的は、明治の初年から三年間三田山上の福澤先生の邸内に住んでいた宣教師アレキサンダー・ショーのお孫さんに会うことであった。

アレキサンダー・ショー（一八四六〜一九〇二）は、英国のキリスト教伝道団体から日本に派遣されたカナダ生まれの宣教師である。明治六年（一八七三）、日本に到着したショーはたまたま三田の慶應義塾のすぐ近くに今もある大松寺《だいしょうじ》という寺に止宿した。誰の紹介によるものか、福澤先生はその長男・一太郎と次男・捨次郎とを大松寺のショーのもとに通わせて英書を学ばせた。そして翌年、三田山上に西洋館を建ててショーを迎え入れ、二人の教育を託した。ショーは独身で日本に着任したが、ロンドンに許婚者があった。この呼び寄せには障碍もあったが、福澤先生は「宣教師が結婚して家庭をもち、クリスチャンとして模範的な家族生活を営むことは、布教のうえでも結構なことではないか」と大いに賛成した。ショーは本国にあてた手紙の中で「ミスター・フクザワもこのように賛成しているから」と書き送っている。いまもショーの子孫の家には大きな一双の屛風があり、「これはそのときの結婚のお祝いにユキチ・フクザワから送られたもの」と語り伝えられている。

福澤一家とショー一家との交際は、ショーが三田を去って飯倉に移ってからも長く続いた。『福澤諭吉全集』、『福澤諭吉伝』の中に現れる多くのエピソードがそれを物語っている。一方、ショーは飯倉の聖アンデレ教会を中心とする聖職者としての活動のほかに、英国公使館付チャプレンとして、また教育者として活躍した。ショーは明治のある時期、東京における当時の日本人社会、および外国人社会のあいだで多くの人々と交わり高い尊敬をうけていた。日本の女子教育の振興条約改正の促進、英国における対日世論の緩和改善などに示されたショーの功績は、伊藤博文初め明治政府の要人が深く多とするところであった。日清戦争当時に政府がショーに感謝状を贈ったこと、明治三十五年（一九〇二）ショーが東京で没したときに皇室からショーの未亡人に多額のご下賜金がとどけられたことなどはそれを物語っているといえよう。

しかし宣教師ショーの名がいまも日本で記憶されているのは、ショーの本来の業績のゆえではない。それはちょうど今から一〇〇年前、明治十九年（一八八六）、ショーがたまたま軽井沢に別荘を設け、避暑地としての軽井沢を世に紹介したからであろう。ショーが没して間もなく、軽井沢にはショーの徳をたたえる記念碑がたてられた。昨年はさらにショーのブロンズの胸像がたてられた。

いま、ショーのお孫さんは、ひとりはスコットランドのセント・アンドリウスに、ひとりはカナダのオタワに住んでおられる。いずれもショーの次男の娘さんで、一九一一年生まれのミセス・ムーアと一九一七年生まれのミセス・グランディである。軽井沢町長佐藤正人さんは、ことしの夏の「軽井沢一〇〇年記念式典」にショーのお孫さんお二人をぜひお招きしたいといわれる。たまたまショー一家のみなさんを存じあげているわたしは、佐藤町長の意向を伝えるため、今回イギリス出張の途次、セント・アンドリウスにミセス・ムーアをたずねたのである。ムーアさんのところには「銀座の八咫屋《やたや》」の額ぶちに入った大きなショーの写真など、往時をしのばせる遺物の数々があるが、福澤先生に直接ちなむものはみられない。屏風一双そのほか福澤家から贈られたという箱根細工・陶器、東京女学館からショーの姉に贈られた画帖などさまざまの品は、先年オタワのミセス・グランディのお宅で拝見した。

この夏、お二人が日本へみえたら、東京では、まず青山霊園にあるお二人の祖父ショーのお墓にご案内したい。そして三田の大松寺、三田山上のキャンパスなど、ショーゆかりの地もお見せしたいと思っている。ショーのために福澤先生が建てた西洋館というのは、いまの新図書館の東側、福澤公園のはずれのあたりにあったということである。

（「塾友」一九八六年七月号）

A・C・ショー先生と福澤諭吉先生

はじめに

私が今日お話し申し上げますテーマは「A・C・ショー先生と福澤諭吉先生」となっております。ショー先生のことにつきましてはご存じの方が多くいらっしゃいますし、ことに聖公会関係の先生方には、ショー先生のことをよくお調べになり、また研究をご発表になっていらっしゃる方も大勢いらっしゃいます。その方々も本日ご列席でいらっしゃいますので、何からお話し申し上げてよろしいのかわからないのですが、ご承知のとおり、A・C・ショー先生のお名前は、このごろでは軽井沢と特に結びつけられて一般の人の間に伝わっておるような気がいたします。そしてそれがだんだんオーバーになりまして、一般の人には、軽井沢というのは、ショー先生がお一人で拓かれたところのように伝わってしまっていたり、あるいはこの礼拝堂（軽井沢ショー記念礼拝堂）等も、ショーさんという一人の人が独力で始めたように、ガイドブックなどには書かれているような向きもございます。それから、ショー先生というのは、明治の初年に日本にみえた宣教師の一人であります。いろいろなことをなさっておられますが、そういうことはあまり伝わらずに、まるで軽井沢を拓くためにわざわざ外国から来た人であるかのように伝えられてしまっている場合もあります。これはまことに心外と申しますか、ショー先生の正しい姿ではないと存じますので、それらのことを少し申し上げたいと存じます。

ショー先生は、明治六年、一八七三年に日本にみえまして、明治三十五年、一九〇二年に東京で亡くなられております。ほぼ三十年間、日本でキリスト教関係のお仕事をなさったわけですが、当時のことですから、いろいろとその間にご苦労もあり、単にキリスト教関係、教会関係の方々とのご交際だけでなく、広く日本の指導階級の人々、あるいはまた日本に来ております外交官すじの人々との交遊もあったようでございます。そうしたことの中で、福澤諭吉との出会い、福澤諭吉との交流というのは、ショー先生の伝記にもよく出ておりますが、これについて少しお話してみたいと存じます。

しかし、こういうことは何によって調べるかと申しますと、実はなかなか調べにくいものでして、当時の新聞にこう出ていたから、あるいは当時の手紙にこう書いてあったからこれが本当であろうと言いましても、果たしてそれが真実であるか、そうでないかというのはわかりにくいことが多いのです。明治時代のような古いことでなくても、たった十年、二十年前のことであっても、もうわからないことがあったり、あるいは誤って伝えられていることがあります。

十日ほど前に、東大の元学長の大河内一男先生がお亡くなりになりました。今からちょうど二〇年くらい前のことでございますか、大河内先生が東大の学長になられまして初めての卒業式のときに、卒業生に対して訓辞を述べられた。ジョン・スチュアート・ミル（John Stuart Mill）の書いたものから引用されたそうでありますが、「太った豚になるよりは、やせたソクラテスになりなさい」ということを言われたということが伝えられております。私の友人で、当時東大の先生だった殿木圭一氏が、当日卒業式に出席されていて、大河内さんはどんなことをおっしゃるだろうと思って、一生懸命きいていたそうです。ところがその翌日でありますか、その日の夕刊でありますか、新聞をみますと、「やせたソクラテスになるとも太った豚になるな」と大河内さんが言ったと、どの新聞にも載っている。しかし、自分があんなによくきいていたのに、大河内さんは一言もそんなことはおっしゃらなかった。これはどういうことだろうと思って、早速大河内さんにきいたそうであります。大河内さんは、「あれは原稿には書いたのだけれども、イザ壇の上に上がったら、照明の具合が悪くて原稿が読めなくてソラでやったので、あんなことは全然言わなかった」とおっしゃったそうであります。

当時東大の学長の訓辞は、必ずどの新聞も載せていました。新聞記者が予定原稿を早くくれということで、その日の午前中に予定原稿をプレスリリース用に渡してしまった。新聞記者は当日講堂の中には入れませんから、カメラマンをさしむけたぐらいで記事を作ってしまった。そうしますと、もう各新聞にそれが載って、大河内さんが卒業式でそういうことを言ったというのは定説になってしまっております。これは〝間違え〟とも申せませんが、〝本当だ〟とも言えない。〝予定原稿にはあったけれども、当日はしゃべらなかった〞というのが真実かもしれません。

こういった詮索も最近のことだからこそできますけれども、明治時代にそういうことがありましたら、もうどちらが本当だかわからなくなってしまうだろうと存じます。従いまして、いまから私が申し上げますこともどの程度本当でありますか、他にもいろいろな見方もあるかと存じます。

また、私が何でこんなことをお話しするのかということも、ビジネスとも関係ございませんで、不思議にお思いになる方もおありかと存じます。また、私は聖公会の教会にも属しておりませんで、なおのこと不思議にお思いになるかとも存じますので、まずこのことから申し上げたいと存じます。

私は、たまたま子供のときから三田の近くに住んでおりましたためか、小学校のときから慶應へはいりました。福澤諭吉は、今から一四九年前に生まれ、来年（一九八五）が生誕一五〇年だそうですが、亡くなってからも八十数年がたっております。今でこそ一万円札にその肖像が載るというような歴史上の人物ですが、私が慶應の幼稚舎に入りましたころは、福澤が亡くなってからまだ三〇年もたっておりませんので、福澤の住んでおりました家もそのまま残っていてご家族が住んでおられましたし、あるいはここそこに、福澤をよく知っている方も大勢いらっしゃいました。いままでは三田の山の上にはいろいろな建物がたっていますが、当時はまだ比較的数も少なく、かつて西洋から来た学者や宣教師が住んでいた家が残っておりました。「これはだれが住んでいた」とか、「その前にはだれが住んでいた」というようなことをよくきかされたものです。福澤は三田の山の上に、大勢人を住まわせており、その中には、いわゆる西洋人も代々いたのですが、一番初めにこの三田の山の上に住んだ外国人というのが、A・C・ショー先生でございます。そのようなことから、私も興味をもっておりましたところ、冒頭申しましたように、ショー先生の全体像があまりにもゆがめられておるような気がいたしまして、あれこれ調べましたことをこれから申し上げたいと存じます。

ショー先生が宣教の使命をおびて日本へ来られましたのは一八七三年、明治六年のことで、その翌年、明治七年から十年までの三年間、福澤の家と申しますか、離れのような隣の家に住んでおられました。その明治七年には、福澤が三十九歳、ショー先生が二十八歳でありまして、十一歳年が違いますが、順序といたしまして、福澤の略歴と申しますか、大体どういうことをした人かということを、これはご存じの方も多いと存じますが、一通りお話しすることといたします。

福澤の略歴

福澤は一八三五年の一月、現在の大阪市東区、阪大病院のあるところで生まれております。なぜそこで生まれたかと申しますと、福澤の家というのは、豊前中津、奥平大膳大夫の家来でございまして、福澤の父は下級と申しますか、あまり上のほうでない、今でいう経理部に勤めていたようなおサムライでした。当時大阪には大名の倉屋敷があり、そこに福澤の父が在勤しておりましたときに、福澤が生まれたわけでございます。従って、福澤は〝大阪生まれのひと〟であるというのも正しいわけですが、同時に〝豊前中津、奥平藩のサムライの子〟だというのも、これまた正解であろうかと思うのでございます。ですから、今年は福澤の一万円札が出るというので、大分県の中津では大騒ぎでございます。それをコマーシャリズムに使いまして〝福澤せんべい〟ですとか〝諭吉しょうちゅう〟などいろいろなものを売り出して、郷土の偉人にあやかろうとしているようでございます。

実際に福澤は大阪で生まれましたが、幼いときに中津へ家族もろとも引き上げまして、そして中津で育ち、十九歳のときに志をたてて、蘭学を学ぼうということで長崎へ行く。長崎であきたらなくなりまして、翌年大阪へまいりまして、当時大阪にございました緒方洪庵先生の適塾——当時としては非常にすすんだ学塾だったそうですが、ここで三年間みっちり、いわゆる洋学と申しますか蘭学を習ったのだそうであります。福澤の思想、知識の一番基礎になるところは、この三年間の大阪生活、適塾での修業期間にできあがったのかと思われます。ところが、これまた運命のイタズラと申しますか、三年たちましたときに、奥平の殿様から命令が出まして、江戸へ出て塾を開きました。当時は、まだ開国前でございますが、各藩とも先覚者たちは洋学をやらなくてはいけないということを思いまして、奥平の殿様というのもなかなか開けた人でありますから、「江戸の藩邸で藩の子弟に洋学を学ばせよう、だれかいい先生はいないか、たまたま自分の藩の若い者で福澤諭吉というのが大阪にいっておる、これを呼べ」というので、命令一下、緒方の塾を去りまして、江戸の鉄砲洲にあった奥平の屋敷の中に塾を開きまして、これを蘭学塾としてスタートさせたのでございます。これが一八五八年、安政五年のことでございます。一八五八年と申しますと、明治維新のちょうど十年前でございます。と同時に、またこれは日本の開国が決まった年でもあります。

この安政五年から維新までのちょうど十年間に、福澤自身も非常に勉強いたしまして、まず蘭学から英学に転向いたしました。これからはオランダ語では国際的に通用しない、国際語はやはり英語であるという認識で、またもういっぺん外国語、英語を習い出す。そして、その十年間に三回外国へ行っております。二回アメリカへ、一回ヨーロッパへ行くわけであります。これはよほど先駆者的感じがいたしますけれども、実は日本中この十年間に、のちの文明開化の伏線になるようなことがすべて行われていたのでございます。

幕藩体制というのは、大変古くさい体制のように思われますけれども、しかしこの十年間、開国と決まったからにはいろいろなことをしなければいけないというので、フランスに領事館を開く。それからこの十年間の終わりの八年間に五回、公式の使節団を徳川幕府として出しております。二回はヨーロッパ、二回はアメリカ、もう一回はロシアに対してであります。また横須賀に製鉄所をつくる。郵便制度の取り調べを行う。外国人がドンドンはいってくるだろうということで、東京でホテルの建築に着手する。その他、いわゆる東大の前身であります開成所という、洋学専門の幕府の官立学校をつくるなどいたしまして、いろいろと手は打ったのでありますが、しかしながら国内の体制――幕藩体制の矛盾が吹き出してまいりまして、幕府が手をつけたことというのは種をまいただけで、芽が出ないうちに、幕末から明治維新、明治維新から明治政府というように、舞台が変わってしまうのであります。

福澤もその十年間、文明開化の下地作りをいたしまして、自分自身も三回欧米へまいりましたし、著作としても『唐人往来』ですとか、『西洋衣食住』『華英通語』、あるいはのちまで有名になっております『西洋事情』など、これらはいずれも幕末の十年間に執筆し、出版されているのであります。

そのように幕府は文明開化の準備をしたのでありますが、宗教の自由というようなことまでは手が回りません。居留地の中で外国人が、キリスト教に限らず、何教であろうとそれぞれの信ずる宗教の御堂を建てて、礼拝儀式を行う。これは日本人は絶対邪魔をしない、邪魔をしたものがあったら排除するということを、幕府は条約の面で確言しているのでございます。しかしながら、一般日本人に対する布教というのは認めないまま、明治維新を迎えたのであります。ですから、幕末の十年間に、相当大勢の外国の宣教師が日本へ来て、と申しましても、当時居留地があった長崎、兵庫、横浜、函館、新潟といった限られたところですが、その居留地内でそれぞれの宗教活動を行う基盤を作り、また他日に備えて聖書の翻訳等にも着手していたようであります。しかし日本人に対する活動を行うことは公にはできないままに、明治時代になるわけでございます。

明治時代になりまして、これで文明開化の国是が決まったから、もういろいろなことができるようになるだろうと思っておりますと、相変わらず〝キリシタン禁制〟という高札がたっている。しかも〝キリシタン邪宗門かたく禁制のこと〟と書いてある。外国人はだんだんそれを読めるようになりまして、「キリシタン邪宗門とは何ごとであるか。これはキリスト教を邪宗門と思っているのか」と言って、明治政府に抗議いたしますと、これがまた官僚的答弁でして、「あれはキリシタン禁制のこと、邪宗門禁制のこと、ふたつ別々のことを言っているので、おイヤならば書きかえましょう」と言って、〝ひとつ、キリシタン禁制のこと〟〝ひとつ、邪宗門禁制のこと〟として、また高札を立て直しているくらいでございます。事実、浦上の流刑事件などというものも起きまして、明治六年まで一向に宗教は自由化されないままでいたわけです。

しかし、明治五年、六年になりますと、ことに岩倉大使一行が欧米を回って帰ってまいりますと、日本政府は、そういうことはいつまでもやっていられないだろうということで、ようやく〝キリシタン禁制〟という高札を撤去するわけです。しかし末端の役人は、沽券にかかわるとでも思ったのでしょうか、高札を撤去するときにまた余計なおふれを出しまして、〝高札面の儀は、最早人民が熟知したから撤去する〟と書いております。これは末端のことでありまして、実際には信教の自由と申しますか、日本人に対してどの宗教も宗教活動をしてよろしいということが、明治六年に決まったわけでございます。

そこで、大勢の宣教師が、直接本国から、あるいはすでに東洋各地にありました拠点から日本へ来ることになりまして、ショー先生もその中のお一人であったと申してよいかと思います。

福澤のほうは、幕末の十年間に大いに知識を吸収いたしました。そしてまた欧米へ三回も参りまして、実際に西欧の風俗などを見て回ったわけです。それによって、彼独特の価値体系――value system がこの幕末の時代にできあがったのだろうと思うのであります。もっとも欧米へ三回行ったと申しましても、幕府の時代でありますから、しかも幕府の使節団の随員として行ったのでありますから諸事不自由でありまして、例えばロンドンでバイブルをくれた人があったけれども、これは持って帰るわけにはいかないというので、それを返しにいったという記録もあるそうであります。「何のことはない、まだこれでは鎖国をかついで外国を歩いているようなものだ」と言ったと伝えられております。しかし、西欧との接触はすでにあるわけです。

そういう基礎の上に、福澤は明治になりましてからいよいよ社会活動を活発に展開いたしまして、学校教育を通ずる人材の養成でありますとか、著述、演説、新聞の発行、雑誌の発行を通じての国民へのアピール、世論の指導などを行いまして、明治三十四年、二十世紀の最初の年に亡くなりますまで、社会的に大きな活動をしておるのであります。そして、その活動の範囲、福澤が関心をもって言論を展開したり、教育を拡充したりしておりますその関心の範囲というのは非常に広く、国際政治、ことに外交問題、国内政治、経済、科学技術、教育、文化、思想問題、社会問題、社会風俗、社会思潮といったような、社会の現象全般に渡って文明批評的な言論を展開しておるのでありまます。一貫しておりますのは、十九世紀後半の日本のおかれている国際情勢、それから十九世紀後半の、そのとき現在の人類の文明水準といった枠組みの中で、アジアの後発国であります日本、その日本の民族あるいは nation としての国民が、どうしたらば欧米の big powers のいわゆる弱肉強食のロジックに対抗して、独立国として生き残れるだろうか、そしてまた朝鮮半島およびその背後にありますふたつのパワー、清国と帝政ロシアの勢力にどのようにしたら対処できるか、それには日本の政治体制、経済体制、教育、文化をどのようにもっていったらよいかという一点から、すべてのものが描き出されておるのであります。

宗教のこともしばしば論じてはおりますけれども、宗教の本質とか、あるいは各宗派の特質とか教義とか、その間の論争ということにはまったく興味を示しておりません。明治の初めになりますと、いわゆる進化論が入ってまいりまして、そのダーウィニズムの影響を受け、あるいはそれを祖述したハクスリー（Thomas Henry Huxley）の著作などが入ってまいりまして、その見地からキリスト教を論じるといったことも行われました。また、不可知論、不可思議論の見地から、宗教全体に対して批判を加えるというような人も多かったのですが、そういう論争には福澤はまったく興味を示しておりません。仏教のほうも、いわゆる新仏教というようなことが言われたのでありますが、この教義についても全然関心を示しておらない。それでは宗教にはまったく無関心なのかと申しますと、社会勢力としての宗教団体あるいは信徒集団、あるいはまた日本の社会、人心、日本人のモラルに影響を及ぼすものとしての宗教といったものについては非常に関心をもっておりました。そして、すべてこの見地から、その当時のそれぞれの時期において、どの宗教、宗派がどのように活動してくれたらば日本のためによいかというようなことを言っております。このことについては、またあとで申し上げることもあるかと存じます。

ショーの活動

さて、一方ショー先生は、英国国教会の福音伝道協会（The Society for the Propagation of the Gospel in Foreign Parts）の宣教師の一人として、明治六年日本に来られ、明治三十五年、福澤の亡くなった翌年に東京で亡くなられております。その間三〇年間、日本において、日本人および日本にいる在留外国人に対して、キリスト教の伝道・布教、教会のお仕事をなさり、また日本人の聖職者の養成といったお仕事もなさったようにうかがっております。これらは聖公会の記録にも残されており、みなさまご承知のことと存じますので、私からは申し上げなくてよろしいかと存じます。ただ、ショー先生は、聖公会のお仕事のほかに、「英国公使館付牧師――Chaplain to Her Majesty's Delegation」というお役目も持っておられました。従って、在留英国人社会では非常に重んぜられた方でありますが、英国人社会だけでなく、ほかの在留外国人のコミュニティの間でも非常に重んぜられた方のようであります。

従いまして、日本に在留する外国人社会と交流の深かった日本人たち、主として当時の有力者、政治家でありますとか軍人でありますとか、そういった英国公使あるいはその他の外国の公使たちと交際のあった日本人とも、ショー先生は交際が深かった。また、福澤のところに三年おりましたので、福澤と関係のある人脈の人たちとは、これまた長い間のつきあいがおありだったようでございます。いろいろな人が、ショー先生にものを頼みまして、自分の子供を預かってくれとか、自分のところの教育の面倒をみてくれとかいうようなことがあったようでして、軽井沢に夏来ておられた園田孝吉という男爵がおられましたが、この方はロンドンになんべんも赴任なさったのでありますが、何回目かのご赴任のときでありますか、子供さんをおいていくことになり、ショー先生に子供さんを預けていかれたというようなこともあったそうです。

それから、日本の教育制度についても、いろいろと当時の政府にアドバイスしております。また、今も東京女学館という女子の立派な学校がございますが、この学校の創立のときからショー先生は創立委員、のちに評議員になられ、大きな貢献をなさっておられます。

また、これはもっとあとのことになるのですが、日本が日清戦争などでだんだん頭をもたげてきますと、西洋の諸国からみますと、日本は後進国だがなかなかよくやると思っていたのが、このごろは頭をもたげすぎているというような批判なり疑惑などが出てまいります。日清戦争のときに日本軍がどういうことをしただの、どういうことをしたに違いない、しただろう、日本人は野蛮である、といった世論がイギリスで出かかった時期があるそうです。このときショー先生はたまたまロンドンに帰っておられたのですが、そのとき大いに言論をはって、Times等に記事を寄せられて、日本人のために、日本人はそういうのではないと弁護されたそうであります。

先に申しましたように、安政年間に日本はイギリス、アメリカ、オランダ、フランス、ロシアの五カ国と条約を結びました。つづいてまた六カ国（ポルトガル、イタリア、ベルギー、デンマーク、プロシア、スイス）、合わせて一一カ国と条約を結びます。これはいずれも居留地を認め、治外法権を認めたもので、日本人と外国人が日本の中でゴタゴタを起こしますと、外国人の領事が裁判をする。もしその結果が不服であるならば、上級裁判所に訴えなさい。どこへ行けばよいのですかというと、一番近いところが上海であり、あるいはアメリカであり、ということで、実際には領事の裁判で泣き寝入りになったわけであります。これをいわゆる平等条約に改正しようというのが、日本の明治外交の悲願であったわけですが、この動きが出てまいりましたときに、ショー先生は在留の宣教師と一緒になって、日本ももう国がだんだん整ってきたのだから不平等条約はやめて、平等条約を結ぶべきだと本国に申し入れております。

これは当時としては大変勇気のいることでありました。日本で商売をしているイギリスの人々にとりましては、治外法権がもっともっと続いてくれたほうが便利に決まっておるのでありまして、そういう外国人のビジネス・サークルの人たちは〝条約改正反対〟〝領事裁判継続賛成〟という立場でありますから、そういった中で聖職の身としてこういうことをなさったというのは、相当の勇気が必要であったと思うのでございます。

来日までのショーの略歴

それでは、ショー先生は日本に来られるまで、一体どういうことをしておられたかというと、福澤より十一歳下でありますから、一八四六年に現在のカナダのトロントで生まれております。〝現在のカナダのトロント〟と申しましたのは、現在あの国はカナダと申しておりますが、ショー先生の生まれた一八四六年にはまだカナダという国はないのであります。ご承知のとおり、カナダの開拓というのは、大西洋岸側から始まりましてセントローレンス河をさかのぼって、ケベック、モントリオールと西へ進んでまいります。そしてオンタリオ湖にたどりつく。それでオンタリオ湖からセントローレンス河の川下のほう、現在のケベック州あたりはLower Canadaと呼ばれており、また川上の五大湖からその北のほうへかけた地方をUpper Canadaと呼んでおりました。そしてそれぞれイギリスのDominion（自治領）でございまして、別々の総督がいて、そのふたつをまとめる統治機構というのはありませんでした。カナダというFederationができましたのは、ショー先生が生まれてから二〇年ほどたってからのことであります。でありますから、ショー先生というのは、〝カナダで生まれたイギリス人〟〝れっきとしたイギリス人だがカナダで生まれた〟ということになるかと思います。さらにご承知のようにイギリスはEngland, Wales, Scotlandとございますから、イギリス人といいましても、イングランド人なのかウェールズ人なのかあるいはスコットランド人なのかといいますと、ショー先生は〝カナダで生まれたスコットランド人〟ということになります。これもガイドブックなどには「宣教師ショーはスコットランド人であるが、軽井沢に来てみると、故郷スコットランドに大変似ているので別荘を拓いた」というようになってしまうのですが、これはまたひねりすぎであると思います。

それで、ショー先生はこのトロントのどこで生まれたかということになりますと、ショー先生のひいおじいさん（Aeneas Shaw）が、今のトロントあたりを拓いた有力者であったそうです。この人はGeneral Shaw——将軍の位を持った軍人であったそうです。若いとき、アメリカの独立戦争ではイギリスの側のほうで戦った人であります。私ども、アメリカの独立戦争というのは子供のころからどうもGeorge Washingtonが立て役者と教わっており、その相手役と申しますか、イギリス側の将軍Charles Cornwallis——のちにインド総督になる人でありますが、こんな名前は大人になってから覚えるような始末でございます。ショー先生のひいおじいさんはこのCharles Cornwallisの側にいた人でありますから、従って独立戦争のときはいわば反乱軍を鎮圧できなかったわけです。その後いろいろあってトロントに住みついたようです。ひいおじいさんが有力者でありますから、ショー先生の一族はそこで栄えるわけですが、General Shaw Houseというのが明治の中ごろまででしょうか、残っていたそうです。現在もトロントへ行きますと、Shaw Streetというのがありますが、これもショー先生ではなく、ショー先生のひいおじいさんを記念したものだそうです。

トロントは今でこそ立派な都市ですが、当時はまだ小さな植民地の町であったようです。そこでショー先生は神学の勉強をなさり、さらにロンドンへ出られて修業をつまれ、そして明治六年、日本での宣教が自由になったというので選ばれて、布教のために日本にみえられたのです。

福澤とショーとの出会い

ショー先生が日本にみえられた当時は、外国人は築地の居留地に住まなければいけない、その居留地の外に出てはいけない、外へ出るときはいちいち許可を得なければいけないという時代であったのですが、うまいぐあいに、慶應の近くの大松寺《だいしょうじ》という浄土宗のお寺に住むことになりました。ここにはほかのお雇い外国人も住んでいたようですから、何らかの理由でそこにいることができたのだと思います。また、当時三田の界隈には英国の仮公使館もございまして、聖坂の上に功運寺というお寺があって、そこが英国の仮公使館になっておりました。慶應の学生たちは、英語を習おうと思うとよく英国公使館、つまり三田のお寺のあたりをうろうろしまして、そこに出入りしている人をつかまえては英語の勉強をしていたようです。

そういう所へショー先生は移られて、また福澤もすぐそばに住んでおりましたので、どういうきっかけでありますか、福澤がショー先生の所に自分の子供二人（長男一太郎、次男捨次郎）を英語の勉強に通わせるようになりました。そしてその内に気に入りまして、自分の子供の家庭教師かたがた慶應の学生にもいろいろな話をきかせてくれということで、三田の山の上の自分の家の隣にわざわざ木造の西洋館を建てて、ショー先生をそこに迎えて、三年間ご一緒したということです。

福澤の家庭教育

さてそれでは一体福澤という人は、自分で学校を経営しながら、自分の子供はそこに入れないで外国人の所に通わせたり、家庭教師として外国人を迎えるというのはどういうことなのだろう、一体福澤はどんな風に子供を育てていたのだろうということになりますので、ちょっとそのことについてお話してみたいと思います。

福澤は四男五女、あわせて九人の子供を持ったのでありますが、明治の初年にはいま申した二人の子供が数え年で九歳と七歳のときに、「ひびのをしえ」というものを書き与えております。私どももも子供のころに福澤先生の「ひびのをしえ」にこう書いてある、ああ書いてあるとよくきかされたものでありますが、その中から二、三カ所どんなことが書いてあるか申し上げたいと思います。

まず〝おさだめ〟という七カ条がございます。

「うそをつくべからず。ものをひらふべからず。父母《ちちはは》にきかずしてものをもらふべからず。ごうじやうをはるべからず。兄弟けんくわかたくむよふ。人のうはさかたく無用。ひとのものをうらやむべからず。」

それに続きまして、ほかにも子供にわかりやすいようにいろいろと書いてございます。たとえば、

「子供《こども》とて、いつまでもこどもたるべきにあらず。おひおひはせいちやうして、一人前《ひとりまえ》の男となるものなれば、稚《おさな》きときより、なるたけ人のせわにならぬよふ、自分《じぶん》にてうがいをし、かほをあらい、きものをひとりにてき、たびもひとりにてはくよふ、そのほかすべて、じぶんにてできることは、じぶんにてするがよし。これを西洋のことばにて、インヂペンデントといふ。インヂペンデントとは、独立《どくりつ》ともうすことなり。どくりつとは、ひとりだちして、他人《たにん》の世話《せわ》にならぬことなり。」

などと書いてあります。また、

「ももたろふが、おにがしまにゆきしは、たからをとりにゆくといへり。けしからぬことならず

や。たからは、おにのだいじにして、しまいおきしものにて、たからのぬしはおになり。ぬしあるたからを、わけもなく、とりにゆくとは、ももたろふは、ぬすびとゝもいふべき、わるものなり。もしまたそのおにが、いつたいわろきものにて、よのなかのさまたげをなせしことあらば、ももたろふのゆうきにて、これをこらしむるは、はなはだよきことなれども、たからをとりてうちにかへり、おぢいさんとおばばさんにあげたとは、たゞよくのためのしごとにて、ひれつせんばんなり。」

といった調子であります。しかし、厳粛な文章もあります。

「世《よ》の中《なか》に父母ほどよきものはなし。父母よりしんせつなるものはなし。父母のながくいきてじやうぶなるは、子供のねがふところなれども、けふはいきて、あすはしぬるもわからず。父母のいきしにはごつどの心にあり。ごつどは父母をこしらえ、ごつどは父母をいかし、また父母をしなせることもあるべし。天地《てんち》万物《ばんぶつ》なにもかも、ごつどのつくらざるものなし。子供のときよりごつどのありがたきをしり、ごつどのこゝろにしたがふべきものなり。」

このように記されてあります。また、

「てんとうさまをおそれ、これをうやまい、そのこゝろにしたがふべし。たゞしこゝにいふてんとうさまとは、にちりんのことにはあらず、西洋のことばにてごつどといひ、にほんのことばにほんやくすれば、ざうぶつしやといふものなり。」

と書いております。もちろん、これはただ書いて渡しっぱなしではなく、いろいろと子供にわかりやすく話してきかせたのだろうと思われます。しかし、子供にはわかりにくかっただろうと思われることも混ざっております。これは、年末にでも書いて与えたのかと思われますが、当時でありますから、まだ旧暦、太陰暦が使われていたときのことであります。

「けさのひのでより、あすのあさのひのでまでを、いちにちとし、三十にちあはせてひとつきとす。だいのつきは三十にち、せうのつきは二十九にちなれども、まづこれを三十にちづつとすれば、一ねんは十二つきにて、ひかづ三百六十にちなり。十ねんは三千六百にち、五十ねんは一万八千にちなり。おまへたちもいまから三百六十ねると、またひとつとしをとり、おしやうぐわつになりて、おもしろきこともあらん、されどもだんだんおほくねて、一万八千ばかりもねると、五十六、七のおぢいさんになりて、あまりおもしろくもあるまじ。一にちにてもゆだんをせず、がくもんすべきものなり。」

というのですが、〝一にちにてもゆだんをせず〟学問しろというのはわかるとしても、〝一万八千ばかりもねると、五十六、七のおぢいさんになりて、あまりおもしろくもあるまじ〟というのは、八つや十の子供には、その面白さがわからなかっただろうと思います。

そういう風に福澤は子供に教えておりまして、まず築地のカロザス夫人（Mrs. Cristopher Carrothers）のところへ勉強に通わせたそうですが、これがまたカロザス夫人が女学校（現在の女子学院の前身）を始めることになりまして、忙しくて福澤の子供など教えるわけにいかないというので困っていたときに、ショー先生が来られたので、喜んでお迎えしたということのようです。福澤は自分の家のとなりにショー先生の家を建てまして、これも初め別棟になっておりましたが、のちに渡り廊下というか橋をかけまして、それを〝友の橋――Friendship Bridge〟と名付けて、喜んでおったそうです。福澤は当時『学問のすゝめ』や『文明論之概略』等を書いて忙しいさなかだったろうと思うのですが、ショー先生の一家とはいろいろと交際していたようです。

三年間の同居

ショー先生との契約は三ヵ年ということでありまして、その三年の間に、ショー先生は三田の山の上で福澤の一家を教え、また塾の学生たちに〝モラル〟を夜になると教えていたそうであります。福澤の手紙によると、「missionary の人だから聴講料を払わなくてもよい」などとありますが、ショー先生はタダで話をさせられたという意味かとも思いますが、いろいろと契約もあったように伺っております。そして、当時塾の学生でありました尾崎行雄などとの交わりがショー先生との間にあったようです。

そういうことで三年が過ぎまして、ショー先生は三田から芝の切通し、栄町に家を建てて移られたのであります。その家を建てるときも、福澤がまた世話をやいています。ショー先生と大工との間にいろいろとゴタゴタが起きる。当時の日本の大工でありますから、完成引き渡し期日の契約というような観念があまりないわけですが、これがショー先生のほうにしますと、日限がきているのに間に合わない、違約金を払えということになるのでありまして、ショー先生が福澤のところにこれを訴えますと、福澤は、「そんなことを言っていたのではだめである。日本の大工というのは、日限が一日、二日遅れるというのは普通のことで、それをおまえさんのようにいちいちとがめ立てするのは、一切万事西洋流で押し切ろうとするやり方で、そんな心得で日本で布教をしようと思ったならば大間違いである。日本へ来たならば、もっと日本の風俗・習慣をよく研究して、なるべくこれに逆わないようにして布教の方法を講じたらよいだろう」ということを言ったそうであります。

そのようにして、ショー先生は三田を去るわけですが、福澤の一家とは長く交際が続いており、また慶應の人も何かわからないことがあると、ショー先生のところへ行けばわかるだろうということで、ラテン語を教わりにいった先生、何を教わりにいった先生、というのが話として残っております。

福澤の宗教観

福澤自身は、ショー先生とも長くつきあっていたし、そしてまたショー先生の出たあとの西洋館には、ショー先生の紹介でミス・ホーア(Miss Hoar)という、やはり聖公会の関係の方でありましょうか、その方も住んでおられましたし、そのあともいろいろな方が住んでおられます。慶應の先生の中にも、アーサー・ロイド(Arthur Lloyd)のような、この方も聖公会の関係の方かと思いますが、のちに立教の総長になられた方ですが、そういう方もおられましてつきあっているのですが、それでは福澤はキリスト教が大好きで、しょっちゅうキリスト教をひいきにしていたかというとこれは大間違いでございまして、いろいろ手厳しいことを申しております。

福澤は宗教の本質とか教義とかは興味がないとみえて、何も言っておらないのですが、教え方などについては口を出しております。三田に演説館というのが今でもございますが、福澤はそこで演説ということを明治の初年に始めるのでございます。明治七年に行っております演説の中で、福澤は「キリスト教、仏教その他各宗教、宗派を比べてみると、キリスト教がいちばん優れていると思う。しかしそれならば、今、日本を全部キリスト教にしたらいいかどうか、その利害得失如何」という問題を提起しております。

また自分の子供にもキリスト教的なことを教え、自分の子供たちの中にも、のちに立派なクリスチャンになられた方もおられます。四番目の女のお子さんでありますか、のちに志立鉄次郎氏と結婚されたタキさんという方がおられます。この方はYWCAの会長を長年なさった立派な信者の方ですが、そういう方も一家から出ています。

しかし、当時の日本の社会の中で、キリスト教なり仏教なりがどのようにしたら日本の社会のためにはよいかという点では、いろいろと手厳しいことを言っております。

明治の初年には、キリスト教の教会に相当いろいろな種類の日本人が押しかけたようであります。非常に熱心な、いい意味の信者ももちろんいたわけですが、何となく西洋人に接近していればいいことがあるだろう、教会に出入りして、うまいことといけば外国へ行けるかもしれないというような人が群がった時期があったようです。ちょうど第二次世界大戦のあとにも〝ポツダム信者〟というような言葉もございましたが、何となく外国人に接近していればいいことがあるだろうと思う人々が、いつの時代にもいるようですが、明治の初年にもそういった人々がおりました。これを早速福澤は槍玉に挙げまして、「字を知る乞食」という題で論文を雑誌（「家庭叢談」第四号）に載せております。これは「近来キリスト教にとりいって、あわよくば何かしようとしている連中がいる。学費が足りないならば、そして伝手《つて》がないならば、大体自分でまず一生懸命やり、それでも足りないところは親に補ってもらう。親に出してもらえないならば親戚に頼む。親戚にも頼めなければ、郷里の人とか身近な人にできるだけ助力を仰ぐ。そしてまたそれに報いるというのが順序なのに、海外万里赤の他人にものを頼んで、あわよくばというのは何ということだ。こんなものは字を知っているだけで、根性は乞食である」といって、きめつけております。

福澤は、自分の子供たちにはバイブルの文句を教えたり、ゴッド、造物者ということを教えたりしており、慶應の学生がキリスト教に入信するのも一向にさまたげもせず、ショー先生をはじめ、宣教師とも交わっている。そして、キリスト教に対して理解を示しているようにみえるのでありますが、さて、キリスト教がだんだん広まってきますと、こんどはまた水をぶっかけるようなことを言っております。

「外教の延蔓許すべからず。ほどほどになっていれば、熱心な人だけ行くようになる。しかし、これが蔓延して、それで政党でも組織したりするようになると、いろいろな弊害が出てくる。しかも、その宗教を母胎とする政党ができて、その宗教の本山・本部が外国、しかも強い外国にあるようなものができると非常に心配だ。たとえば、いま日本に仏教がたくさんあって、本願寺など門徒衆が大勢いるけれども、もしも今インドや中国が強大国であって、本願寺の本山はインドにある、何の本部は中国にある、そしてお金はそちらから来ているということになったならば、非常に恐るべきことがおきる。キリスト教がそうならなければよいけれども、（アメリカ、イギリスとは書いていないのですが）列強から金を送ってもらって、それへ日本人が群がっているところがある。これに政治がからんだら大変なことになる。そうならないように、このへんでホドホドにしておけ」というようなことを申しておるのでございます。

そのようにもっぱら社会勢力としてのキリスト教がどうなるだろうかということに、終始福澤は関心をもっておったのだろうと思います。

しかし、また明治十七年くらいになりますと、もうそういう心配はないということになるのでありましょうか、宗教もおおいに外国風にやったらよかろう、西洋流にやりましょうという論説に変わってきております。

福澤の言っておりますことは、このように時間の経過とともに変わっていくのでありますが、これは宗教に関してだけではありません。たとえば経済論にしましても、自由貿易論を早くから唱えているのであります。しかし明治十年すぎになりますと、だんだん日本の独自の工業がおきてまいります。そうなりますと、福澤は一転して保護貿易主義になりまして、外国のものがドンドン入ってくるようでは日本の産業が育たない、しばらくは輸入税を高くして日本の産業を保護しろ、外国のものがどんどん入ってくるなんてとんでもない、というような外国品不要論のようなことまで言い出すのであります。しかしまたしばらくたちまして、日清戦争のあと、いわゆる産業革命が日本でも一通り完成いたしまして、日本の工業ももう大丈夫ということになりますと、その少し前に、また自由貿易論を唱え、いつまでも日本の産業を保護していないで、早くハダカになれ、という風に変わっているのでございます。経済論にしろ、宗教論にしろ、このように変わっていくのが、福澤の論説の特徴かと思うのであります。

明治十八年でありますか、福澤は当時の青山英和学校、現在の青山学院に呼ばれて演説をした時、キリスト教を非常に高く評価しております。

「あまりこれは人が言わないけれども、幕末以来、日本にヨーロッパの商売人あるいは外交官、いろいろな連中が入ってきている。その中には相当本国で評判のよくない、あるいは行儀のよくないもので、一獲千金的に日本に来たものもいる。もしそういう人たちを教化する外国人宣教師がいなかったならば、日本に来ている外国人はもっともっと横暴になって乱暴を働いただろう。ときどき乱暴事件があったにせよ、また領事裁判を求めることがあったにせよ、これだけで済んでいる、外国人のモラルがこれだけ保たれているということは、外国人宣教師の努力の賜物である」と言って、高く評価しているのであります。

このように福澤はキリスト教とは接触をもっていたのでありますが、一方ショー先生も福澤を通じ、あるいは公使館付きのChaplainという立場によって、日本の社会と広くつきあっていたようであります。

ショーの死

そのように波乱の多かった十九世紀の後半もいつしか終わりまして、明治三十四年、一九〇一年、二十世紀を迎えるのであります。

福澤は、その二十世紀の第一年、二十世紀の空気を吸うことわずか一ヵ月と三日で、明治三十四年二月三日に亡くなるのであります。ショー先生もそのころからそろそろ健康を害されておったようでありますが、翌年、明治三十五年三月に東京で亡くなられました。

ショー先生のご葬儀は、当然のことでありますが、飯倉の聖アンデレ教会で行われたのでありました。この時は福澤の一家をはじめ、五〇〇人もの会衆が参列したそうであります。日本語と英語両方で祈禱ならびに讃美歌が唱えられたといわれております。そして、飯倉から行列をたてまして、当時の青山墓地、現在の青山霊園に埋葬されて、そこでショー先生の一生は終わるのでございます。いまもショー先生のお墓は青山にございますが、これは戦後に改装されたものだそうです。

今のお墓には、

ALEXANDER CROFT SHAW
ARCHDEACON OF SOUTH TOKYO
FOR TWENTY NINE YEARS MISSIONARY PRIEST IN JAPAN

WHO ENTERED INTO REST
MARCH 13TH 1902 AGED 56

とありまして、その次に、のちに合葬されたMarry Ann夫人の生年没年月日が刻まれ、そのあとに、旧約聖書ミカ書第七章第九節の後半が英文で刻まれています。

HE WILL BRING ME FORTH TO THE LIGHT AND I SHALL BEHOLD HIS RIGHTEOUSNESS　MICAH VII 9

という一節であります。いまの日本語訳聖書ですと、

〝主は　わたくしを光に導き出して下さる　わたくしは　主の正義をみるであろう〟

となっております。

それから軽井沢には、この記念礼拝堂のすぐまえに記念碑がたっております。みなさまもすでにご覧になったかと思いますが、この表と裏とに書かれている年号が違っておりまして、いつこの記念碑が建てられたのかはよくわからないのであります。表には、

ショー氏記念之碑

氏ハ英国ノ名士ナリ。久シク本邦ニ在ツテ布教ニ従事ス。始メテ我ガ軽井沢ヲ以テ避暑地トナセルハ実ニ氏ト為ス。氏ノ遺沢ヲ慕ツテ此碑ヲ建ツル者ハ村民ナリ。明治癸卯夏

「明治癸卯夏」というのは明治三十六年夏でありますから、ショー先生の亡くなられた翌年であります。

英文のほうには、次のように書いてあります。まず上の段に、

To Commemorate
The Venerable
Archdeacon A. C. Shaw
（アーチディーコン　A・C・ショー師を記念して）

とあります。そして、下の段に、ふたつのセンテンスが記されています。初めのほうは、上から続いているセンテンスで、

The first to sojourn with them as a summer resident and for many years their faithful friend

（夏期滞在者、サマーレジデントとして、軽井沢住民とともに住んだ最初の人であり、そして長年にわたり村民たちの誠実な友人であったアーチディーコン・ショー師を記念して）

次のセンテンスは、

The inhabitants of Karuizawa placed this stone
May 31 1905

と書いてございます。summer resident として軽井沢に住んだ人は大勢いたのだろうと思いますが、軽井沢の村民と一緒に住み、そしてまた長年にわたって村民を決して裏切らない、村民にとって faithful な friend として、ショー先生は当時の村民からも慕われていたのだろうと思います。近年、大勢のみなさまのお力によりまして、冒頭申しましたように、ショー先生のお名前は日本人の間にいろいろと広まっております。しかもあまりに軽井沢と結びつけられすぎている感もするのでありますが、これまで申してきましたように、日本の教育、ことに女子教育についての業績、あるいは外交問題、国際親善、民間外交のためのご貢献というのも決して少なくないのであります。ショー先生が亡くなられましたときには、多くの方が先生の死をいたんだのでありますが、当時の宮内省からもご下賜金が出ているのであります。ご下賜金がショー先生のどのようなご功績に対して出たかと申しますと、当時の記録によりますと、

金千円也

英国公使館付僧官

アーチジーコン、シヤウ

右之者今般死去之処、同人事ハ女子教育奨励会創設已来本邦女子教育上ニ対シ頗ル尽力其功績スクナカラザル次第ニ付、特別ノ思召ヲ以テ頭書之通下賜金候様仕度此段相伺候也

というのが、ショー先生にご下賜金を出したいという稟議書の文言であります。これに対しまして、当時の宮内大臣田中光顕、花房次官、徳大寺侍従長、内蔵頭渡辺千秋の裁決をへて、宮内省外事課からご遺族にご下賜金が伝達されたのであります。

広く活動されたショー先生のご事蹟が、みなさまの口から、またみなさまのご執筆等によりまして、更に一層広まっていくことを私も祈念いたす次第でございます。

大変まとまりのないことを申し上げましたが、ご清聴ありがとうございました。

（未発表。日本聖公会軽井沢ショー記念礼拝堂「緑陰講座」一九八四年八月十九日）

Ⅱ　三田の風に吹かれて

気品の泉源　智徳の模範

いまからちょうど一〇〇年前、明治二十九年（一八九六）十一月一日のことである。慶應義塾社中の先進・故老が芝の紅葉館に集まって懐旧の会を催したとき、列席した福澤先生はきわめて重要な演説を行っている（『福澤諭吉全集』第十五巻、五三一～五三四頁）。

その演説の中で先生は、まず鉄砲洲以来の塾の活動を回想している。われわれは、同志結合、力のあらんかぎりを尽くして文明の一方に向って、一切万事その旧を棄てて新を謀り、以って日本全社会の根底からの面目を改めようと試みてきた。幸い時運の然らしめたところもあって、われわれ社中の企望はわれわれ自身が、思い到らなかったくらいまで達成できた。このことは、生涯の大快楽、譬えようもない幸せであると、先生はその喜びを率直に表明している。

次に義塾の現状についてはその学事は資力の許すかぎり最大限に努めており、あるいは資力をこえることにまで着手していることに一応の満足を示しつつ、経済の不如意とともに学事もまた必ずしも思いどおりにならないことを嘆じている。

しかし、先生によれば「教場の学事」は財政が許しさえすれば意の如くなるかもしれないが、それよりも一層大切なことがある。それは義塾社中の気品を高く保ちつづけることである。

わが党の士において特に重んじるところは人生の気品にある。そもそも気品とは英語のカラクトル（キャラクター character）の意味であって、人の気品の如何は尋常一様の道徳論でいう善悪邪正の簡単な標準で律することもできず、まして法律などの制裁のおよぶところではない。孟子のいう「浩然の気」のようなもので、説明することはすこぶる難しいが、人間いやしくもその気風品格が高尚でなければ、才能技倆の如何にかかわらず世に立つことができないことは一般の認めるところである。

幸いわが慶應義塾はこの辺において、いささか他と異なるところのものを有しており、鉄砲洲以来今日《こんにち》まで四〇年の間、この固有の気品を維持し、凡俗卑屈のそしりを免れてきた。この固有の気品はもとより無形のものであって、口《くち》以って言うべからず、指以って示すべからず、義塾をひとつの団体とすれば、その団体に充満する〝空気〟とも称すべきものであろう、と先生は説くのである。

先生の言葉はさらに続く。

それでは、この好ましい〝空気〟は今後どのようにして伝えていくことができるであろうか。つまるところは以心伝心、先進後進が相接して無形の間に伝播する感化による外はない。然るにいま、自分（福澤自身）は申すまでもなく、この席にいる諸君もようやく頭髪が白くなってきた。しかも人生は老少不常であって、先年来、小幡仁（甚）三郎、藤野善蔵、蘆野巻蔵、村尾真一、小谷忍、馬場辰猪などの若い諸君を失い、また近年は藤田茂吉、藤本壽吉、和田義郎、小泉信吉、野本貞次郎、中村貞吉、吉川泰次郎等が先立っていった。人が死んでいくのは薪《たきぎ》が燃え尽きるようなもので、その死後の余徳は、次の薪に火が燃えうつって、火が尽きないようなものだというけれど、薪ともに火も消えてしまうおそれも決してなくはない。

これまで多くの同志を失い、いままた、自分も諸君も老境に入った。自然の約束に従ってわれわれが次第に世を去ったならば、あとにのこる壮年輩はどうなるであろうか。活発な壮年者が、先輩たちの遺志を継いでくれるとは信じるけれど、全体の気品を維持して固有の面目を全うさせることは、われわれ先輩たちの責任であって、死に至るまでこれを努めてもなお足りないことを恐れるものである。われわれの生きている間に、果たしてこの責任を尽くし終わって、第二世の長老達の出現を見とどけることができるのであろうか、これを思うと今日《こんにち》進歩の快楽中、また自《おのず》から無限の苦痛がある、と先生は訴えている。

先生の演説はまだ続くが、最後の一節は原文をかかげることとする。

「老生の本意は此《この》慶應義塾を単に一処の学塾として甘んずるを得ず。其《その》目的は我《わが》日本国中における気品の泉源、智徳の模範たらんことを期し、之を実際にしては居家、処世、立国の本旨を明にして之を口に言うのみに非ず、躬行《きゅうこう》実践、以て全社会の先導者たらんことを期するものなれば、今日この席の好機会にあたかも遺言の如くにして之を諸君に嘱託するものなり」

先生の演説の最後の一節はわれわれにもなじみの深い福澤語録のひとつである。それでは先生のいう気品とは何であるか。

先生は、義塾固有の気品風格といっても無形のもので説明し難いとしているが、壮年で世を去った塾先進者として先生が挙げた小幡仁三郎、馬場辰猪、和田義郎、小泉信吉等については、それぞれの人となりを次のようにたたえている。そのあたりに、先生の期待する社中の人間像がうかがわれるであろう。

小幡仁三郎については「故社員の一言いまなお精神」（『全集』第八巻、六二〜六四頁）の中で、その凜とした気節勇気を賞賛し、さらに先生が記した仁三郎の墓碑銘の中でもその人格をたたえている。馬場については、紅葉館の会合の翌々日行われた八周年祭の追弔の詞の中で「その天賦の気品いかにも高潔にして心身洗うが如く一点の曇りを留めず……」（『全集』第十九巻、七八八〜七八九頁）とその塾生時代を回想し、和田義郎についてはその墓誌の中で「君の天賦温良剛毅にして争を好まず純然たる日本武家風の礼儀を存す」（同七八四頁）とたたえ、小泉信吉については、その弔詞の中で「その心事剛毅にして寡慾、品行方正にして能く物を容れ、言行温和にして自ら《おのずか》他を敬畏せしむるは、まさしく日本士流の本色」（同七八四〜七八五頁）であるとその死を惜しんでいる。

先生が〝気品の泉源、智徳の模範〟の言葉を残されてから一〇〇年、今日《こんにち》義塾の財政は当時とは比較にならないほど大規模となり、「教場の学事」の発展充実もまた文字どおり隔世の感がある。それでは、先生が心にかけられた社中の〝空気〟、気風品格は、果たして先生の本意どおり継承され、さらに高められているだろうか。

福澤先生は、紅葉館で塾先進者に対してこの演説を行ってからわずか三年四カ月で、明治三十四年（一九〇一）二月三日に世を去っておられる。先生は、塾の先進者のつくりあげた社中の〝空気〟、気品風格が次の世代に十分継承されたのを見とどけて、安らかに世を去られたであろうか。

幸い慶應義塾は、福澤先生没後も、先生の期待に副うような気品風格をそなえた人材を多く世に送っている。「思想の深遠なるは哲学者の如く、心術の正直高尚なるは元禄武士の如」き塾員が、明治・大正・昭和を通じて活躍したことは人の認めるところである（『全集』第十三巻、五五九頁）。

いま、年号は平成となり二十一世紀は目前となった。私たちは、福澤先生が一〇〇年前に提起された慶應義塾社中の目的をあらためて心に銘じ、多くの先輩が先生の期待に副う気風を継承したことに深く敬意を表するものである。それとともに私たちも、先生の期待にそむかぬよう努めることを心に誓い合うものである。

（「三田ジャーナル」一九九六年十月十五日号）

社中協力の伝統

社中の概念

慶應義塾では、「義塾社中」という言葉がしばしば使われます。また、「社中協力」ということがよく言われます。「社中」とは、あまり普通には使われない言葉ですが、「同じ結社の仲間《なかま》」というほどの意味でしょう。

それでは「慶應義塾という結社――アソシエーション」の「仲間――フェロー」とは、誰を指すのでしょうか。もちろん、現在、慶應義塾に学んでいる諸君はみな社中の一員です。諸君の教育にあたる先生方、学校運営の事務にたずさわる事務員諸氏も、一人ひとり社中を形成する一員です。それに加えて、かつて義塾に学んだ同窓の卒業生もまた、ひとしく社中の仲間です。すなわち、慶應義塾という結社を形成し、慶應義塾という学塾を支えている義塾社中とは、塾のキャンパスで現に学んでいる幼稚舎から大学院にいたるまでの三万八四〇〇人の男女塾生諸君だけではない。塾内にあって、大学院、大学各学部、研究所、図書館、病院、各学校などで、教育・研究・医療あるいは事務にたずさわる五〇〇〇人の教員・職員諸氏だけでもない。いまはキャンパスをはなれて、日本国中、世界各地に散在して社会の各方面に座を占めている二六万五〇〇〇人の卒業生――同窓の先輩もおなじように塾の仲間なのだという考え方が、福澤先生のころから慶應義塾に定着しています。

いいかえれば、慶應義塾という結社は、「塾生」「教職員」「卒業生」という三つのパートで構成されているということです。そして、その構成員は、そのパートのいかんにかかわらず、慶應義塾を支え、義塾の発展に参画し、義塾のよろこびをよろこびとし、義塾の憂いを憂いとする仲間である。これが慶應義塾の社中なのだということです。このような仲間意識、精神的つながりをもつ塾社中のなかに、〝みんなで築こう慶應義塾〟という社中協力の考え方が生まれてきたのは当然のことといえるでしょう。

いまから約一〇〇年前の話ですが、明治二十九年（一八九六）、福澤先生は、「慶應義塾は、単にひとつの学塾・学園であるというだけでは満足できるものではない。慶應義塾という集団が目的とするところは、わが日本国中の気品の泉源《みなもと》、智徳の模範となることを期するものである。それでは、実際にどうするのかといえば、家庭のありかた、社会生活・職業生活のありかた、そして国際社会における独立国としての日本のありかたを探究して、明確にこれを把握し、これを口さきで言うだけでなく、みずから実践し実行し、社会の先頭に立つことを心がけなければならない(1)」という意味のことを述べておられます。これは塾内の塾生への訓示、教職員への要望だけではなく、広い意味での慶應義塾全体、すなわち塾社中全体への福澤先生の呼びかけであり、社中全員が個人として、また集団としてめざすべき目標を先生が指し示されたものと考えてよいでしょう。

社中の協力

慶應義塾は、いまから一四〇年ほど前（安政五年〈一八五八〉）、二十四歳の青年、中津藩士（のちに幕府の役人となる）の福澤諭吉が開いた小さな学塾として発足しました。初めは、教育にあたるものは福澤諭吉一人であり、教育を受ける学生――門下生の数もわずかでした。教育の内容は、オランダ語の学習から、間もなく英語の学習に変わりました。そして、英語の教材・書籍を通じて、当時のアメリカ・ヨーロッパの学問――数学をふくむ一般教養課目と社会科学――を学ぶことがその特色でした。福澤一人では次第に増える学生を教えきれなくなり、また塾の業務をさばききれなくなったとき、福澤をたすけて後進生の指導にあたり、教室の整頓、塾内の世話をひきうけたのは、門下生のなかの上級生・先輩格の人たちでした。福澤自身も〝教えているような、学んでいるような〟[2]と記しているように、先生も学生も社中一緒になって、夢中で当時の新しい学問の研究・学習に没頭したのでした。徳川幕藩体制のもとでは、学問といえば、朱子学を中心とする儒学・漢学が主流であり、そのなかで「洋学」「英学」を学ぶことはすでに異端であり、ことに世上一般に攘夷の議論がやかましいなかでは、塾の社中は世論に敵視されていたわけです。さらに王政維新の内乱の時期には、漢学・洋学を問わず、「学校どころではない」「学問どころではない」というのが、混乱した社会の風潮でした。

開国を国是とし、知識を世界に広く求めることを政策にかかげた明治政府の時代になっても、慶應義塾は決して安泰ではありませんでした。明治の国家権力体制のもとでは、旧幕臣の福澤が独立自由の精神をたかだかとかかげる慶應義塾の学風は、藩閥政府の喜ばないところでした。慶應義塾は政府筋からの無言の圧力、あるいは官権の露骨な干渉に対し、つねに社中協力してその塾風を守らなければなりませんでした。明治十四年（一八八一）の政変によって、慶應義塾の卒業生が、慶應義塾の卒業生であることを理由に官界から一斉に追放されたのは、政府の圧迫の一例です。

文明開化・欧化政策の時代にあっては、洋学・英学を旗印とした慶應義塾は、さぞかし時代の波に乗って順調に発達したように思われがちですが、実はたびたび学生の減少、財政の窮乏に遭遇し、苦心を重ね、困難を克服して発展したのです。

福澤先生は、あるとき義塾の発達のあとをかえりみて、「そもそもわが慶應義塾が今日にいたることができたのは、時運時勢のしからしめたところであるが、要するにこれは社中協力のたまものであるといわざるを得ない。その協力とは何であるか。それは、〝助け合う〟ということである。創立以来の歴史をみると、社中はあたかも肉親の兄弟のようなもので、互いに義塾の名誉を保護し、ある人は労力を提供し、ある人は時間を提供し、ある人は経済的に協力し、またある人は注意・アドバイスを提供することで義塾を助け、お互いに助け合い、命令する者がなくても全体の挙動が一致し、特に奨励しなくても社中全員が喜びをともにし、憂いをともにしている。このような一種特別の気風があればこそ、塾の今日があるのだ」(3)という意味のことを述べておられます。

二十世紀の最初の年、明治三十四年(一九〇一)福澤先生は没し、慶應義塾は創立者を失いました。しかし、そのころまでに、義塾においては、すでに社中協力の精神が確立し、その体制がととのい、社中の人々の社会的勢力も強固なものとなっていたので、創立者を失っても、義塾の基礎は動揺することなく、義塾をささえる社中の連帯意識もかえって強まりました。あとで述べますが、慶應義塾維持会という組織ができて、社中の人々を中心に、広く大勢の有志から、毎月少しずつの賛助金を義塾に拠出する仕組みが確立されたのもこのころです。

ところが、慶應義塾の地盤が確立し、社中塾員の多くが社会的に重要な地位を占めるようになると、義塾社中に対する世間の風当たりはかえって強くなりました。慶應義塾の自由な学風、独立自尊の精神も、世間一般、ジャーナリズムから誤解され、敵視され、攻撃されることがしばしばでした。第二次世界大戦がおわるまでの全体主義・軍国主義の時代には、特にそれがはげしかったといえるでしょう。現在、福澤諭吉の思想は多くの人々の共鳴を得ています。そして慶應義塾は、日本の数多い学園の中にあって、きわめて高くランクされています。しかし、われわれは義塾の社中であることに誇りを持ち責任を感じるとともに、謙虚でなければなりません。そして謙虚であるとともに、世論におもねることなく、毅然として結束し、われわれの所信に忠実であることがつねに必要です。

第二次世界大戦の戦災によって、義塾は、その教育・研究・医療のための建物の大半を失いました。その復旧とさらに新しい時代の要請に対応する最新施設を整備するために、義塾はこの数十年間、財政的に苦労をかさねました。しかし、歴代の塾長はじめ当局者の献身的な努力と、そして社中一致の協力と、さらに創立以来つちかわれた社会全体の義塾に対するあつい信用とによって、これらの財政的危機も、つぎつぎに克服されました。そして現在は、三田、日吉・矢上、信濃町、天現寺、志木、ニューヨーク、湘南藤沢の各キャンパスにそれぞれ〃自尊の塔〃がそびえたち、施設の充実とともにその教育・研究の内容も、二十一世紀へ向けて革新と充実とを重ねつつあります。

今後も、社中の協力、そして社中の人々の社会的貢献の見返りとして、社会から義塾に与えられる信頼と期待とが、義塾発展の基本的なささえとなることでしょう。

社中の組織

さて、初めに、慶應義塾社中というのは、「教職員」「塾生」「塾員（卒業生）」の三つのパートで構成されると申しましたが、そのそれぞれのパートのなかのコミュニケーションはどのようにして行われるのか、そしてまた、この三つのパートをむすぶ組織はどうなっているかを考えてみましょう。

第一の塾内の先生方、および職員諸氏の間の同僚としての結びつき・触れ合いについては、ここで述べるまでもないことでしょう。

第二の塾生諸君相互の触れ合い・結びつきについては、キャンパス内の教室で、〃机をならべて〃

のクラスメートとしてのつきあい、スポーツ・趣味などで結びつく同好のつどい、三田祭・早慶戦そのほかのイベントへの参加による仲間のつながりなど、交流の場はいくらでもあります。また、先生方と塾生諸君との触れ合いも教室の内外において自然に発生することでしょう。

第三の卒業生相互の結びつき、あるいはコミュニケーションとなると、少し様子がちがってきます。キャンパスをはなれたときから卒業生はちりぢりとなり、同級生と毎日顔を合わせることもありません。個人的な電話・文通・訪問などはあったとしても、それでは同級生全体の交流・コミュニケーションは図ることはできません。そこで、クラス会、同級会、卒業年度の会が生まれてきます。また、卒業して社会に出ると、年度のちがいをこえて、「おなじ学校の卒業生」というだけで、同類感、親近感を覚えるようになります。そのため、同級・同学年の卒業生の「ヨコ」の集まりのほかに、「タテ」のつながりとして同窓、同学の会が生まれ、その組織がととのえられてゆくようになります。

慶應義塾の卒業生が結成する大小さまざまな同窓の会は、一般的には「三田会」とよばれています。地域の塾員が結成する会は、地名を冠して「仙台三田会」「ニューヨーク三田会」などとよばれ、卒業年度によって同期の塾員が集まる会は「一九六〇年三田会」「一九九五年三田会」などと称しています。ゼミナール、文連各部、体育会各部のOB会は「演劇研究会三田会」「三田空手会」などと命名されています。このほか、通信教育課程（文・経・法）を卒業した塾員による「通信三田会」（会員数九八二九人）もあります。もちろんすべての塾員団体が「三田会」という名称をもちいているわけではありません。医学部卒業生の会は「三四会」とよばれています。かつて医学部では、予科三年（進学課程）は三田のキャンパスで、本科四年（専門課程）は四谷（信濃町）で授業が行われていました。「三田で三年、四谷で四年」といわれたものです。その「三」と「四」をとって「三四会」と名づけられたそうです。

塾生諸君も、卒業して「塾員」となったときには、いくつかの三田会に加入して、社中の意識をもち続けられることでしょう。現在、塾員団体（三田会）の数は八七一にのぼりますが、それら多数の三田会によって構成されている組織があります。それは「慶應連合三田会」とよばれる団体組織です。「慶應連合三田会」は、各三田会と慶應義塾との間にたって、三田会と塾との連絡を図ったり、各三田会の間の連絡にあたったりしています。主な事業としては、毎年一回、全塾員によびかけて、「塾員の祭典」ともいうべき「連合三田会大会」を日吉で開催すること、機関紙「三田ジャーナル」を発行すること、各三田会代表による懇談会をもつこと、そのほか各三田会を援助することなどがあります。

また、「連合三田会」のほかに全塾員を対象とする組織として「慶應義塾維持会」というものがあります。これは、全国の塾員・父兄および一般有志のかたによびかけて、維持会員になっていただき、毎年、一定の金額（ひとくち年一万円）を義塾の維持のために拠出していただく仕組みです。維持会員には、義塾の活動を理解していただくために、月刊誌「三田評論」が贈呈されます。

人生無上の幸福

慶應義塾社中の総人員は、塾生（三万八四〇〇人）、教職員（五〇〇〇人）、塾員（二六万五〇〇〇人——うち女性塾員約三万五〇〇〇人）の三つのパートを合わせると、三〇万八四〇〇人の大人数になります。そして、男女塾員の年齢、国籍、職業、居住地、家族状況などは実にまちまちです。世界いたるところに同窓生がおり、海外三田会の数は五四にのぼっています。現在、塾内に学ぶ外国人留学生の数は五二〇人を数えていますが、すでに卒業してそれぞれの故国にかえって、塾の精神を忘れずに、三田会の会合に必ず顔を出す塾員も少なくありません。日本国内を見渡しても、社会の各方面に塾員が活躍しています。また、社会の表面に出なくても、ひたすら家を守り、あるいは隣人家族の世話を立派に果たしている塾員もあります。

塾員の数が、ようやく四〇〇〇人に近づいたころ、福澤先生は、「今や、前後して社中に加わった塾生が、卒業後散じて日本国中にあるものが四〇〇〇名に近づいた。そのなかには、社会の重要な地位にいて事に当たる人物もまた少なくない。実にわが社中のごとき天下いたるところ同窓の兄弟のいない土地はないといってよかろう。人生無上の幸福ではないか。われわれは、すでにその幸福を得た。これは決して偶然ではない。こんごも、この兄弟ともいうべき者は、ますます相親しみ相助けて、互いにその善を成しその悪を戒め、世に迎合することなく世を恐れることなく、独立して孤立せず、以て大いに為すあらんことを諸君と共に願うものである。過去をかえりみて悦ぶとともにまた将来の希望を述べるものである」[4]と語っておられます。

塾生諸君が充実した学生生活をおくり、在塾中は塾生として塾風の高揚に貢献し、卒業後は塾員としてさらに義塾の発展に寄与されることを、社中の一員として、祈念するものです。

二十一世紀へ向けて

いまから一〇〇年前、一九〇〇年（明治三十三年）の十二月三十一日の夜から元旦にかけて、三田山上で、十九世紀を送り二十世紀を迎える〝世紀送迎会〟が塾生の手で催されました。福澤先生も出席され、さまざまなスピーチやパフォーマンスが行われました。一夜あけて二十世紀に入ったとき、福澤先生は筆をとって〝独立自尊迎新世紀〟[5]（独立自尊、新世紀を迎える）の八文字を大書し、門下生に与えています。

福澤先生は、その新世紀第一年の一九〇一年（明治三十四年）二月三日に亡くなられました。それからおよそ一〇〇年、先生は亡くなられても、先生の精神、先生の思想は、義塾の社中によって大切に継承され高揚されています。二十世紀を送り二十一世紀を迎える〝世紀送迎〟の日を目前にして、私たちは、改めて福澤先生の思想、智徳、人格、気品に学び、塾生、塾員が手を結んで、新世紀を舞台に活動しようではありませんか。

註

（1）「気品の泉源智徳の模範」明治二十九年十一月一日芝紅葉館における演説草稿（『福澤諭吉全集』第十五巻、五三一～五三四頁）

（2）『福翁自伝』――始めて亜米利加に渡る〝幕府に雇わる〟の一節（『福澤諭吉全集』第七巻、八五～一〇〇頁）

（3）「明治十二年一月二十五日慶應義塾新年発会の記」（演説草稿）「福澤文集」二編巻二（『福澤諭吉全集』第四巻、五三三～五三五頁）

（4）同右

（5）「独立自尊迎新世紀」（『福澤諭吉全集』第二十巻、四七四頁）

（慶應義塾大学「カラムス」二〇〇〇年度版）

一〇〇年前の慶應義塾社中

きょうは、「一〇〇年前の慶應義塾社中」という題にさせていただきました。一〇〇年前と申しますと、現在が二〇〇〇年ですから、当然、一九〇〇年。明治三十三年です。その翌年の二月三日に福澤先生が亡くなられているわけですから、亡くなられる一年前、あるいは最晩年の福澤先生を囲んで、慶應義塾社中がどんな姿であったのか、周りの情勢はどうであったのかということを、きょうの主題としてお話いたしたいと思います。

一〇〇年前の三田山上の世紀送迎会

一九〇〇年の大晦日、三田の山の上で世紀送迎会が行われました。これは何か福澤先生が招集なさった会のように言われておりますが、実は当時の学生が、「世紀送迎会をやろうではないか」ということで、今で言う自治会のようなところが音頭取りであったのであろうと思います。当時、この学生の団体は、「三田評論」という機関誌を持っておりました。現在、「三田評論」と申しますと、慶應義塾が発行している慶應義塾の機関誌ですが、当時の「三田評論」は学生団体の機関誌で、後に慶應義塾の中枢を占めた、例えば板倉卓造先生、高橋誠一郎先生というような方々が、在学中から学生組織を牛耳っておられたようです。

一九〇〇年の大晦日で十九世紀が終わり、一九〇一年の元日から新世紀になるのですが、学生というのはいつも先走りであるのか、実は一九〇〇年の元日に、もう二十世紀が来たと思って、当時の「三田評論」には、「明治三十三年一月一日。輝かしき二十世紀は来たりぬ。十九世紀は過去のものとなれり」と、一年繰り上げて発表してしまいました。それを書いたのは学生としての板倉卓造先生です。高橋誠一郎さんは数年後輩ですから、まだ社説は書かせてもらえなかった。そのことを高橋さんはいつまでも覚えていて、何かがあると、「板倉さんは気が早い人で、学生時代に一年繰り上げて、一人だけ二十世紀と言っていた」と言ってからかっておりますが、板倉先生はそれを覚えておられなかった。「どうも高橋という人は、人が覚えていないことまで覚えている」と言って悔しがられたそうですが、とにかくそのころ、文芸上の言葉でしょうけれども、「世紀末」という言葉が言われておりましたから、みんなそういうことを言ったのであろうと思います。そして、気の早い人は一年早く繰り上げてしまった。本物の二十世紀は、一九〇一年（明治三十四年）の一月にあけたのです。

多くの人々は、二十世紀というのは洋々たる前途があって、バラ色の新世紀を迎えたと思っておりました。これは文明開化がどんどん進み、ヨーロッパにおいても専制君主の時代が終わり、産業革命に続く経済の発展があって、新大陸のアメリカはどんどん発展して、鉄道、蒸気船はどんどん延びる。電信は世界中に普及する。これからどんどんいい時代になっていくというように思ったのでしょう。その時、世紀送迎会を三田の山で学生が主催するわけですが、学生がどんなスピーチをしたかというのは、ごく簡単なものしか残っておりません。しかし、当時の先生方、殊に、当時、副塾長のような方であった門野幾之進先生のスピーチと、もう一人、若手の普通部の主任で、後に慶應の塾長になられる林毅陸先生のスピーチが残っております。林先生は去りゆく十九世紀を総括して、「十九世紀の果たした役割は、中世の迷信と専制政治を打破し、人類の物質上の福利を増進することにあったといえよう。そして、これからの二十世紀の果たすべき役割は、人権の発達をさらに進めて――つまり、明治時代は自由民権と言ったわけですが、政府に反抗するような自由民権から、政府に突っかかっているだけではなく、もっと人間全体の人権の増進をするということ――人道の発揮に導いていくべきである。そして、人民の自治というけれども、それを広めて人類の共存に高め、物質の快楽のみに満足せず、精神の快楽を重んずる方向に今後の文明の進路を定めることに、二十世紀の役割がある。二十世紀の前途は洋々たるものがある。幾つかの未解決の問題はあっても、人類永遠の文明から思うならば、それは船の舳先を洗う春の波のようなものである。衝突も革命も、ただ文明の船を進める風に過ぎない」と言っておりますが、後の一〇〇年を考えると、林先生が楽観したほどは楽観できるものではなかったということになります。

一〇〇年前というのは、福澤先生没年の前後のことを言うわけですが、それではいったい先生ご自身はどういう方であったのか。そして、慶應義塾が今から一〇〇年前までにどうやって立ち上がってきたのかということを、振り返ってみたいと思います。

福澤先生の一生は、天保五年十二月十二日のお誕生から、明治三十四年二月三日に亡くなるまでの六十六年と一ヵ月弱というところです。ちなみに先生のお誕生日は、生前は天保五年十二月十二日ということでしたが、後にこれを太陽暦に換算して、一月十日にいたしました。福澤先生ご自身は、自分の誕生日は十二月十二日だと思って亡くなられたわけですが、後になって自分の誕生日が変えられてしまう。変な話です。また暦が変わったりすると、われわれもどうされてしまうかわかりません。しかし、そういうことはほかにもあったのでしょう。今、十一月三日を「文化の日」としておりますが、あれは明治天皇の誕生日ということで、戦前は「明治節」と言われ、明治時代は当時の「天長節」とされていました。ところが、あれも旧暦を西暦に換算したものだそうで、明治の五、六年までは、明治天皇のお誕生日は別の日でした。文明開化のはやりなのでしょうか。いつの間にか換算されて、十一月三日になったということです。

先生の生きた六十六年間は、先程の林先生の十九世紀の総括にありましたように、専制時代が去って、だんだん民主主義に近い方向になっていく。その中間として、立憲君主制がもっぱら行われていた時代です。第一次世界大戦までは、世界の国々にはほとんど王様がいて、ただ、アメリカ合衆国とフランス共和国のみが大統領という制度を持っていた。そして、衛生とか、交通とか、広い意味での福祉はどんどん改良されていましたが、まだ社会制度上の貧富の差とか、虐待的な労働条件というものは残っていた。しかし、これも次第にいい方向へ向かっていく、と思われていた時代です。そういう意味では、福澤先生は第二次世界大戦のような破局を見ることもなく、また労使の大衝突を見ることもなく、ロシア革命もご存じなく亡くなられるわけですから、幸せな六十六年間であったと思うべきかと思います。

中津・長崎・大阪における学生生活

福澤先生は大阪で生まれました。父は豊前中津奥平藩の士族、福澤百助。母は同藩士族、橋本濱右衛門の長女。父の身分はやっと藩主に定式の謁見ができるというのですから、足軽よりは数等よろしいけれども、士族中の下級で、長く大阪にある中津藩の倉屋敷に勤番していたということです。いわゆるおコメの経済の時代です。中津藩の財政は、中津藩でとれたおコメを大阪へ持ってきて換金する。あるいはそのおコメを抵当にして借金をする。つまり、銀行借り入れを起こして藩の財政を賄うわけですが、それを折衝する役をしていたのですから、今日で言うと、大分県経済部大阪出張所勤務というようなことでしょう。そんなに偉い役ではないけれども、ある意味では非常に有能な人でなければ務まらない役であったのであろうと思います。先生によると、「いや、それよりも父は漢学者であって、漢学の造詣が深く、また漢学の思想の堅固な人であった」というふうに言っておられますが、大阪という特殊なところで生まれたことが、ある意味では、先生の一生を規定していたのではないかと思います。

先生は五人兄弟で、総領の兄の次に女の子が三人、その末っ子として天保五年十二月十二日に、父四十三歳、母三十一歳の時に生まれております。そして、天保七年、不幸にして父が病死。後に残るは母一人に子供五人。兄は十一歳、先生は数え年三つ。かくなれば大阪にもおられず、兄弟残らず母に連れられて藩地の中津へ帰りました。ここで先生がどういう立場に置かれたかというと、帰国子女の一家です。大阪に十何年もいたわけですから、大阪出張所の官吏ではありますが、やはり駐在員タイプになってしまった。一家も大阪の人になってしまって、服装も言葉も全部、駐在員仲間にしか通用しないようなことをしていて、しかも駐在員そのものであるお父さんは死んでしまって、残された家族が帰ってきたわけですから、中津へ帰っても、みんなからよそ者扱い、帰国子女扱い、あるいは帰国一家扱いで、周りの誰も付き合ってくれない。また、自分たちも話が合わないから付き合わない。何といっても大阪は大都市です。中津はいくら中津藩の本店所在地とはいいながら、しょせん田舎です。とにかく都会のことを覚えてきてしまったのですから、うまく折り合いがつくわけがない。先生はそういうところで育ったわけです。これはやっぱり自分でやらなければならない。周りに依存するわけにはいかないということを、身をもって知らされたといいますか、実際、体験せざるを得なかったところで、そもそも先生の出発点がほかの人たちとは違っている。少なくとも中津のほかの人たちとは全然違うというようなところで、先生の物心づいてからの中津生活が始まっていくわけです。

そこで先生はほとんど勉強をしなかった。友達がいないので、みんながどうしているのかあまりわからない。『福翁自伝』の中でも、自分は泳ぎも木登りもできない。相当活発にいろいろなことをやったつもりだけれども、考えてみれば、周りの人と一緒に遊ばなかったので、一緒に川へ泳ぎに行くとか、木に登るというようなことがなくて、一生、泳げなかった、ということを言っておられますが、勉強のほうもその通りで、みんなが学校へ行くから、じゃあ、僕も学校へ行こう、というふうには気が付かなかった。八歳ですか、もっとですか、さすがにみんなが行っている寺子屋などへも行かないことに気が付いて、十四歳ぐらいになって、初めて本を読もうという気になった。これは学齢に達したから、みんなも行くから行くというのではなく、本当に読みたくなってから行ったのですから、上達が速いのは当たり前で、そこがわれわれとは全然違う学問のスタートをしているわけです。

それから一生懸命に漢学をやっていたのですが、中津のまちの気風が気にくわない。倉屋敷の中でどのくらい自由都市大阪の空気を吸ったかわかりませんが、中津は合わない。有名な話に、お兄さんが書類を整理しているところをバタバタ通ったら、「こら、待てっ！　その紙にはお殿様の名前が書いてある。罰が当たる」と言ってしかられた。殿様を踏みつけたわけでもないのに、名前ぐらいで怒られるのは不服だ。今度は神様のお札を踏んだらどうなるかと思って踏んでみた、という話がありますが、それは一例で、毎日、毎日、そういうことにムカついてくる。しかし、先生はキレたりしないで、我慢しなさい、我慢しなさい、ということを言っている。この藩にいる以上しようがないのだ。嫌なら飛び出すしかないのだ、というのでチャンスを狙っていたところ、たまたま長崎へ行くチャンスがあって蘭学に取りつく。動機が何であったのか、いろいろ言われておりますが、中津で、ある横文字の本を見せられた。「これを読んで勉強してみないか」と言われたけれども、もちろん何だかわからない。興味を示したところが、「それならば長崎へ行ったらよかろう」横文字はどうでもいいが、中津から外へ出られるならどこへでも行くということで長崎へ行ったのだ、ということになっております。

先生は亡くなったお父さんを、大変、尊敬しておりました。それは残されたお母さんが、「お父さんはこういう立派な人だった」と言って大変いいことを聞かされていたので、一生、父親のことを理想化し、お子さんたちにも、「あなた方のお祖父さんは立派な人だった」ということを書いております。ところが、富田正文先生は、福澤先生がお父さんの顔も知らないで父を失ったのは、非常に不幸なことである。いわゆる片親になってしまったというのは、つらいこともあり、また実際、家庭の生活も大変であったであろう。しかし、もしお父さんがピンピンしていて、先生がだんだん成長して蘭学を学ぶ、そして、『学問のすゝめ』などを書くという時代まで健全でいたならば、とんでもない父と子の対立ができたであろう。ツルゲーネフの『父と子』のような悲しいことが福澤家で起こらずにすんだことは、福澤先生にとって幸せではなかったであろうか、ということを書いておられます。これは誠に穿った話ですが、私も富田先生のその五、六行の文章を読んでは、いつも、なるほど、と思うことがございます。

そのようにして長崎へ飛び出して蘭学の手ほどきを受けて、先生は大阪へまいります。一時、中断して中津へ帰ったことがありましたが、大阪で三年ぐらいみっちりと蘭学をやりました。従って、先生の学生生活というのは、中津における十四、五歳からの自発的勉学。それが小学校から中学ぐらいになるのでしょう。十四、五歳まで何もやらなかったわけではない。いろはとか、基本的なことは、お母さんが教えてくれたでしょうから、そういう家庭での教育と、寺子屋での漢学の教育、そして長崎で予備校のようなところに入って蘭学入門みたいなことをやり、大阪のカレッジに当たるような、ただし、これは自然科学が基ですから、アーツ&サイエンシス（Arts & Sciences）と言いたいのですが、アーツはあまりない。サイエンシスだけのカレッジ・レベルの教育を、みっちり勉強した。これは教育を受けたというのではなく、自分で学習をしたので、ポジティブな意味での学生生活であるわけです。後年のわれわれの学生生活は、自発的というより、むしろ制度の中に入っていったわけですが、先生の場合は、まだ制度も確立しておりませんから、自分で学習をした。その大阪での学習生活が、先生のいわば規則的に大勢の友達と一緒に学んだ最初のチャンスであり、また最後のチャンスであったわけです。

大阪の緒方塾では、蘭学もやったでしょう。自然科学の基礎も覚えたでしょう。しかし、何よりそこで先生をして目を開かせしめたのは、周りを見ると、中津藩士は一人もいない。加賀から来た人、信州から、芸州から、備中から来た人というように、西日本が主でしょうが、諸国の人と出会えた。いまの状態から言いますと、一種、留学をしたようなもので、いまなら、いろいろな国籍の人という意味ですが、当時はほとんど武士ですから、いろいろな藩の籍を持った人と付き合って、そういう意味でも目が開いた。とにかく蘭学を通じて自然科学というものを見て、視野が広がったというのか、深くなったというのか、先生としては非常に大きな前進であったと思われます。

しかし、ここまでは何といっても勉学時代で、親がかりの学生生活のようなものです。少なくとも経済的には藩の禄をもらっているので、まだ社会人ではなかったわけです。

福澤塾時代の一〇年間

ところが、安政五年（一八五八）になって、先生は藩から、「江戸の中津の藩邸で、既に蘭学塾を開いているから、その教師としてやってこい」という命令を受けて、急に江戸へ移ってまいります。従って、そこは自分の塾ではなく、藩の開いている塾の教頭みたいなことにさせられるわけですが、その中である程度の裁量を任されて、何を教えてもよろしい。大体、蘭学の教え方は、藩は知らないわけですから、干渉するわけにはいかない。とにかく横文字を教えろ、ということでスタートをした。これが先生の社会人としての責任を持った生活のスタートであったわけです。

翌年、横浜へ行くと、オランダ語はちっとも通用しない。これからは英語だというので、英語に切り換えたという有名な話がありますが、当時、同じことを感じて、それを書いている人はたくさんおります。しかし、福澤先生のように、思いきりよく一夜にして英語に切り換えた人はあまりいない。現在、われわれも、「これからは中国語を知っておかないとダメね」とか、「近い国なのだから、やっぱりハングルを知らないとダメよ」などと言いますが、そういった人が、翌日から始めたという話はあまり聞かない。思っているだけの人が大部分ですが、先生は本当に思いきりよく、すぐに着手している。それも藩から命令されてやったのではなく、藩はオランダ語を教えろと言っていたのを、勝手に英語に切り換えているのです。そういう意味では、自由裁量が利いたのかと思うのですが、広い意味での「洋学」というようなくくりから見れば、藩の役人にすれば、横文字であればオランダ語でも英語でもどっちでもいいということであったのでしょう。その辺はおおらかといえばおおらかなことだと思います。

先生は咸臨丸に乗ってアメリカのサンフランシスコのほうへ行き、帰ってから、またチャンスがあってヨーロッパへ行く。これは幕府の使節団の随員として、数カ月、訪問しております。さらにもう一ぺんチャンスをつくって、と言ったほうがいいのでしょうが、アメリカのワシントンへ行く幕府の軍艦の取引に関する特別ミッションについて外遊している。こんなに外遊して、その間、藩の塾のほうはどうなっていたのか。弟子を代行に立てて行ったのか、「本日休校」といっても、六カ月も休校するので、よくつぶれなかったものだと思うのですが、そういうことがあったのです。

その一方、先生の目は、外国へ行ってまた大開きに開くわけですが、身分のほうも、中津藩士であったのが、幕府に出仕することになる。これは出向なのか移籍なのかわかりにくいのですが、先生は、「旗本のようなものになったことがある」と言っているので、地方公務員から中央政府の国家公務員に移った。つまり、中津藩の大分県の県庁の役人が、外務省の役人になったわけですが、そこで移籍したのかどうか。禄は相変わらず中津藩から受けていたようですから、出向手続きということになるのでしょうか。いずれにしても外務省に入って国家公務員になり、霞が関へ通うようになったのですから、大分県の東京出張所にいて何か教えているのとは大違い。その傍ら外国を見てきたということですから、ここでもうすっかり変身するわけです。

先生は、「自分は大勢の人と付き合うけれども、本当の友達はいない」ということを言っておられますが、これは本当であろうと思います。先生の独立心とも結びつくのでしょうが、同じような経験をした人はいないのですから、話の通じる人がいない。帰国子女の話をしようと思っても、そんな人は中津には少なかった。長崎へ行って中津の話をしようと思っても通用しない。大阪へ行って同じような境遇にあった人でも、今度は江戸へ出てきて、この十年間に大変身をしてしまうので、あまり話の合う人が出てこなかった。終生、友達らしい友達というと、やはり大阪の緒方カレッジの適塾にいた時の友達が、懐かしい友人であったようです。

先生は明治維新になるまでの十年間に大変身をしたわけですが、自分が変身しただけではなく、今度は人まで変身させようというのでしょうか、いろいろな著述を始めます。啓蒙的な著作とも言える『西洋事情』を含めたいろいろな本を、もう既に幕末時代に書いておられる。先生の文明開化での活動は、明治になってから始めたような感じがしますが、実はまだ丁髷《ちょんまげ》をチャント結っている幕末の時代に、もう『西洋事情』などを出版して、それまでは塾を開いてマン・ツー・マンと言いますか、直接に会うということだけでやっていたのが、出版活動、しかも漢文で書いたようなものではなく、プレーンな文体で、大勢の不特定多数を相手に発言をする。その意味でも先生は変身しております。ただ教えているという塾はほかにもたくさんありました。明治になってからもありますし、幕末でさえ、有名な人の名前を冠した何々先生の塾というのはありました。しかし、そういう人は、弟子に教えているだけで、傍ら不特定多数の弟子でもない人に発信するということはあまりしていない。著述ということはしたとしても、学術的な著作しかしないというのが、学者の典型であったわけですが、先生はそこでもまた人と違うことを始めているわけです。

この福澤塾時代の十年間に、先生は社会人として出発して、三度も外遊をし、国家公務員にもなっているわけですが、結婚もしております。いわゆる学生っぽい生活ではなく、一家を構える。その意味でも社会人として責任のある地位になったわけです。この結婚によって、大勢の子供さんを持つようになり、家庭を中心とした生活が人間の社会の中心であるということを、身をもって実践し、またその体験からほうぼうの人に、「家庭を大事にしなさい」ということを言っている。それは当然、奥さんを大事にしろ、という話になったり、婦人に対して威張るな、というようなことに展開していくわけですが、これは独り者がそんなことを言っても迫力がない。先生は土岐錦という人と結婚したことによって、ご自分の社会を見る目も、また変わっていったということが言えるかと思います。従って、福澤塾時代の十年間というのは、そういう意味でも大変身の時代であったわけです。

元治元年の中津行き

世間に塾というのはたくさんありました。二五〇いくつの藩はたいていい藩校をひらいている。これは藩がおカネを出す、藩学、藩校と言うのでしょうか、要するに藩立のカレッジです。そこには教官というか、人を雇って、大部分は自分の藩の藩士ですが、場合によってはよそからも学者を招いて藩の子弟を教育する。子弟といっても主としてお侍です。農民や町人は寺子屋などへ行きなさい、ということで、官立学校には官吏の子弟しか入れなかった。しかも男だけです。そういうことをやっていたわけですが、民間の私塾というのも結構ありました。

慶應義塾は慶應四年（一八六八）に結社しておりますが、それまでは中津藩の江戸屋敷にある福澤がマネージャーをしている学校ということであったのを、先生は藩から飛び出し、全くプライベートのおカネで、プライベートに責任を持って慶應義塾という機関をつくる。しかし、その前にそろそろそういうことを考えておられたのではないかと思われるのは、その四年前、わざわざ中津へ行き、弟子をスカウトしてくるのです。明治になってからでもそうですが、箕作秋坪の塾、村上英俊の塾、福地源一郎の塾、中村敬宇の塾など、立派な方々が塾を開いておりますけれども、それはぜひお教えを受けたいという人があったら、入門を許すというものでした。ところが、先生の場合は、学生をリクルートするために、わざわざ中津まで行っている。これはほかの人がやらなかったことだと思います。いまでこそ、少子化というので、大学にもなかなか学生が集まらない。各地方へ行って、いろいろ集めてくるということをやっていますが、この時にもうそういうことをやっている。幹部になる人は、まず自分の藩へ行って連れてくるのが一番近道です。また当時の制度ですから、よその藩へ行って子弟を引っ張ってくるというのは、おそらくもめごとの基であったであろうと思います。自然の勢いで中津へ行ったわけなのです。

先生は誰にも頼らず、人をあてにせず、「三寸の舌、一本の筆」で一世を指導したと言われていますが、慶應義塾という集団を運営して、次第に増える社中を統率していくためには、やはり先生が全面的に信頼できる人格、知性、能力、実行力を持つ門下生が必要になってくる。先生にとっても慶應義塾にとっても幸いであったのは、社中の中にそういう優秀な補佐役を育てることに成功していることです。その力は、慶應義塾が大きくなってから発揮するわけですが、まだ慶應義塾になる前の私塾時代に中津へ行って、将来、そういうことに役立ちそうな人――小幡篤次郎・仁三郎兄弟、そのほかの人を引っ張ってきて、他日の備えを着々としているわけです。

この着々と備えをするには、中津藩からもらっている月給だけではできません。結局、自分でカネをつくるほかないわけですが、商売をするわけにはいかないので、出版活動によって収入を得る。そして、それによって新銭座の建物を買ったのです。きっかけとしては、ちょうど中津藩の江戸藩邸周辺が外国人の居留地になってしまう。今の聖路加病院のあたりですが、あのあたりは何となく西洋風な感じが残っております。これは欧米人がいっぱいいた時代の名残でしょう。今、聖路加病院のそばに、「慶應義塾発祥の地」という碑が立っておりますが、あの辺にいたのが居留地建設のために追い払われそうになった。その機会に先生は中津藩のコンパウンドから脱出して、自分の著作で蓄積したカネで、今の浜松町と新橋駅のそばの新銭座に、何百坪かの土地を買って建物を建てた。そういう箱がまずできた時に、中身はどうするかということになって、慶應義塾を結社することになったのです。

従って、慶應義塾というのは福澤の私塾ではなく、コーポレーションです。みんなが集まってつくるのを「義塾」と言うそうですが、義塾というものにする。「義塾」という言葉は慶應が始めたわけではありません。日本でも古く享保年間に出た、伊藤東涯の『名物六帖』という、ものごとの名称を書いた一種の字引にもちゃんと載っていて、「ぎじゅく」、また「がっこう」と仮名がふってある。中国にある言葉で、義塾とか、義倉とか、義塚という言葉がありますが、「義倉」というのは、飢饉に備えてみんなでお倉に食糧を備蓄することを言っているので、パブリックのために持ち寄って何かに備える。「義塚」というのは、要するにお墓、共同墓地のことです。中国ではみんな祖先を大切にいたしますから、銘々がお墓を持っているわけですが、旅行中に死んでしまったというようなことでしょうか。何かで自分の入るべきお墓がないという時に、いわば共同墓地のようなものをみんなで提案して、パブリックでセメタリーをつくる。そういうのがありますから、塾も私塾ではなく、パブリックでつくる。本当は貧しい人のための学校のことを、「義塾」と言ったのでしょうが、とにかく一人の人がやるのではなく、みんなで支えているという「義塾」をつくりましょう、ということで慶應義塾というものができたわけです。

福澤先生、大々活躍の時期

一八六八年の慶應義塾の結社から一八九〇年の大学部設置までの二二年間が、福澤先生の大々活躍の時期であったかと思われますが、まず、学校のほうは三田へ移ってまいりました。そして、それがだんだん拡充されて大学部までできて、一応、一八九〇年の大学部の設置というので、慶應義塾の基本ができあがったわけです。文筆活動のほうは、もっともっといろいろなものがありますが、『学問のすゝめ』『文明論之概略』等の主要な著作はこの期間に発表されて、先生の社会における成果というか、位置が確立されました。

ただ、順調な二二年であったかというと、必ずしもそうではない。この間には、先生に対する迫害、慶應義塾の経営的な危機、いろいろなことがありました。深い谷もあったけれども、高い峰もある。そして、それがだんだん安定していくというような時期であったわけですが、一方、先生の活動は、慶應義塾、出版活動という二つだけであったのが、この二二年間に非常に広がり、やや政治活動に近いようなことも起こってくる。それは二〇年にもなりますと、慶應義塾の卒業生がだんだん世の中に出ていきます。それが新聞記者になって、相当、過激なことを言う者がいるかと思うと、代議士に出たいというので、まだ国会が始まらないのに、もう今から天下を取ったようなことを言っている者がいたり、非常に西洋かぶれみたいな者が出てきたり、先生から見ると、「ちょっと行き過ぎもある。だけど、まあまあ……」ということになったり、だんだん手に負えないのも出てくるというぐあいになってきて、発展と同時に問題も起こってきたということであろうかと思われます。

ここでまた先生の交遊範囲が広がります。慶應義塾が結社された慶應四年というのは明治元年です。それから明治二十二年までの間に、西南戦争もあれば、国会開設、憲法発布、教育勅語というような明治の政治体制がだんだん確立していく。また、条約改正問題があって、国際的に日本の地位の確立ということがいろいろ問われてくる。経済的には相変わらず農業国に近い米穀が第一の産業である国であったわけですが、銀行も発達してくる。養蚕も始まる。工業の走りのようなものも出てくる。大変な変換期ですから、その中に処して先生の活動も広まらざるを得ない。だんだん複雑化し、高度化してくる日本の社会、あるいは国際情勢に巻き込まれていく日本の社会に対して、大学にはしたけれども、どうも学校教育だけでは自分の使命を果たすことはできないというので、交詢社をつくり、「時事新報」をつくるわけです。

これにも各々その序曲みたいなものがありまして、既に明治六年には明六社という学者の集まりがありました。これは森有礼が一〇名ほどのメンバーで始めるわけですが、福澤諭吉、加藤弘之、西周、津田真道など、われわれが何となく聞かされている明治初年の洋学者に、横文字が読めるわけではないけれども、漢学だけではしょうがないということのわかっている阪谷素というような開明的な漢学者も森有礼が引っ張り込む。全く学者ではない、いわゆる商売人ですが、在外経験があって、西洋のことをよく知っている清水卯三郎という人も入れる。海外通信員という名前で海外へ行っている日本人などで、今、これからやろうと思っている社会問題、政治問題、経済問題を語り合う。「明六雑誌」という雑誌でそれを発表する。これは政府の諮問機関ではない。民間団体なのだけれども、半分以上は官吏、それから福澤先生や清水のような全く在野の人もいる。そういうものに先生は加わって活動したこともあったわけです。

いろいろな事情があって、明六社は二、三年で言論活動をストップせざるを得なくなる。これは政府の検閲がやかましくなり、自由な発言・出版ができない。殊にメンバーは官に仕えている人が多かった。西周にしても、加藤弘之にしても、知識人として政府の翻訳局にいるとか、政府の調査部みたいなところにいたので、やっぱり官吏ですから、勝手なことが言えない。先生は、それならやめてしまえ、というので、その活動はストップするわけです。

その次に、今度は全く官のほうで、学者だけを集めた東京学士会院を文部省の中につくります。先生はその初代院長になりますが、すぐに辞めてしまう。また怒ったのかと思いますと、院長というのは半年交代になっているので、先生は六ヵ月やって、次にまた西周か誰かになるわけです。しかし、先生はどこかで会員を辞めてしまって、今度は自前で交詢社というのをつくりました。これは今、銀座に交詢社というのがございますが、初っ端《しょぱな》から二〇〇〇人ぐらいの会員が集まっている。半分は地方の人です。先生としては、非常に大きなネットワークをつくり、日本中に交詢社員、あるいは交詢社の支部というのをつくって、そういう人といろいろな形で支部活動をしたり、雑誌を発行して、それに投書欄、あるいは質問欄をつくってどんどん答える。情報に飢えている地方の知識人に対する情報供給源として、交詢社を位置づけているわけです。

しかし、それでも先生はあきたらない。とうとう新聞を始めます。「時事新報」というのを明治十五年に始めるわけですが、その前に、その足慣らしみたいに雑誌をつくったり、日刊紙のようなものをチョロチョロ出して、明治十五年に本当にデイリーペーパーの「時事新報」をつくるわけです。

そのようにして、先生はどんどん活動範囲を広げていくわけですが、挙げ句の果てに、今の「ジャパン・タイムス」を、これはさすがに先生も自分ではつくれなかった。奥さんの甥になる山田季治という人にやらせる。資金が足りないので、三菱からもカネを出させることを計画した、というようなことが伝えられておりますが、「ジャパン・タイムス」の歴史を見ますと、福澤先生が首唱したということが書いてある。これは先生の手紙の中にもありますが、日本では、いわゆる「ロンドン・タイムス」をカネを払って読んでいる。今でもどこで刷っているのか知りませんが、色のついた「フィナンシャル・タイムス」が出ております。われわれは全部、読みきりもしないくせに、高いおカネを払って買って、自分の読みたいところだけを読んでいる。昔ですから、船で来るので、何週間か遅れて来るのでしょう。なお高かったと思うのですが、それを一生懸命に買っている。あるいは電報で記事を送ってもらって喜んでいる。これは一つには、横浜には既に外国人がつくった居留地の外国人用の英語の新聞がありましたが、先生と説が合わない点が多かった。先生はよく論争をしていて、あんな外国人が発行する英字新聞ではなく、日本人が英字新聞を発行して、日本人の言い分を世界中に発信すべきである。しかも日本の国力が高まれば、それを西洋人が争って買うようになるであろう。そこまで高めなければいけない、ということを言っておられる。そういう意味では、先生の広がりはきりがなく、それこそ没後一〇〇年ではないけれども、百歳まで生きたら、どんなことを始めたかわからないと思うのですが、そういうようにして先生の発信活動はどんどん広がっていったわけです。

交詢社もできた。「時事新報」もできた。「ジャパン・タイムス」はもう少し後かもしれませんが、そういう出版活動なり、集会もできてきた。慶應の卒業生といっても人数が限られている。慶應に学ばないで三十歳、四十歳になった人々を集めるには、別の結社をつくらなければならない。それが交詢社である。従って、慶應を卒業した人は、べつに交詢社に入らなくてもいいけれども、慶應以外で自分が影響を与えることができなかった連中を、地方の人も含めて交詢社に入れて、その人たちに理想を言いたいというので、なるほど、おっしゃるとおりです、ということになるのですが、これがなかなか大変です。それをまた弟子が言いつかってそれぞれを分担して、「交詢社をもっとああしろ」「『時事新報』をもっとああしろ」と言って発破をかけられて、先生がそういう人を鍛えていった。それが先生もいろいろな人に支えられたけれども、先生も鍛えたということになって、一八九〇年までの、いわゆる本当に脂の乗った活動期が終わるわけです。

十九世紀末までの十年間

大学部ができて、一つの区切りができるわけですが、それから亡くなるまでの約十年間、先生は何をしたのでしょうか。また先生の周りで何が起きたのでしょうか。

一つは、一八九四年から五年にわたって日清戦争というものが起きる。これは近代の日本の中で非常に大きなエポックであったのは当然ですが、先生にとっても非常に大きな事件であったと思います。ちょうど日清戦争の最中に、先生は還暦（六十歳）を迎えられますが、戦争中なのだから還暦どころではないというので、一年延ばして、戦争が終わった明治二十八年（一八九五）の、それこそ本当のお誕生日である十二月の十二日に還暦のお祝いを盛大にやっておられます。

そのころになると、先生もだんだんと自分の晩年ということを考え、六十歳にもなったのだから、いろいろ後継者をつくらなければならないというようなことになってくる。また、晩年の先生を囲む社中の中で、だんだんと新旧の交代が起きてくる。先生のアシスタントは、先ほど、小幡篤次郎と申しましたが、先生は非常に強い性格の人ですから、あんまり側《そば》へ行くと火傷をする。太陽は離れているとポカポカして、「太陽の恵み」などと言いますが、太陽の側へ行ったら、焼き殺されてしまうに決まっている。偉大な人物というのは、少し離れていると、非常に慈悲深く、優しいなどと言いますが、会社でも何でも、あまりワンマンみたいな人の側にいると、蹴っ飛ばされる恐れがある。先生の場合も、小泉信三さんのお父さんの小泉信吉さんをわざわざ外から引っ張ってきて、慶應義塾の塾長に据えて、「もう塾長に任せて、私と小幡は相談役になる」と言って任せるのですが、その相談役が、毎日、塾長のところへ来て何か言う。とうとう塾長はたまらなくなって辞めてしまう。また、元治元年に連れて来てから、一番、側にいて、無事に仕えてこられた小幡さんも、一八九七年、最晩年になってとうとう塾長を辞める。そうなると、相談役だか、顧問であったはずの福澤先生が戻ってきて、塾長になってしまうのです。しかし、さすがに誰かに後をさせなければいけない。ずっと年齢の離れた、当時、まだ四十歳ぐらいの鎌田栄吉という方が、これならけんかにもならないというので、塾長になって、後も大体固まったということですが、門野幾之進先生もまた側にいて焼かれてしまって、途中で辞めざるを得なくなった。先生の周りはきれいごとだけではなかったのですが、これは当然のことであろうかと思います。

『修身要領』の発表

先生は病気になられた後で、二十九条からなる『修身要領』というのを出すのですが、第八条から第十二条を写してまいりました。

「八、男尊女卑は野蛮の陋習《ろうしゅう》なり。文明の男女は同等同位、互に相敬愛して各その独立自尊を全からしむ可し。

九、結婚は人生の重大事なれば、配偶の選択は最も慎重ならざる可らず。一夫一婦、終身同室、相敬愛して互に独立自尊を犯さざるは、人倫の始なり。

十、一夫一婦の間に生るる子女は、其父母の他に父母なく、其子女の他に子女なし。親子の愛は真純の親愛にして、之を傷つけざるは一家幸福の基なり。

十一、子女も亦独立自尊の人なれども、其幼時に在りては、父母これが教養の責に任ぜざる可らず。子女たるものは父母の訓誨に従って、孜々勉励、成長の後、独立自尊の男女として世に立つの素養を成す可きものなり。

十二、独立自尊の人たるを期するには、男女共に成人の後にも自ら学問を勉め、知識を開発し、徳性を修養するの心掛を怠る可らず。」

先生はこれを婦人三田会用に書いたわけではないのでしょうが、一生懸命、男女同等とか、延々と書いておられます。このことは先生が亡くなった後、「時事新報」か何かに投書したのか、手紙を出したのか、「先生は晩年、『婦人論』とか、『男性論』などを書いて、『修身要領』などでも婦人の味方をしてくれるようなことを言っているけれども、慶應に女子学生を入れなかったではないか」ということを質問している人がおります。慶應義塾の古いところでは、幼稚舎には女性がいたと申します。これは本当らしいのです。ところが、「あれは福澤先生が、自分の娘や側近の松山棟庵の娘などを、ためしに幼稚舎へ入れて見ただけでそのあとは女子は幼稚舎に入っていません」という人もあり、それもその通りです。

ただ、もう一つご紹介しますと、当時の塾長というか、校長の浜野定四郎、常任理事の益田英次に宛てた手紙が残っております。これは「明治二十一年ごろ」と書いてありますが、「昨日はご来訪くだされ候ところ、生憎、外出の時刻に際して失敬仕り候。その節、ご覧相成り候家の義も、差し支えはこれなく候えども、かねて申し上げ候とおり、この女学校を設立するにつき、会計の予算はおよそいかがの目的に候や承知致したく、ただいまの家なれば、およそ幾名の生徒を教えて、月入り何程、雇い入れの外国女教師に費やすところ何程、日本の教師に払う高、そのほか諸雑費を償うて果して足るべきや、もし危き事ならば止めにいたしたく、何とぞいま一応も二応もご熟考願い奉り候。い才はただいま小野氏へも話し致し候義にござ候。右、要用のみ申し上げたく、余は拝眉に附し候。頓首」というので、結局、やらなかったわけです。

この時、誰か皆様のご祖先か何かが、ボーンと何万円か寄付していれば、きっとこのころ、慶應女学校ができたのであろうと思います。その後にももう一ぺん、慶應で女子部をつくろうという案が、福澤先生の亡くなった途端ぐらいに起きたのですが、これも沙汰やみになってしまった。これは誠に残念で、それから何十年か待たなければ、ここにいらっしゃる皆様方がお入りになることができない。長らくお待たせをいたしました、ということでございます。

世紀送迎会と福澤先生の逝去

世紀送迎会が行われた後、先生は一九〇一年の二月三日に亡くなられますが、亡くなられる二、三年前に脳溢血にかかられて、前のような元気はなく、文筆活動は、簡単な手紙を書くとか、大きな字を書くぐらいで、論文の執筆は全然なさらなくなりました。半分リタイアということですが、何といっても創業者であり、今は相談役かもしれないけれども、また元気になったら何が起きるかわからないということですから、全部、福澤先生任せ。何かがあると、最後は、「先生に聞かなければわからない」ということになっていたわけですが、それが亡くなってしまった。福澤先生のいない慶應義塾というのはあり得るのか。日本の企業でも、非常なワンマン創業者みたいなのがいると、それが死んでしまったら、その会社はいったいどうなってしまうのか。あるいは団体でも、後継者がいないうちにトップがいなくなってしまったら、後はどうなるのか。現にそういうことで消えてしまう学校とか、団体もあるわけですから、心配いたしました。そこでその翌月、「慶應義塾維持会設立の趣旨」というのが発表されております。

冒頭に、「福澤先生没せらる、慶應義塾も共に葬る可きか、否我々は之を葬るに忍びざるなり。そもそも慶應義塾は先生の最も苦心経営せられし所のものにして、これを維持しこれを拡張するは、最もよく先生の志に適うものと云うべし。先生の人物は甚だ大にして、時として、眼中、義塾なきの色を示されしことなきにあらざれども、これを永久に伝えて、智徳の宣言たらしめんと欲せられしことは疑う可からず。云々」と書いてある。かつて銅像開基式の時に、先生は、「もしもこの銅像が、諸君が相協力して永遠に塾を維持せんとの意を表したものとするならば、余は実に喜びに耐えざるなり」というようなことを言って、「資金を充実させて、もってこの光栄ある慶應義塾をして、将来長く磐石の基礎に立てしめんと欲す。世間有志の男女、この件に賛同してわれわれの所思を達せしめんは、ひとりわれわれの幸いのみにあらざるなり」と言っておられます。

従いまして、来年（二〇〇一）の福澤先生没後一〇〇年という意味は、〝慶應義塾ウィズアウト福澤〟、創業者のない、「いざという時は福澤先生」というのはもうないのですよ、ということで慶應義塾が再出発をして——本当の出発をして、来年で一〇〇年ということですから、福澤先生没後一〇〇年間、われわれも含めて残された社中は、今までどうやって立派な姿になってきたのか。またそれを思うと、これからの一〇〇年、慶應義塾はいかにあるべきか、ということを考えさせられる。それが来年の福澤先生没後一〇〇年を記念する意味であろうかと思います。

以上で私の話を終わらせていただきます。

（二〇〇〇年五月十三日、婦人三田会総会でのスピーチ）

世紀の送迎

明治三十四年(一九〇一)一月一日、二十世紀の幕が開かれた時、多くの人々は、これからも限りなく文明の進歩が続く〝バラ色の新世紀〟を迎えたと感じたであろう。十九世紀が二十世紀に引き渡した人類の文化的遺産はまことに壮大なものであった。自由平等の思潮、自治民権の主張、個の確立などは、すべて十九世紀の時代精神を表わすキーワードであった。産業革命の成果として出現した蒸気機関、汽車汽船、電信電話、ガス灯電気灯などは文明社会のシンボルであった。

明治三十三年の歳末、除夜から翌三十四年の元旦にかけて、慶應義塾の学生たちは東京三田の校庭に集まり、福澤諭吉をかこんで「世紀送迎会」を開いた。その集会で、若手教員の一人は、世紀の送迎を総括して次のように述べている。

「十九世紀の果たした役割は、中世的迷信と専制を打破し、また人類の物質上の福利を増進することにあったといえよう。そして二十世紀の果たすべき役割は、人権の発達をさらに進めて人道の発揮に導き、人民の自治を広めて人類の共存に高め、物質の快楽のみに満足せず精神の快楽を重んずる方向に今後の文明の進路を定めることにあるだろう。二十世紀の前途は洋々たるものがある。

幾多の未解決の問題はあっても、人類永遠の運命から思うならば、それは船のへさきを洗う春の波のようなものである。衝突も革命もただ文明の船を進める風にすぎない。」

いま、二十世紀の歴史を振り返りその明暗を検証するとき、ここに引用した二十世紀への希望は必ずしもそのとおりにならなかったことは明白であろう。

さて、次の世紀送迎をわずか一年さきにひかえた現在、私たちは二十世紀をどのように総括したらよいであろうか。前世紀から引き継いださまざまな社会思潮——社会主義共産主義、自由主義民主主義、国家主義全体主義、国際主義グローバリズムにテロリズムも加わり、それらは世紀を通じて互いに激突し、その争いはまだ決着をみていない。

世紀の前半には自動車、映画、ラジオが文明生活のなかに定着し、後半には航空機、テレビ、家電製品、パソコン、携帯電話がこれに加わった。医療の進歩、社会保障の拡充もあって人々の生活はさらに幸福になったといえよう。しかし今世紀に発生した地球人口の急増、高齢化少子化の問題、環境・資源問題、社会規範の崩壊傾向等々は、これを今世紀中には解決することができず、そのまま二十一世紀へ先送りする始末となってしまった。

二十世紀が次世紀に引き渡す〝資産〟のなかには人類にとって大きなプラスとなるものがもちろん数多くある。しかし扱い方によっては、大きなマイナスをもたらすおそれのある厄介な〝資産〟もこれまたたくさん含まれている。二十一世紀を担う人類の良心と理性と英知とによって、二十世紀から継承した遺産が巧みに対処され活用され、これを基盤に新世紀の〝創造〟が花を開き、洋々たる前途をもつ二十一世紀の一〇〇年が展開されていくことを熱望するものである。

（「文藝春秋」二〇〇〇年二月臨時増刊号）

十九世紀から二十世紀へ——慶應義塾の学生による世紀送迎会

学生主催の世紀送迎会

十九世紀も残すところ数日となった明治三十三年（一九〇〇）十二月二十八日のことである。東京で発行されていた日刊紙「時事新報」の十一面に珍しい広告が掲載された。それには「第十九・第二十世紀送迎会。三十一日夜八時ヨリ本塾ニテ開会。会費六十五銭。来会者ハ来三十日迄ニ寄宿舎へ御通知ヲ乞フ。同窓諸君ノ来会ヲ望ム。慶應義塾学生」と記されてあった。時事新報は福澤先生が創刊した新聞であったから、福澤先生の動静、慶應義塾の行事などを報道する記事が紙面に現われることは頻繁であったが、義塾の学生がその紙面に広告を出すことは稀であったと思われる。

予告どおり十九世紀最終の日、明治三十三年十二月三十一日の午後八時から、東京三田の慶應義塾では、学生の発起による「世紀送迎会」が開かれた。そのころの「慶應義塾学報」（いまの「三田評論」の前身）および「時事新報」は、「来会するもの福澤先生を始め義塾出身者現在学生等五百余名」と報じている。

当時の慶應義塾は、すでに一貫教育の体制として、幼稚舎（小学校）六年、普通部（中学校）五年、大学部（専門学校令によるもの）五年（予科二年本科三年）という〝六・五・五制〟をとっていた。

大学部は文学科・理財学科・法律学科・政治学科に分かれていたが、その学生数はいまから見るときわめて少なかった。新世紀最初の年、明治三十四年（一九〇一）四月に、大学部は第九回の卒業生を世に送っているが、その人数は文学科三人、理財学科二十四人、法律学科五人、政治学科四人、合計三十六人にすぎなかった。大学部一年生から五年生までを合わせても大学生数は二百人程度であり、普通部・幼稚舎を加えても、塾生総数は千二百人前後で、校舎はすべて三田に集まっていた。それだけに、全塾学生の一体感は自《おのず》から強かったことと思われる。

そのころ、のちの経済学部長、文部大臣、日本芸術院長の高橋誠一郎は普通部三年B組に在籍し、のちの塾長小泉信三は御田小学校の生徒として、三田四丁目の家から塾の弓術部の道場に出入りしていた。しかし、二人とも世紀送迎会には出席していないようである。副社頭小幡篤次郎は三田山上に住居を構えていたが、このときは伊豆地方旅行のため年末年始は不在であった。

この世紀送迎会の開かれた二年ほど前、明治三十一年十一月、塾生の自治会がつくられた。自治規約は全塾を対象とすると規定され、各クラスに委員がおかれ、その中から特務委員が大学部から三人、普通部から二人選ばれることとなっていた。自治会の委員には、後年、塾の内外で有力者となったつわものが大学・普通部を通じてひしめき、月刊機関誌「三田評論」を発刊して気勢をあげていた。このような背景の中で、学生の発起する世紀送迎会が開かれたのである。

なお、この「三田評論」は、いまの「三田評論」とは全く関係のない、学生の機関誌であったが、惜しくも明治の末に廃刊となった。

「送迎会」のプログラムは三部に分かれ、第一部は午後八時から「大広間（会議室）」を会場として開かれ、十人あまりのスピーチ等があった。第二部は会場を「新講堂」に移して食事が提供され、会場の壁面には新旧世紀のコントラストを表わす風刺画が飾られていた。第三部は校庭を会場として、かがり火をたき、カンテラをともし、除夜の正十二時を中心に、さまざまな寸劇や仕掛花火などがくりひろげられ、一九〇一年一月一日午前〇時二十分、世紀送迎会はフィナーレとなった。

「学生」としてスピーチを行ったのは、理財学科五年（最高学年）の荻原純一、政治学科五年の堀内輝美、政治学科三年の板倉卓造、法律学科三年の荻野萬之助、西環の五人であった。最初に開会の趣旨をのべた荻原は愛知の出身で、自治会の幹部として活躍し、卒業後は東京に残って実業に従事した。理財学科の同級生には加藤武男（のちの三菱銀行頭取）らがいる。堀内は土佐出身で、在学中演説コンテストで甲賞をとり、作文の成績も優秀で、卒業後は塾に残り、寄宿舎舎監を務め、小泉信三塾長のもとで理事となった。板倉は広島出身で、自治会では〝天耳〟のペンネームでその機関誌に力強い評論を寄せ、のちに慶應義塾の法学部長、時事新報主筆、塾評議員会議長となって、塾内に重きをなした学者である。荻野は東京出身で、卒業後台湾で活躍し、『海外三年』『新理想』などの著書がある。西は島根出身で、不幸にして卒業後間もなく没した。

「義塾出身者」として演説をしたのは六人で、そのうち三人は塾教員で、塾長鎌田栄吉（明治八年卒)、教頭門野幾之進(明治二年入塾)、教員菅《すが》学應(明治二十四年別科卒、同二十七年大学部文学科卒)であった。他の三人は福澤一太郎(明治十五年本科卒)、山名次郎(同十八年正科卒)、後藤周造(同三十二年大学部理財学科卒)であった。福澤一太郎は福澤先生の長男である。山名は卒業後、官界実業界で活躍したが、のち義塾の嘱託として塾生の就職、塾の募金に大きく貢献した。後藤は卒業後、実業に従事し、南洋ゴム常務などをつとめた。

スピーチのほか、冬休みでそれぞれの郷里に帰省中であった金沢冬三郎《とうさぶろう》(政治学科三年、埼玉県鴻巣出身、のちの大日本製糖専務、慶應通信社長、慶應倶楽部会長)、堀切善兵衛(理財学科三年、福島県飯坂出身、のちの衆議院議長、駐イタリア大使)等からの祝電が披露された。金沢、堀切はいずれも自治会の幹部であった。

また、スピーチとは別に、普通部主任林毅陸(明治二十五年正科卒、同二十八年大学部文学科卒、のちの衆議院議員、塾長)の「祝文朗読」があった。

これらのスピーチ等の中で、門野幾之進の演説と、林毅陸の祝文だけは、記録がのこっているので、次にその一部を紹介する。

世紀送迎会における林毅陸の「祝文朗読」

林毅陸の読み上げた「祝文」は文語体の美文であった。それは次の一節で始まった。

「多事なる十九世紀は愈《いよいよ》逝きて、洋々たる二十世紀は茲に来れり。一日の暮、一年の始、なお多少の感慨なき能わず。いわんや今、世紀の送迎に際し、誰か万感の交《こもご》も至るなきを得ん。」

いま往事を追懐すれば、十九世紀は実に人類史上、最も多事多忙の時代であった。

「多謝す、好漢ナポレオン。光輝ある十九世紀の序幕は汝に依って開かれき。自由の美名の下《もと》に犯されたる罪悪と残忍とは今問わずもあれ。」

中世以来鬱結し居たる満天の妖霧を打ち払って、以て晴朗なる十九世紀の天地を開いたのは、実に革命の力であった。自由民主の新精神は到る所に迷信を砕き専制を倒し、メッテルニッヒもこの新傾向を防ぐことはできなかった。

ルイ・ナポレオンも十九世紀の花形役者であった。イタリアのカヴール、ドイツのビスマルク。その老猾、冷血を責めるなかれ。十九世紀の一大思想たる国民主義は、彼等によって最も明らかに現実のものとなったのである。快男児ガンベッタ、大平民グラッドストーン、老軀フランスの国難に投じたチエール、配流の身となったユージン皇后、赤十字の基を開いたナイチンゲール、いずれも十九世紀の花であるといえよう。モルトケ将軍（独）、ネルソン提督（英）。その英風はわれらをふるいたたせるものがある。

ヘーゲル、ショーペンハウエル、コント、ミル、ダーウィン、スペンサーは宇宙の真理を開き人生の幽玄を究め、十九世紀の思想界に大革新を起こした。ゲーテ、テニソン、ユーゴー、バイロン、「われ、豈汝《あになんじ》を忘れんや。」「汝はげに塵の世の救世主」であった。シェリーの幽婉、キーツの清楚、これまた清灑な福音を伝える天使といえるだろう。

「されど心に記せよ。」「十九世紀の文明は自然科学の勝利」であった。哲学においても観念論《イデアリズム》は積極論《ポジテイビスム》（実証主義）に屈服し、政治も経済も経験学派が勢力を占めるにいたった。

フルトンの汽船、スティヴンソンの汽車。電信・電話、十九世紀の文明が社会に革命を起こし、人類に福利を与えたことは数え尽すことができない。スエズ運河の大工事を見よ。ニカラグア運河の工事も進んでいる。科学の力は山をうがち、海をひるがえし、造化を駆使して人類の奴僕たらしめている。誰かアレキサンダーを大征服者というか。科学者は更に大きな征服者ではないか。誰かナポレオンを大革命者というか。発明家は更に大きな革命者ではないか。心に記せよ。十九世紀の最大光彩は実に科学の進歩およびその応用に存したのである。

然しながら十九世紀の文明は、確実に「暗黒なる半面」を有していた。十九世紀は政治上の平等を打ち建てたが、その物質上の進歩は却って貧富の不平等を起こしたのである。十九世紀は、政治上および思想上の奴隷を救うことで始まったが、経済上および物質上の奴隷を作ることで終ってしまった。

「肉肥えて心愈々《いよいよ》飢え、智進みて不平益々燃ゆ。」二十世紀はこれをどう解決しようとするのであろうか。弱肉強食の惨劇は依然行われ、人種的憎悪は、現に非道暴虐を行わせてやまない。共和博愛の春風はいずれの日に吹いて来るのであろうか。

いま、ヨーロッパにおいては独墺伊の三国同盟、英露両国の利害の衝突、これが十九世紀末の政治的難問である。アルサス・ローレーンの地名はフランス人の耳には常に沈痛にひびき、バルカン半島は依然として東欧の伏魔殿である。しかも、この低気圧はヨーロッパばかりか、わが極東にまで及び、北清《ノースチャイナ》の風雲は暗く、一寸先も予測できない。「朕の後に洪水あらん」といったルイ十四世のことばは、今日にもあてはまる「好予言」である。二十世紀は如何なる演技を日本国民に行わせようとするのであろうか。日本国民は如何なる覚悟を以ってこの大舞台に立とうとするのであろうか。

思うに十九世紀の文明の主な職務は中世的な迷信と専制とを打破し、それとともに人間物質上の福利を増進することにあった。そしてこれからの二十世紀の文明が執るべき進路は「人権の発達から人道の発揮へ」「人民の自治から人類の共和へ」「物質の快楽から霊精の幸福へ」と向かうものでなくてはならない。

「逝けよ十九世紀、汝は能くその職務を尽したり。来れ二十世紀、汝の前途は洋々たり。」幾多未解決の難問題はあるにせよ、これを人類永遠の運命から思えば、すべては船のへさきを洗う春の波の類である。衝突も革命も、ただ文明の船を進める風に過ぎない。

「ああ、セダン、ああウォータールー、逝けよ逝けよ。十九世紀を飾った英雄佳人、文豪巨匠、逝きて永遠の眠りに就けよ。」成敗得失は、かげろうの戯、水上の泡のようなものである。千波万波みな共に消え去って、「洋上とこしえに青し」である。いずれにせよ、彼等が注《そそ》いだ汗と血と涙は、一滴も無駄にならず、すべて十九世紀の文明の花を培養し、ますますその花を大きく、美しいものとするのに役立ったのである。彼等は敵といい、味方といい、或いは筆を用い或は剣を取り、或いは表面に現われ或いは無名の英雄となり、千差万別の形態を現わしてはいるが、十九世紀文明の花園において、その園丁として意識無意識のうちに、その花の根を養ったことにおいては同一である。その花は盛んに育ち、千百の枝に分かれ、まさに〝爛漫〟の花盛りになりつつある。十九世紀よ、逝きて無窮の墓中に眠れ、いま我等は、ここに謹んで、其の愛すべき花を相続する。我等はこの花をさらに培養する義務を決して忘れないであろう。

ああ、満堂の「わが党の士」よ、四千余年伝え来り、偉人傑士の手に養われた、この文明の花をここに相続するにあたり、諸君の感慨は果してどうであるか。顧みれば、わが日本帝国は十九世紀の後半以来、孜々《しし》として各種の改革に努め、史上に類のない長足の進歩をとげた。しかし、一方ではまだ前世紀からの余弊遺物は決して少なくない。旧思想旧制度、旧習慣、腐敗汚物は、社会の到るところに堆積しているではないか。新しい二十世紀の文明の発達を図るには、まず、この汚物を一掃することに着手すべきである。諸君、慶應義塾は、由来、「文明軍の勇士」を以って自任しているではないか。

「願わくば、ここに十九世紀を送りて二十世紀の新天地を迎うるに当り、わが党の抱負をして特に明赫雄大ならしめよ。」

以上が林毅陸が読みあげた祝文の要旨である。林はのちに塾長在任当時、世紀送迎会を回想し、

「当夜は旧思想旧道徳一掃の寓意的催物もあり、旧偶像が焼き払われた其の跡に〝二十世紀〟の大文字が仕掛花火にて現われ出ずるなど、実に印象深き会合であった」とのべている。

林の祝文は「慶應義塾学報」三十五号（明治三十四年一月号）に「逝けよ十九世紀」と題して掲載され、さらに『弘堂講話集』（昭和八）に収録されている。

世紀送迎会における門野幾之進のスピーチ

門野は「学生諸君が今夕ここに世紀送迎会を催さるるに付、小生にも出席して何か述べる様にとの御需めに依りまして」と前置きして、次のように語った。

僅か二、三時間のうちに過去の歴史のなかに葬られる十九世紀は、世界文明の進歩に於ける如何なる章句（チャプター）を作ったのであろうか。今まさに産声を発しようとしている二十世紀はどのようなチャプターを作るであろうか、と問いかけ、これをつぎのように特徴づけている。

およそ世の中の進歩というものは、あらゆる事物が互いに作用しあって進歩する。一つの事物の進歩は、必ず他の事物の進歩を促すものである。十九世紀は百事の文明を進めたに相違ないし、二十世紀も等しく百事の文明を、この上さらに進めるにちがいない。しかし、問題は十九世紀の進歩の特質、二十世紀の進歩の特徴は何かということである。例えていうと、小児の成長は、年々、心身の全部が同時に発達する。手も伸びれば足も伸びる。それと同時に智恵も増すし感情も発達する。

しかし、成長の時期によって、或る時期には特に身長が伸びる。また或る時期には特に精神が発育する。それと同じように、文明進歩の歴史にも、それぞれの時代時代によって、おのおの特質、特徴があるに違いない。

まず、さかのぼって十九世紀の前の十八世紀を見てみると私は十八世紀は「原理発見の時代」であったと思う。もちろん、キッカリ一七〇一年から一八〇〇年までと区切るわけにはいかないが、十八世紀の前後を少しひろげて、大体一六〇〇年代の半ばから一八〇〇年代の初めごろまでを「一つの時代」としてみるならば、今日の諸科学の基本的原理の発見（ディスカバリー）は、みなこの時期に起きている。

ここで門野は、一六〇〇年代の初期にイギリスのフランシス・ベーコン、フランスのデカルトが古代の神学的な迷想を廃して実験科学の基礎をひらいたのにつづいて、各分野でディスカバリーをなしとげた一三人の名をつぎのようにあげている。

ニュートン（Sir Issac Newton　英　一六四二―一七二七　物理学）、パスカル（Blaise Pascal　仏　一六二三―一六六二）、ガリレオ（Galileo Galilei　伊　一五六四―一六四二　物理学）、ラヴォアジェ（Antoine Lavoisier　仏　一七四三―一七九四　化学）、ガルヴァーニ（Luigi Galvani　伊　一七三七―一七九八　電気）、フランクリン（Benjamin Franklin　米　一七〇六―一七九〇　電気）、リンネ（Carl von Linné　スウェーデン　一七〇七―一七七八　植物学）、クービール（Baron de Georges Christien Dagobert Cuvier　仏　一七六九―一八三二　動物学）、ウィリアム・スミス（William Smith　英　一七六九―

一八三九 地質学)、ヘルセル(Sir Frederick William Hershel 英 一七三八―一八二二 天文学)、ラプラース(Marquis de Pierre Simon Laplace 仏 一七四九―一八二七 天文学)、ルイベンホック(解剖生理学)、ハンター(John Hunter 英 一七二八―一七九三 解剖生理学)

このように、各方面の学者の名を紹介していることも、門野の博識の表れである。

門野は十八世紀を総括して、「文学も発達し、政治宗教の改善もあったが、『時代の象徴』は学理の発見にあった」と結論づけている。

それでは十九世紀は如何なる時代であるか。十九世紀は「機械工夫」の時代と称することができよう。即ち十八世紀が「ディスカバリー」の時代であるとすれば、十九世紀は「インヴェンション」の時代である。もちろんこの世紀に学理の発見、科学の進歩がなかったというのではない。すべての科学は十九世紀にも非常な進歩をした。ダーウィンやヘッケルの「進化説」のごとき、モールの「勢力不滅説」のごとき、パスツールの「醱酵原理」のごとき、ほとんど関係科学を転倒させる大発見であった。しかし、なんといっても十九世紀の特徴は、前世紀以来発見された学理を応用して、人間生活の実用に供すべき諸機械の工夫が飛躍的に増進したことにある。「ワット」が蒸気機関を発明したのは、十八世紀半ばのことであるが、汽車汽船をはじめ数限りない各種の機械に蒸気機関を応用したのは十九世紀のことである。いまの英国で、製造・運輸等の諸機械に使用する石炭のエネルギー量を人間の労力に換算すると、四億人分の労働力に相当するということである。英国の人口は四〇〇〇万弱であるが、一人で十人分の働きをしている勘定になる。英国の富強も当然の結果である。電気力の応用も十九世紀に始まったことで、電信・電話・電灯の発明はここ四、五〇年間におきている。このように十九世紀は各種の文明が進んだなかで、特に機械の発明応用が進歩したことが特徴である。

さて、今まさに来らんとする二十世紀は果して如何なる進歩を計るべき世紀なのであろうか。十八世紀の学理発見、十九世紀の学理応用・機械発明のあとを受けて、二十世紀はこれらの物質文明発達の成果を活用して、人事百般の改良進歩を計るべき世紀である。すなわち、政事・文芸・宗教・道徳・法律等の社会全体の改善進歩に努めるべき世紀である。もとより、今日の社会を、一〇〇年二〇〇年前の社会と比較すれば、非常な進歩をしていることは明らかである。しかし、人事百般社会全体の進歩は、自然科学の進歩、物質界の大変動にくらべれば誠に遅々たるものである。二千年前、現在のような天文学・地質学の知識もなく、宇宙についての荒唐無稽な〝妄誕〟が信じられていた時代につくられた宗教が、今もって行われているではないか。今日最も善美な政治形態とされている代議政体なるものも、実は汽車汽船もなく電信・電話・新聞・印刷もなく、字を知るのは僧侶のみとされていた「サクソン時代」の遺物ではないか。

かくまで自然についての知識がすすみ、かくまで有形の事物が変化した現在の世の中に、社会全体、人事百般が千年、二千年の旧物を温存尊崇して居るとは不思議千万である。故に私は二十世紀は人事の変動進歩が重なる事業となる世紀であると信ずるのである。それでは、政事はどのように変わるのか、宗教はどうなるのか、法制法律、経済商業はどう変わるのか。

門野は以上のような二十世紀観をくり返しくり返し説明したあと、「われわれは諸君とともに、今から二十世紀の人となってこの問題を解釈しようと欲するものであります」と結んでいる。

門野のスピーチは「慶應義塾学報」第三十六号（明治三十四年二月号）に「明治三十三年除夜・世紀送迎会に於て」と題して掲載され、のちに『門野幾之進先生事蹟文集』（昭和十四年刊）に再録されている。

独立自尊　新世紀を迎う

世紀送迎会も無事終った明治三十四年（一九〇一）一月一日、福澤先生は〝元旦試筆〟を思い立ち、その文字の選定を塾長鎌田栄吉に求めた。鎌田は世紀送迎に因み「〇〇〇〇送旧世紀　□□□□迎新世紀」という八字の対句を考えたが、新世紀を迎える八字は「独立自尊　迎新世紀」がすぐ浮んだが、旧世紀を送る八字は好い文句がなかなか思い当たらない。とりあえず「独立自尊　迎新世紀」（独立自尊新世紀を迎《むか》う）の文字を福澤先生に示すと、先生は喜んでこの八字を大きく紙本に揮毫した。

二日後の一月三日、先生はこの書いたばかりの「独立自尊迎新世紀」の一幅ともう一本、旧作の「福翁百話に題す、一面真相一面空　人間前事邈無窮　多言去君君休笑　亦是先生百戯中　題福翁百話巻首」の一軸とをたずさえて、午後三時から芝公園紅葉館でひらかれた交詢社の新年会に臨んだ。先生が持参した二軸は参会者の希望によりくじ引きで頒ち与えられた。

「一面真相一面空」の書幅は藤野近昌の手に渡った。藤野は群馬県館林の出身で、明治十一年二月三日慶應義塾に入社している。明治二十三年、塾員に特選された。かつて北海道炭鉱鉄道会社の支配人を務めたことがある。

「独立自尊迎新世紀」の一幅は、美澤進が獲得した。美澤は岡山県の出身で、明治十年、慶應義塾本科を卒業、長く横浜商業学校（横浜市立大学の前身）の校長を務めた。この軸は美澤の家に秘蔵されていたが、最近慶應義塾に納められたとのことである。

この紅葉館の席に、小幡篤次郎、門野幾之進、石河幹明、戸張志智之助、福澤一太郎、志立鉄次郎、岡本貞烋等七〇名が出席し、福澤先生は来会者と愉快に談笑したあと、午後四時すぎ退席された。石河の記述によれば、先生は「一足先に御免を蒙るとて退席せらるるとき、一座を顧みて『ご覧の如く病気も最早全快したから、いつでも遠慮なく宅においでなさい』と幾度も繰り返して帰宅せられた」とのことである。

しかし先生は、その月の二十五日に病気再発し、二月三日に逝去されたのである。先生は十九世紀を充分に生き抜き、二十世紀にはわずか一ヵ月と三日しか足を踏み入れなかった。しかし、ふたたび世紀の送迎を目前に、先生没後一〇〇年を迎えようとしているこんにち、福澤先生の残された思想・精神は、世紀を超えてなお脈々と生きつづけているのである。


（『三田ジャーナル』二〇〇〇年十二月十五日号）

慶應義塾の周年行事

慶應義塾社中では、これまで、いわゆる〝節目の年〟には、それぞれ記念の行事を催し、その都度、意義ある記念行事を展開している。まず、挙げられるのは、明治四十年（一九〇七）の〝創立五〇年祭〟である。このときは福澤先生はすでに没し、福澤のよき協力者として塾長・社頭をも務めた小幡篤次郎先生（一八四二〜一九〇五）も世になく、門野幾之進先生も教頭の職を去り、一人のこされた鎌田栄吉先生が塾長として社中の結束に努めていた。その点からも、五〇年祭開催は重要な意味があったといえよう。

〝創立五〇年祭〟は四月二十一日、三田の大学部校舎の大講堂で開かれた。大ホールはまだできていなかった。来賓として演説したのは、東京市長尾崎行雄（塾員）、米国大使ライト、文部大臣牧野伸顕、早稲田大学総長大隈重信らであった。祝典は三田で行われただけでなく、全国的に展開され、大阪・京都・神戸・名古屋・仙台・伊勢・弘前・福島・松山・関門・函館・小樽・室蘭・仁川・釜山の各三田会もそれぞれ祝賀記念会を開いている。

創立五〇年の記念事業は〝図書館の建設〟であった。この建設事業はなかなかの大事業で、企画・設計・募金・書籍蒐集等の段階を経ていよいよ建築に着工したのは式典の翌々年（一九〇九）であった。定礎式のときには、礎石の下の小さい穴に「慶應義塾五〇年史」「五〇年祭参列メダル」「五〇年祭絵葉書」などを「ガラス蓋の鉛製の小箱に収めて」埋めたと記録されている。

ゴシック風のレンガ作りの図書館は三カ年の工事期間を経て、明治四十五年（一九一二）四月、その美しい姿を三田山上に現した。これが、いまも慶應全体のシンボルであり、三田キャンパスの中で演説館とならぶ歴史的建造物となっている〝旧図書館〟である。このような、後世にのこる〝記念事業〟を創立五〇年にあたってなしとげられた先輩に対し、深く敬意を表すものである。

五〇年祭から七五年祭まで

五〇年祭（一九〇七）の次の祝典は昭和七年（一九三二）の「創立七五年祭」であった。このふたつの祝典にはさまれた二五年のあいだに、慶應義塾は大きく成長し、また同時に大きな課題をかかえることとなった。大正九年（一九二〇）、新しい大学令の制度にもとづいて、慶應義塾の大学部は文学部・経済学部・法学部・医学部の四学部（修業年限三年、医学部は四年）に予科（修業年限三年）、大学院（年限なし）を付設する総合大学としての「慶應義塾大学」となって新発足した。医学部および病院の新設によって現在の信濃町キャンパスができたことは、三田以外にキャンパスが発展していくさきがけとなった。

三田のキャンパスには図書館の竣工に続いて大講堂（大ホール）も落成し（一九一五）、施設も次第に充実していった。しかしその一方で学生の増加もあって、三田のキャンパスはいちじるしく窮屈になってきた。当時は、大学・大学予科・高等部・商工学校など、みんな三田山上に集まっていたのである。幼稚舎・普通部も三田地域にあった。

大正十五年(一九二六)林毅陸塾長は、〝三田の本塾は旧来の敷地の上に〟〝急激な大膨張〟をしたため、〝現在の各部学生を収容教育する〟には〝三田丘上はあまりに狭隘〟となった。〝現在の二階建を全部三階建に改め〟れば緩和できるかもしれないが、〝寧ろ現在の建物の一部を取り除いて〝庭園〟とし〝芝生〟とし、〝わが丘上の学園をして、いま少し余裕があり緑色あるものとする〟必要がある。もし郊外に適当な地があって「予科」を移すことができれば、青春発育の最盛期にある彼等予科生にも有益であり同時に三田丘上は現在の窮屈と混雑より救われ、〝大学学徒の研究思索に相応しい〟場所となり〝その一事直ちに大学教育の上に偉大なる好影響を与えるにちがいない〟と述べておられる。

林塾長の構想は〝日吉台建設〟構想に結実し、これが「七五年祭」の記念事業となったのである。

七五年祭と生誕一〇〇年祭

昭和七年(一九三二)五月九日、三田の大ホールで「創立七五年記念式」が行われた。式典には天皇陛下のご名代として秩父宮雍仁親王が軍服姿で臨席され、内閣総理大臣犬養毅(塾員)、文部大臣鳩山一郎、早稲田大学総長田中穂積、鎌田前塾長らの祝辞・演説があった。前年の九月にはすでに満州事変が始まり、この年の一月には上海事件がおこり、そろそろ〝自粛ムード〟も出ていたが、式典、展覧会、講演会、運動会、カンテラ行列はとどこおりなく行われた。しかし、五月九日の式典およびその夜の帝国ホテルの連合三田会に元気な姿を見せていた犬養首相は、わずか数日後の五月十五日の白昼、首相官邸に土足で乱入した海軍士官によって射殺されたのであった。日本の悲劇はもう始まっていた。

二年後の昭和九年（一九三四）十一月二日には「福澤諭吉誕生一〇〇年ならびに日吉開校記念祝賀会」が三田の大ホールで開かれた。式辞を述べたのは、前年林毅陸先生にかわって塾長に就任したばかりの小泉信三先生であった。グルー米国大使、クライブ英国大使も臨席する式典において小泉塾長はその式辞の中で、「(福澤）先生誕生一〇〇年の今日におきまして、先生が最も独立の安危ということを心配せられました日本国の隆昌は斯くのごとくであり、その隆盛なる日本の帝都のこの三田におきまして先生誕生一〇〇年の記念祭を催すことは、私共にとりましてこの上なき喜びでありますと述べられておられる。しかし、それからわずか十年ほどのあいだに、日本は英米を相手とする戦争に突入してしまったのである。

戦後はじめての記念式典——創立九〇年祭

終戦まだ満二年にならない昭和二十二年（一九四七）五月二十四日、慶應義塾では天皇陛下（昭和天皇）をお迎えして「創立九〇年式典」を挙行した。それは戦災と接収とによってその施設の四分の三を失った慶應義塾を昔にまさる盛んな学園に建て直そうとする社中の悲願を表明し、誓い合い、また、塾員以外の〝心ある人々〟にも訴えようとする意味をこめて挙行されたのであろう。

潮田塾長が式辞の中で述べているように、この年に新しく定められた憲法といい、教育基本法といい、その内容はいずれも義塾が九〇年来唱えてきたところと合致するものなので、いまこそ義塾がこの伝統の精神をもって国民の先導を務めなければならないという自負と使命感も、この九〇年祭の精神であったであろう。「今回の九〇年祭は義塾復興の門出」であって、十年後の創立一〇〇年の式典には「教育内容と設備外観と相まって、その歴史と栄誉とにはじることのない」発展を祝うようになりたいというのが社中のいつわらざる祈りの気持ちであったろう。

式典は三田の教室の中でわずかに焼け残った〝第一校舎〟を背に南側の空地に仮設された演壇を前にして行われ、広場には塾首脳部、教職員、塾員、塾生が多数つめかけ緊張のおももちで参列した。幸い当日は、快晴であった。式典にさきだち、塾監局の前に列んでモーニング姿の陛下のご到着をお迎えしたのは、潮田塾長、小泉前塾長、林元塾長らであった。式典は潮田塾長の式辞、島田孝一早大総長、南原繁東大総長の式辞に続き、五〇年祭のときには東京市長として挨拶を述べた尾崎行雄氏が今回は塾員代表として式辞を述べた。高橋誠一郎先生はこの日は文部大臣として挨拶を述べた。そのあと天皇陛下から〝お言葉〟があった。それは「慶應義塾が過去九〇年にわたり、わが国の文運に寄与して来たことを、深く満足に思う」に始まり、「福澤諭吉創業の精神を心として、日本再建のため、一層努力することを望む」に終わるものであった。

高橋先生は随筆の中で、「(式典の十日前)五月十四日、私は御陪食を仰付けられるという御召状に接して参内し、陛下の直ぐお隣に座を賜った。席が定まるや否や、陛下は私の方をお向きになって〝慶應義塾も創立九〇年の式典を挙げるそうだね〟と仰せられた。それについて当日御臨場を辱うすることの出来る光栄を感謝すると、やがて陛下から〝慶應年間に創設された慶應義塾が、もう九〇年になるのか〟という意味のご質問があった。私が、〝慶應義塾〟という名がつきましたのは慶應四年すなわち明治元年の四月のことでありますが、福澤先生が築地鉄砲洲に蘭学塾をひらかれましたのは、それより十年前、即ち安政五年のことでありますとお答え申し上げたのは言うまでもあるまい。ひとり陛下のみならず慶應義塾は慶應年間に創立せられた学校であると考えている人が甚だ多いようである。それはまた、実際無理ならぬことである」と書いておられる。

数え年か満年齢か

明治大学、大正大学、昭和大学などという名前をきけばだれでもそれぞれ明治年間、大正年間、昭和年間に創立された大学と思うであろう。〝慶應義塾〟というからには〝慶應年間〟の創立と思われるのは高橋先生のいわれるとおり無理もないことである。しかしそれとは別に、創立何年という勘定のしかたにも実は問題がある。慶應義塾創立記念の「五〇年祭(一九〇七)」「七五年祭(一九三二)」「九〇年祭(一九四七)」というのは、安政五年(一八五七)から数えると、満何年、満何周年でなく「何年目」という勘定なのである。人間でいえば〝満年齢〟でなく〝数え年〟で勘定しているのである。福澤先生誕生一〇〇年というのも、もちろん数え年である。ところが、戦後占領中のことであるが、昭和二十四年（一九四九）〃年齢のとなえかたに関する法律〃というものが公布され翌二十五年一月一日から施行された。それには第一項に〃国民は、年齢を数え年によって言い表す従来のならわしを改めて〃満年齢で〃これを言い表すのを常とするように心がけなければならない〃と規定し、附則には「政府は、国民一般がこの法律の趣旨を理解し、且つこれを励行するよう特に積極的な指導を行わなければならない」と定めている。

これ以来慶應義塾では、周年行事を〃満〃で数えるようになった。したがって創立一〇〇年祭は安政五年（一八五八）から満一〇〇年経った昭和三十三年（一九五八）に行われた。それは創立九〇年祭（一九四七）が行われてから「一一年」のちのことであった。

（「三田ジャーナル」一九九八年二月十五日号）

義塾の昭和史——その出発点

昭和の原点

昭和の時代が終わって元号が平成と改まった。テレビはそろって「昭和」を回顧する番組を編成し、新聞・雑誌は競って「昭和」とはいかなる時代であったかを問いかける記事・論説を特集した。これに対応して、「昭和の慶應義塾」を顧みたくなる気持ちは、われわれ塾員の心のどこかにあるかもしれない。しかし、いま、にわかに「昭和の慶應義塾」を描きあげるのは、まだその時期ではあるまい。それは、これから一日一日と遠ざかってゆく「昭和」を顧みる塾員ひとりひとりの心の中に、頭の中に次第に刻みこまれてゆき、そしてやがて定着してゆくべきものなのだろう。ここでは、「慶應義塾の昭和史はどのようにして始まったか」、その出発のころのありさまを点描するにとどめたい。

大正が昭和と改まったのは一九二六年のことである。昭和改元の「詔書」には、「ココニ定制ニシタガイ、元号ヲ建テ、大正十五年十二月二十五日以後ヲ改メテ昭和元年ト為ス」と示されてあった。続いて、十二月二十八日の「朝見ノ儀」において、昭和の新天皇は「勅語」を賜っておられる。さきごろテレビで放映された平成元年一月九日の「朝見の儀」における新天皇の平明な「お言葉」と違って、昭和の初めの「勅語」は硬い漢文調のものであった。それは、当時の時勢を反映する字句文章に満ち満ちていた。

「晩近《ばんきん》(ちかごろ)、世態ヨウヤク以テ推移シ、思想ハヤヤモスレバ趣舎相異ナルアリ、経済ハ時ニ利害同ジカラザルアリ」とあるのは、思想の相克、経済闘争、労働問題等が次第に激しくなったことを指したものだろう。

「今ヤ世局ハ正ニ会通《かいつう》(ものごとが集まって、またわかれてゆくこと)ノ運ニ際シ、人文《じんぶん》(人類の文化)ハアタカモ更張《こうちょう》(琴の糸をはりかえること)ノ期ニアタル」とあるのは、世界の局面が一大転換期に際会し、人類文化も見直しの時期にあることを指しているのであろう。そして、これに対し、日本の進むべき道としてしめされているのは次のとおりであった。

「則チ我国ノ国是ハ日ニ進ムニアリ、日ニ新ニスルニアリ、而シテ博ク中外ノ史ニ徴シ、審《つまびらか》ニ得失ノ迹《あと》ニカンガミ、進ムヤ其ノ序ニシタガイ、新ニスルヤ其ノ中ヲトル。コレ深ク心ヲ用ウベキ所ナリ」

「夫レ浮華ヲシリゾケ、質実ヲタットビ、模擬ヲ戒メ創造ヲツトメ、日進以テ会通ノ運ニ乗ジ、日新以テ更張ノ期ヲヒラキ、人心コレ同ジク民風コレ和シ、一視同仁ノ化ヲノベ、永ク四海同胞ノヨシミヲ敦《あつ》クセン」……

これが一九二六年に改元された「昭和」の原点であった。

一九二六年といえば、国際的には第一次世界大戦（一九一四〜一八）後のいわゆる英米主導のベルサイユ体制の矛盾があちこちに起こり始めたころである。そして、いわゆる思想問題、労働問題、社会問題は、日本をふくむ各国で尖鋭化していた。日本国内では、明治時代につくられた「体制」の矛盾が明治の元勲たちの凋落とともに、ようやく顕在化してきた時期であった。このような、内外多くの対立、矛盾をかかえながら「昭和」は出発しなければならなかった。「昭和の朝見の儀」の勅語は、まことに悲壮沈痛な「出発壮行の辞」であったともいえよう。

それ以後展開された昭和の歴史が、この原点からどのように離れ、どのように揺れ動き、そしてまた昭和最終の日にどのような所に到達したと見きわめるのか、それは、なおしばらく議論の続くところであろう。

昭和元年は福澤先生の没後二五年

さて、慶應義塾社中にとって、一九二六年、昭和改元の年は、福澤先生没後二五年の年であった。先生逝って四分の一世紀が経過した年であった。先生が六十六歳で亡くなられたのは二十世紀の第一年、明治三十四年（一九〇一）のことであるから、先生逝去のときに三十歳だった塾員は昭和元年には五十五歳。四十歳だった塾員は六十五歳。五十歳だった塾員は七十五歳という計算になる。従って当然のことながら、昭和改元のころは、社中の中に福澤先生から直接指導を受け影響を受けた多数の塾員がまだ健在であり、塾内はもとより、社会の各方面において活躍していた時期であった。

こころみに、昭和元年（大正十五）一月における慶應義塾の役員・首脳部の顔ぶれをみると、それは次のとおりであった。

社頭　福澤一太郎
塾長　林　毅陸
評議員会議長　鎌田　栄吉
理事　石田新太郎
理事　占部百太郎
文学部長　川合　貞一
経済学部長　堀江　帰一（同四月、気賀勘重と交替）
法学部長　神戸寅次郎
医学部長　北里柴三郎

いずれも在世中の福澤先生を知る人であり、その中には、福澤先生と特にちかしかった人も多い。そして評議員のなかには、福澤捨次郎、福澤桃介、小山完吾、井上角五郎、石河幹明、門野幾之進、波多野承五郎のような、福澤先生の側近ともいうべき人々が名を列ね、また、武藤山治、本山彦一、久原房之助、池田成彬、門野重九郎という当時の経済界の重鎮の名もみえる。

政界にあっては、犬養毅、尾崎行雄という福澤先生から常に叱責されたり保護されたりしていた塾員が現役の政治家として活躍していた。

これら「福澤直接の門下生」たちは、目を閉じれば先生の偉容が眼の底にうかび、耳をすませば先生の声音が耳底によみがえってくる人たちである。自分たち「直接の門下生」のいる間に、先生の思想を広く永く世に伝えることを図りたい。そして先生の偉業の中心であった慶應義塾を、いまのうちに大盤石の上に据えたい。これが、福澤直門《じきもん》の人々の悲願であったに違いない。中には、当時の塾の現状を憂いて、「昨夜は、福澤先生に叱責された夢をみました」という表現をした人（鈴木梅四郎）もあったほどである。

昭和改元の年（大正十五年）に、『福澤諭吉全集』全十巻が増補再刊され、またかねてから「福澤先生伝記編纂所」において資料の蒐集と検討にたずさわっていた石河幹明氏が、いよいよ構想をまとめて昭和改元の前頃から『福澤諭吉伝』（全四巻、昭和七年刊）の稿を起こしたのも、これらの先輩の念願の一端が実現したというべきであろう。

それでは、社中の悲願の中心であった慶應義塾の一層の隆盛と安定を実現するためには、昭和改元当時、義塾はなにをしなければならなかったのであろうか。どのような問題に直面していたのであろうか。ひとつは、当時、日本の教育界、あるいは世界の教育界全体がかかえていた問題に取り組むことであり、もう一つは、慶應義塾固有の問題、すなわち「施設の大改良」「学事の振興」「塾風の高揚」等に正面から取り組むことであった。

昭和初年の教育制度問題

平成のこんにちでも、学校制度の改善、受験戦争の解消、入試方法の改革はつねに大きな問題となっているが、昭和の初期にもこれらの問題は教育界ことに私学の上に大きくかぶさっていた。昭和二年、林毅陸塾長は「教育の実際化と画一打破」という論文（「三田評論」第三六〇号）の中で、これらの問題をするどく指摘している。

林塾長によればわが国の教育が国民生活の実際との調和を欠くに至ったのは、「画一主義」が最大原因である。かつ、文部省は政府の支配外に立つべき私立学校に対しても、種々の特権をもって「攻め道具」とし、例えば「兵役猶予、任官資格等の与奪を以って脅迫し、画一遵奉を強いるがゆえに弊害はいよいよ大きくなる。」今日はもはや文部省が教育界のローマ法王を気どるべき時節ではない。政府介入による画一の弊を断然一掃せねばならない。しかも画一主義の弊は、現在の学校系統組織が、分権主義を採用せず、もっぱら大学中心主義をとっているところにも現れている。大学中心主義は予備校主義である。小学校は中学の予備校となり、中学は高校の予備校となり、高校は大学の予備校たらしめている。かくして大学以外のものは、それ自体の本来の趣旨目的とはなれて、上級学校への受験準備所となり、実際生活と離れた教育を行っている。そしてまたそれは「試験地獄」を生み、「受験失敗者」を製造している。

これらが林塾長の論旨の一端である。

私学の特色を出そうとする慶應義塾は、官学との差別、政府の介入、画一主義の強制等から脱却するために「昭和初期」「戦時中」「占領時代」そしてそののち現在にいたるまで、昭和の全期間を通じて戦わなければならなかったのである。

キャンパス拡大の構想

福澤先生が残された三田の校地に、医学部以外、幼稚舎から大学までのすべての学校を収容してこれを守ってきた先輩たちは、大正の末期には、林塾長を中心に、「郊外に一大敷地を用意する」構想を持つにいたった。昭和改元の年、林塾長は「三田丘上の復旧及整理」(「三田評論」第三四八号)の中で、「三田の本塾」の「敷地そのものの余りに狭隘」であることを社中に訴え、現在の二階建てを全部三階建てにすれば相当緩和できるかもしれないが、「予は寧ろ、現在の建物の一部を取り除きて庭園となし、芝生となし、わが丘上の学園をして、いま少し余裕あり緑色あるものとならしむる必要ありと考える」、大学の一部(予科)を郊外に移して青春発育の最盛期にある青少年のためをはかり、同時に三田丘上を大学学徒の研究思索にふさわしい場所にしたい、と述べている。

この構想は、昭和二年、学内の委員会設置となり、昭和三年には、日吉台の取得が内定し、これから日吉台キャンパスの建設が始まったのである。

この決断を下した当時の諸先輩は、福澤先生から〝相続〟した三田の山のほかに、新たなキャンパスを建設して後世に残すことに、ひとつの安心と満足を覚えたことであろう。

この日吉台キャンパスも、また一時ゆとりのできた三田キャンパスも、昭和中期後期にはふたたび狭隘になった。そして「昭和」も終わりに近づいたころ、湘南藤沢キャンパスの敷地、ニューヨーク学院（高等部）の敷地が取得され、これを「平成」の時代に受け継ぐことになったのは、まさに時代の区切りを感じさせるものがある。

学事の振興と塾風の高揚

慶應義塾では、すでに明治時代から海外留学生派遣の制度があったが、大正末期から昭和初年にかけては、特に多くの俊秀が、義塾からヨーロッパに派遣された。これを可能にしたのは、当時のヨーロッパ通貨に対する円高が幸いしたのかもしれないが、この機会を活かしたのは当局者の英断であった。これら若手教授は、豊かな研究成果をあげて相次いで帰国し、塾の教壇に立ち、やがて昭和十年代の経済学部・法学部等の黄金時代を築くのであるが、昭和の初めは、まさにその養成期であったといえよう。そしてこのようにして築かれた義塾の学統は、伝えられ受け継がれて、「昭和」を越えて「平成」の時代に及んでいるのである。

一方、福澤先生の遺風が消滅することをおそれた大先輩たちは、『福澤諭吉伝』の編纂と平行して、昭和四年には大阪に「福澤先生誕生地」記念碑を建て、大分県中津の福澤先生旧宅の傍らに記念館をつくり、さらに、あらゆる機会をとらえて、先生を記念する展覧会、講演会を開くなど、先生の偉業の顕彰に努めた。このような行事の伝統は、こんにちも連綿として引き継がれている。

また、新しい時代に向けて塾風の一層の高揚を図り、塾生の士気を高めるためにスポーツの振興が図られた。昭和改元の前年、ひさしく中絶していた早慶野球戦が復活された。そして、六大学野球リーグ戦の熱はいよいよ高まり、昭和二年、新応援歌「若き血」がつくられ、翌三年には、カレッジソング「丘の上」が発表され、昭和四年秋には「天覧早慶野球戦」が行われるまでにいたった。以来こんにちまで六十余年、「若き血」「丘の上」は、「平成」の世においても「昭和初年の傑作」として、歌い継がれてゆくことであろう。

昭和の重み

昭和の改元から平成の改元までの六十余年間、慶應義塾はさまざまな試練を乗り越えてきた。創立九〇年祭、創立一〇〇年祭、創立一二五年祭の節目節目を越えてきた。義塾一三〇年の歴史のうち、「昭和」は、まさにその二分の一近くを占めている。福澤先生没後の八八年間の中では、「昭和」はその四分の三近くを占めている。義塾の歴史のなかで、「昭和」の時代は誠に大きな重みをもつものといえよう。「平成」の慶應義塾は、その重みを受け継いでさらに発展してゆくのである。

（「三田ジャーナル」一九八九年二月十五日号）

「平成」を迎えて

国民哀悼のうちに長い昭和の時代が終わった。テレビ・新聞等が一斉に報道したように、終戦直後、日本全土が戦禍に打ちひしがれていたときに、いまはなき先帝陛下は、各地を巡幸されて国民をはげまされたのであった。昭和二十二年には、慶應義塾にもお出ましがあり、「慶應義塾が過去九〇年にわたり、わが国の文運に寄与して来たことを、深く満足に思う。戦災その他により学業および経営のうえに、幾多の困難があると思うが、福澤諭吉創業の精神を心として、日本再建のため一層努力することを望む」というお言葉を賜った。義塾創立九〇年祭が廃墟の三田山上で行われたときのことであった。

それから三十有余年、昭和の時代が終わるまでに、義塾は完全に戦災からの復興を了えさらにあらたなる発展をなしとげた。昭和三十七年、戦災復興のひとつの節目となった義塾創立一〇〇年祭のおり、新装の日吉記念館に義塾はふたたび陛下をお迎えすることができた。そしていま、義塾は未来への大きな展開の計画をいだきながら、昭和の末日をむかえたのである。

長年したしんできた昭和の元号とわかれるのには感傷をおぼえるが、新しい元号のもとに、新しい時代がひらかれてゆくのは、人の心をあらたにするものがある。

「平成」という新元号が発表されたとき、一部の新聞はつぎのような報道を伝えた。「平成」という元号は、かつて一度、案として候補にのぼったことがある。それは「元治」から「慶應」に改元されたとき（一八六五）のことだという記事であった。孝明天皇の元治二年、改元の議がのぼったとき、四一におよぶ「元号案」が提出されたなかに、「慶應」も「平成」も入っていた。そして、結果として「慶應」に決まったのである。

福澤先生が「慶應義塾」という命名を行ったのは、その前は世間では「福澤塾」というばかりで、塾の正式名称さえなかったので、「今より何か名を付けんとて、人にも物にも差支なき、其の時の年号にとりて慶應義塾と名づけた」といわれている。もし、「慶應」改元のときに「平成」が選ばれていたならば、義塾の名は「平成義塾」となっていたであろう。

ここに、「慶應」と「平成」とはなにかつながる縁があるように思えてならない。

「平成」は、一度は用いられなかったが、一二四年を経て、今度はめでたく昭和につぐ元号となった。「明治」は候補にのぼること一〇回目でようやく選に入り、「大正」は四回目、「慶應」は七回目で「元号」に選ばれている。「慶應」の二字が初めて元号の候補にのぼったのは、南北朝時代のことであるが、そのときは「應永」に決まった（一三九四）。それ以来、「文正」（一四六六）、「應仁」（一四六七）、「文明」（一四六九）、「天明」（一七八一）、「享和」（一八〇一）の改元にあたっても候補にのぼっている。

「平成」は「内平らかに外成る」(『史記』)、「地平らかに天成る」(『書経』)が出典だそうだが、「慶應」は「慶雲、輝きに應ず」(『文選』)が出典だそうである。いずれもおめでたい意味をもつ元号である。平成の時代に、慶應義塾はさらに輝きをまし、ますます発展することであろう。

(「三田ジャーナル」一九八九年二月十五日号)

大学部開設一〇〇年式典・記念講演

本日（一九九〇年九月二十九日）、慶應義塾「大学部」開設一〇〇年の式典に当たり、卒業生を代表してここに参列いたしますことは、塾員として、私の大きな光栄とするところでございます。

ただいま石川塾長からお話がございましたように、塵應義塾に大学部が開かれましたのは、いまからちょうど一〇〇年前、明治二十三年（一八九〇）一月のことでありました。その時福澤先生は五十七歳で、安政五年（一八五八）の福澤塾創設から数えますと、三二年目のことでありました。そしてこの大学部開設という出来事は、慶應義塾一三二年の歴史の中で、一つの大きな出来事、画期的な出来事であったと申してよろしいと存じます。

それでは義塾の歴史の中で、この大学部開設と並ぶような大きな出来事はいままで何回あったでありましょうか、それはまたどういう出来事であったでありましょうか。いろいろな見方があるとは思いますが、私は大学部開設を含めて、前後一〇回大きな出来事があったと思います。

その第一は申すまでもなく、安政五年（一八五八）の福澤塾の創設であります。第二の出来事は、それから十年たちました慶應四年（一八六八）に塾が新銭座に移り、「慶應義塾」と命名されたことであります。次に第三の画期的な出来事は、それからわずか三年後のことでありますが、明治四年（一八七一）に新銭座から三田に移転したことであります。そしてそれに続く次の節目、第四番目の出来事が、この明治二十三年の大学部開設であります。

これから大学部開設について申し上げるわけでありますが、その前にただいまの話の続きとして、義塾の歴史上、今日まで前後一〇回大きな出来事があったと申しましたが、それでは第四番目の大学部開設の後、五番目以下はどのような出来事があったかを、さきに簡単に申しておきたいと思います。

大学部開設のとき、福澤先生は数え年五十七歳でありましたが、それから一一年たちました明治三十四年、二十世紀の第一年目である一九〇一年二月三日に、福澤先生は数え六十八歳で亡くなられました。これによって慶應義塾は創立者を失い、改めて社中の結束を誓ったのであります。「福澤先生没せらる、慶應義塾も共に葬る可きか、否我々は之を葬るに忍びざるなり」[1]という社中の宣言が、当時の塾員の心を端的に表しておると思います。この福澤先生のご逝去が、義塾の歴史上、五番目の大きな出来事であります。六番目は大正時代に入って、大正九年（一九二〇）、慶應義塾は新しい「大学令」に基づいた大学となり、初めて自然科学系統の医学部を加え、総合大学の形態を整えたことであります。七番目は昭和時代に入り、昭和九年（一九三四）に日吉のキャンパスが開かれたことであります。それから藤原工業大学の設立などが続いて、いまから五〇年前、すなわち昭和十五年（一九四〇）に「大学部」開設五〇年を迎えたのでありますが、その頃はもう戦時色濃厚になっており、翌年戦争に入り、ついに昭和二十年(一九四五)には大空襲により義塾はその研究・教育施設のほとんどすべてを失うという打撃を受けたのであります。これは塾の歴史の上で大きな試練であって、これが第八番目の大きな出来事と申せるでありましょう。

次は戦後になりますが、昭和二十四年(一九四九)に当時の占領行政の下で、日本の学校制度が大きく変わります。この学制改革によって塾の大学もいわゆる新制大学に移行し、男女共学が始まり、塾の諸学校の体系も大きく変わりましたので、これが第九番目の大きな出来事であるといえると思います。それから今日まで、戦後の混乱、これを乗り越える復興建設と秩序の回復確立、学事の拡充整備、創立一〇〇年、一二五年の行事などが続いておりますが、何といっても塾の歴史の中に大きく残る第十番目の出来事というのは、本年湘南藤沢のキャンパスが開かれ、新しい二つの学部が設けられたこと、並びにニューヨークにKeio High School of New York 慶應義塾ニューヨーク学院(高等部)が開かれたことであります。この塾の歴史上記念すべき年に、「大学部」開設一〇〇年を祝いますことは、誠に意義深いことでして、皆様も定めしご同感のことと思います。

さてこれまで、一八〇〇何年に何が起きた、大正何年に何が設立されたというような年代と申しますか、クロノロジーのようなことを申し上げましたが、申すまでもなく一つのことが形に現れて起きますのは、決してそのとき突然に発生するものではない。長い間蓄積され、あるいは準備されていたものが、外部的条件の成立と内部的要件の成熟と一致したときに、初めて一つの出来事として目に見えて形に現れ、後の記録にも残されるのであります。

例えば、安政五年に福澤塾が開かれたと申しましたが、これはある時福澤先生が思いついて蘭学塾を開いたわけではありません。中津藩の藩士でありました福澤諭吉は幼少のときから中津にいて、封建制度の枠の中の生活が始終不平でたまらない。どうかして出て行きたいものだとそればかり祈っていた挙句に、十九歳三ヵ月のときに長崎へ蘭学修業に出掛ける。そして翌年勝手に大阪へ移って、緒方洪庵の適塾へ入門いたします。いったんは中津へ戻られるのでありますが、どうしても蘭学の勉強を続けたいということで、緒方洪庵のところへ再び入門するのであります。

そういういわば中津藩の中にあって異端児のようであった福澤諭吉に対し、その翌々年の安政五年には中津藩がわざわざ辞令を出して、「この度江戸鉄砲洲の中津藩邸に蘭学塾を開くことになったから、そこで蘭学を教えるように」と命じたのでありますから、安政の開塾というのは先生の発意というよりは藩の命令でありました。しかしこれは先生が四年間、何の目的もなくただ無我夢中に蘭学を勉学したその蓄積、内部的な発展要因が、幕末の新情勢の中での中津藩の新しい教育政策という、外部的要因に触発されて、ここに安政五年の開塾となったのであると思います。

明治二十三年に大学部が開設されたといいますが、これもやはり同様であって長い間の宿題だったわけであります。しかしこの大学部の開設によって、その時から今日のこの慶應義塾大学が約束されていたかと申しますと、決してそうではなかったと思います。実際は発足はしたものの、いろいろと初めのうちは試行錯誤、たくさんの問題の連続であって、当時のことを振り返りますならば、妙な言い方ではありますが、よくぞここまで発展したという感を深くするのであります。それにつけても塾の先輩方のご苦心に、敬意を表するものであります。

話は遡りますが、明治四年に慶應義塾は三田に移った。四〇〇坪の新銭座の学塾から、一万三〇〇〇坪の三田の旧島原藩邸に移ったのであります。この三田に移ってから十年ほどの間は、福澤先生は『学問のすゝめ』『文明論之概略』など、名著を次々に世に送られ、福澤の名は天下に高まり、それにつれて慶應義塾の名声も大いに上がり、卒業生と申しますか、福澤門下の人々に対する世の中の評価も、非常に高くなったのであります。

しかしながらよいことばかりは続きませんで、明治十年、十一年頃になりますと、だんだん廃藩置県やら、あるいは西南戦争の影響を受けて、慶應義塾は財政的に存亡の危機に立たされるのであります。先生は時の政府に働きかけて、政府から資金を引き出そうと願書を出されるのであります。なかなかこれが進展しない、どうもこの話は難しそうだという時に、先生は時々非常に乱暴な言い方をされる方でありますが、懇意な間柄の大隈重信大蔵卿に手紙を書いて、

「出願中の政府資金借入が駄目ならば、塾を潰すよりほか仕方がない、駄目であるならば駄目と早く返事をしていただきたい、そのつもりで塾を潰してしまうから早く返事をしてくれ」

と述べておられます。そして、

「次第に衰弱して斃《たお》るゝよりも、寧ろ生力《せいりよく》の慥《たしか》なる中に割腹いたし度、唯今塾を潰せば割腹の栄誉丈けは保存す可き哉に被存[2]」

というような極端なことを述べておられます。大隈参議も苦笑いをされたことだろうと思います。

しかし幸いなことにこの時も、社中の結束によって慶應義塾は切腹しなくて済んだのであります。このような状態でありますから、なかなか一気に設備の改良とか、教授陣の補充とかいうところまでは、手が回らなかったようであります。教授内容については、先生はアメリカ人や、あるいはアメリカ帰りの日本人に塾の授業振りを見てもらって、アメリカのハイスクールのようなカリキュラムを取り入れたりして、いろいろ工夫をしておられます。しかしなかなか立派な教育体系は出来上がらない。一方世間からは、相変わらず慶應義塾は大きく期待をされている。

森鷗外の伝記小説に『澀江《しぶえ》抽斎』というのがあります。その中で鷗外は、抽斎の跡継ぎの澀江保が、明治十二年に慶應義塾の本科三等に入学し、翌年の十二月に卒業したときのことを書いておりますが、その中で、

「当時慶應義塾の卒業生は世人の争って聘《へい》せむとする所であった。……此年も亦卒業生の決口《はけぐち》は頗る多かった。(3)」

こう述べております。このような世間の期待に応えるには、塾の教授内容をもっと充実しなければならない。

一方において、明治政府も次第に学校制度を整備していく。小学校制度はもちろんでありますが、高等教育にも力を入れてくる。明治十年には従来の東京開成学校などを統合して、東京大学を創りました。そしてお雇い外国人を入れて西洋の学問を教えるようになる。更にそれが明治十九年には、「帝国大学令」による帝国大学となるのであります。また民間では、福澤先生と同じように洋学者

として塾を開いていた箕作秋坪、箕作麟祥、尺振八、村上英俊、中村敬宇、というような洋学者の開いていたいわゆる洋学塾は、明治十年代になりますと、それぞれ歴史的使命を果たして、一つ一つ閉鎖されていくのであります。また一方明治十五年ごろ（一八八〇年代）から、さきほど石川塾長がお話になりましたように、早稲田、専修、中央、明治、法政の前身であります東京専門学校、専修学校、英吉利法学校、明治法律学校、東京法学校などが次々に創立されて、日本全体の教育水準が上がってまいります。

こういう中にあって慶應義塾が、一方においていままで名声を維持し、社会の期待に応え、他方において官立、私立の新しい学校に劣らないように発展していくには、どうしてもいままでのように、ただ福澤先生を中心とし、福澤先生のお弟子たちが集まって英学を教えているだけでは生き残れない。塾の気風、スピリットというのも大切でありますが、やはり専門的な学問を教えなければ、社会の要請には応えられない。そういうことで先生は明治十年代の終わりごろから、資金さえあれば大学校を創りたいとか、ゆくゆくはユニバーシティーにしたいということを述べておられます。(4)これが漸く実現いたしまして明治二十年から本格的準備に入り、明治二十三年一月に大学部ができたのであります。しかし当時の教授は、さきほどお話がありましたようにアメリカから招きました、ドロッパーズ、ウィグモア、リスカムの三主任教授はもとより、その他の先生方も全部外国人教師、もしくは日本で外部から招いた先生方であります。

それでは、大学部ができる前の慶應義塾の教育というのはいったいどのようなものであったのでしょうか。のちに文学部長を長くお務めになりました川合貞一先生は、大学部のできる前、明治十九年に慶應義塾に入学され、そののち大学部に進学し、そして明治二十五年に第一回卒業生として大学部を卒業しておられます。したがって大学部開設前のことも開設後のことも塾生として体験なさったわけでありますが、後年次のように述べておられます。

「大学部設置以前の慶應義塾というのは、ただ英書を教えたというだけで、専門の知識は何一つ与えられなかったといってよろしい。もちろん英語で書かれた専門の学術書も読まなかったわけではないが、そういう書物を読むにしても、専門の知識が主たる目的ではなくて、英語を解することがむしろ目的であったといってよい。」

「そういう次第であったから、当時の学生は慶應義塾はコンモン・センス（常識）を与えるところで、義塾出身者と他校の出身者と異なっている点はそこにある。コンモン・センスこそ世に処する上で最も必要なものだと考えていたようである。それで当時の学生間の人気言葉は、一にも二にもコンモン・センスであったといっていい。」

「ところが世の中はだんだん進んで、もはやただのコンモン・センスでは通用しなくなり」「専門の学術を教授する大学を創設する必要が痛感されることに」なった。(5)

このように述べておられます。全くそのようなことであったと思います。

しかし大学部ができて、文科、理財科、法科という三つの科を持つ三年制のコースがスタートするわけですが、蓋を開けてみますと学生はなかなか集まらない。内部からも進学できるのですが、一向進学したがらない。外部からもあまりやって来ない、入っても辞めてしまう人が多い。定員は確か一〇〇名となっておりましたが、いつもひどい定員割れでした。今日から見ますと隔世の感があります。

後の塾長の林毅陸先生のお話によりますと、明治二十八年に卒業されたとき、同期の卒業生は、文科が六名、理財五名、法律五名であったということであります(6)。これでは財政的に当然ペイいたしませんので、たちまち財政的理由から大学部廃止論が内部から出てきたのであります。また、学生も少ないけれども先生も少ない。理財科の主要科目であります経済学元(原)理、近世経済史、財政学、保護貿易及び自由貿易史、経済学諸派概論、銀行・保険・関税各疑問研究、これだけの六科目をすべて主任教授のドロッパーズ教授が一人で教えていたというのでありますから、なかなか大変であったと思います。

しかしながら幸いなことにこの三人の主任教授は揃って立派な学者でありました。また財政難に基づく大学廃止論も、福澤先生の鶴の一声で消えてしまい、明治三十年には塾全体の組織を大学部中心に切り替えたのであります。しかしながら体制はできても塾出身の大学教授というのがほとんどいない、専門の学部学科には一人も塾出身者はいなかったのであります。これでは学界において学問の府と認められない。内部から学者を養成できないようでは、大学といえないという声が、塾内でも起こりました。川合貞一、気賀勘重、堀江帰一、神戸寅次郎、青木徹二、名取和作、続いて林毅陸というような当時の少壮学者が、義塾留学生として欧米に派遣されるのであります。いずれも大学部の卒業生であります。これらの少壮学者が留学から帰って、大学部の教授陣に加わり、その層がだんだん厚くなるにつれて、慶應義塾はようやく大学らしくなっていくのであります。

更に申しますならば、これらの塾出身の留学帰りの教授たちが教鞭をとり、その人たちによって育てられた大学部学生というのが、明治の末から大正へかけて卒業していくわけでありますが、それらが高橋誠一郎、小泉信三、澤木四方吉などの諸先輩であります。大学部開設から二〇年かかって、ようやく学者専門家が内部から育成されていくということが定着したようであります。教育というのはまことに年数のかかるものだと思わされるものであります。

さて、大正時代に入って政府内部の多年の懸案でありました「大学令」、官立、公立、私立の大学の位置付けを決める法律が大正七年に制定されました。これに基づいて義塾は従来の大学部の三学科のほかに、予《かね》て設立中でありました医学部を加えて、大正九年（一九二〇）、すなわち大学部開設から三〇年たちましたその年から、名実ともに総合大学の形態を整えるようになったのであります。

ちなみに大正六年に医学部を設立しようとするときの「趣意書」を見ますと、次のように書かれておりました。

慶應義塾は先に大学部を置き、わが国私立大学の嚆矢をなせしよりここに二十七年、その間理財、法律、政治、文学の諸科において、年々幾多の学士を出し、社会を裨益すること少なからずと雖も、義塾は是等無形の学問のみをもって甘んずるものにあらず、更に進んで有形科学の発達を図るは、義塾本来の希望なり、福澤先生が終始一貫実学の必要を唱えてやまざりし所以も、まずここにあり。即ち、医(学)、理(学)、工(学)等諸学科増設の第一着手として、まずここに医学化学の二科を創設し、もってわが学問界に貢献するところあらんとす。(7)

私は現在の塾の理工学部の淵源は、実にこの大正六年にあるという感を抱くものであります。この頃になりますと、日本の全体の教育制度が整ってまいります。早稲田大学は当時どうであったかを申し上げてみたいと存じます。西原総長の前で申し上げるのは恐縮でございますが、早稲田大学のほうは明治十五年に東京専門学校として創立されております。その創立者の中心の一人であった小野梓先生は、創立当初から、

「十数年の後ようやくこの専門学校を改良前進して、邦語(日本語)をもってわが子弟を教授する大学の位置に進める」ことを望む。(8)

と述べておられて、そのとおり明治三十五年に早稲田大学と改まり、十年とたたないうちに従来の政治、法律、文学、商科に加えて、理工科を設けられるのであります。

慶應の福澤先生は一九〇一年にお亡くなりになりましたが、四歳年下の大隈重信侯はますますお元気でして、その後再び内閣総理大臣に就任されるのであります。その大隈侯は一二五歳まで生きるといわれておりましたが、大正十一年八十五歳で亡くなられました。これは大隈侯を失ったとき

のことでありますが、その追悼晩餐会で当時早稲田大学の名誉学長であられた高田早苗先生が次のように述べておられます。これは早稲田の関係者の方に高田先生がお述べになった励ましの言葉でありますから、そのつもりでお聞きいただきたいのであります。高田先生によりますと、

「大隈侯一代の上に於いて、大隈侯は二人の競争者があった。それは政治上では伊藤博文公、教育上では福澤先生であったと思う。」

「東京専門学校が早稲田大学となった当時は、福澤翁は既に亡くなられていた。しかし慶應義塾は余り盛大ではなかった。早稲田が理工科を創る時代には、慶應義塾はまだその方面は何もしていなかった。」

「ところが今日ではどうだ（今日というのは大正十一年のことであります）、早稲田大学の理工科に匹敵する医学部ができ、堂々たる勢いを持っていま進みつつある。今日の慶應義塾は早稲田大学が決してこれに劣ることはないが、一時の微々たる勢いに似ずして、いまや勢力伯仲の間にある。天下の英雄君と我という程度の関係になっている。(9)」

こう高田先生は述べておられました。慶應が福澤先生を失った後も発展したことに鑑み、早稲田も大隈老侯を失った今日、これからもますます発展し、帝国大学、慶應義塾と匹敵して一頭地を抜き、これに勝るとも劣らないようにいたしたいと結んでおられるのであります。

慶應の大学部というものも、あるいは慶應義塾大学というものも、初めは内外の評価は必ずしも高くなかったようでありますが、一九二〇年ごろには早稲田の高田先生もお認めくださったような

勢いになりました。このようにして慶應義塾大学は私立大学一方の雄であります早稲田大学とともに、共々発展して昭和の時代に入るのであります。

昭和時代に入って一九四〇年、昭和十五年が、勘定いたしますと「大学部」開設五〇年に当たるわけであります。今日こちらに私の同級の方もおられると思いますが、当時私は経済学部の学生でしたが、その昭和十五年に「紀元二六〇〇年の式典」があったこと、あるいは「アダム・スミス没後一五〇年記念講演会」というのが大ホールで開かれて、早稲田の久保田明光先生、東大の大河内一男先生、それから一橋の山田雄三先生がおみえになったことなどは覚えておるのでありますが、どうも「大学部開設五〇年の式典」というのは記憶にないのであります。

念のために先日三田へまいりまして古い「三田評論」を見せてもらいましたところ、ちゃんと「大学部開設五〇年」という見出しの記事が載っておりました。読んでみますと、

「大学部を開設してより本年は満五十年に相当するのであるが、時局柄別に式典を催すことをせず、四月下旬教職員全員に対し、記念のため特別手当を給与して義塾の文運を祝した。」(10)

と書いてあります。なるほど私は学生でありましたので、特別手当も支給されませず、また休みにもならなかったようです。義塾文運の隆昌を祝うチャンスもなかったので記憶にないわけです。

それからその後今日までの五〇年間に、慶應義塾の上には様々の試練があり、そしてまたそれを乗り越えて輝かしい発展がみられたのであります。そして塾長がお話になりましたように、いまや義塾は八つの学部、八つの大学院、そして慶應病院その他の施設を持つ立派な総合大学に成長いた

しました。しかしながら私ども社中はまだまだこれに満足することはできないと思います。また、話が遡りますが、明治三十二年、第七回の慶應義塾卒業証書授与式が行われましたときに、理財学科の二代目の主任教授、ドロッパーズのあとを受けたヴィッカース教授は、わずか二十数名の大学部卒業生を前にして、次のように激励の言葉を述べておられます。

「諸君のアルマメーター（母校）慶應義塾大学をして、日本のケンブリッジ、オクスフォード、ハーヴァード、エール、コロンビア、はたジョンズホプキンスの諸大学たらしむるも唯諸君の心掛ひとつにあるのみ。[11]」

ということを述べておられます。その言葉を今日思いますときに、私どもは更に社中協力の実を上げ、慶應義塾をして更に更に発展した大学とならしめたいと思うものであります。そして慶應義塾大学のみならず、日本の各大学、また世界の各大学の文運の隆昌をここにお祈りいたし、私の話を終わらせていただきたいと存じます。

ご清聴ありがとうございました。

註（1）『慶應義塾維持会趣意書』（「慶應義塾学報」明治三十四年五月号）
（2）「大隈重信宛書翰　明治十二年二月十六日附」（『福澤諭吉全集』第十七巻）
（3）森鷗外『澀江抽斎』（その百一）大正五年（『鷗外全集』第十六巻）

（4）「福澤一太郎宛書翰『唯この上は資本金さへあれば大学校と致度』明治十九年十一月十一日」／「猪飼麻次郎宛書翰『追々金さへあればユニヴハシチに致度』明治二十年三月二十八日」（『福澤諭吉全集』第十八巻）
（5）川合貞一「大学創立五十年を迎へて」（「三田評論」昭和十五年六月号）
（6）林毅陸「私の思出―大学部開設五十年―」（「三田評論」昭和十五年六月号）
（7）「医学科化学科設立趣意書」大正六年（「三田評論」大正六年一月号）
（8）小野梓　明治十五年十月二十一日東京専門学校開校式における式辞（『内外政党事情』明治十五年十月二十六日、十一月一日『小野梓全集』第四巻）
（9）高田早苗　大正十一年二月十九日永楽倶楽部における晩餐会卓上演説「故大隈侯爵と其二大競争者」（早稲田大学編纂『早稲田之今昔』大正十一年）
（10）「大学部開設五十年」（「三田評論」昭和十五年六月号）
（11）明治三十二年六月十日慶應義塾第七回卒業証書授与におけるヴィッカース教授の式辞（「慶應義塾学報」明治三十二年七月号）

（本稿は、平成二年（一九九〇）九月二十八日、日吉記念会館で開催された「慶應義塾『大学部』開設一〇〇年記念式典」において、石川忠雄慶應義塾長、三村庸平慶應義塾評議員会議長、西原春夫早稲田大学総長につづき、「塾員代表」として記念講演したときの講演要旨である。）

（「三田評論」一九九〇年十一月号）

あらたに大きな校地を取得せよ

慶應義塾は、明年（一九八三）の創立一二五年に向けて記念事業の大綱をすでに決定し、そのための大規模な募金活動をいよいよ開始することとなった。

決定された事業計画のうち、建設関係のものをみると、最も大きな資金を必要とするのは病院新棟の建設である。これは、老朽・劣悪施設の更新計画であって、いわば〝手おくれ寸前〟の待ったなし事業である。山中山荘の建てかえも荒廃施設の更新である。日吉図書館、日吉慶應義塾高校教室棟の建設も、狭隘・貧弱施設の整備計画であって、これまた〝おそまき一歩手前〟の必要事業である。また、三田の大学院教室の建設も、大学院制度の定着によって当然おきたニーズに応ずるためのもので、いわば〝追いかけ型〟の計画であるといえよう。

以上のような〝追いかけ型〟の事業計画のほかに、なにか〝前向き型〟〝さきどり型〟の建設計画はないものであろうか。もし、あるとすれば、それは何であろうか。それは、現在の校地、キャンパス用地のほかに、あらたに広大な校地を取得し、将来の建設にそなえることであろう。

現在、塾のもつ主要な校地は、三田、四谷、日吉（矢上をふくむ）の三カ所である。このうち三田（および天現寺）は明治年間に福澤先生によって取得され塾有地となったものである。四谷は大正年間、鎌田塾長時代に政府から払い下げをうけたものである。さらに、日吉は昭和のごく初年、林塾長時代に入手したものである。そののち、おのおのの隣接地の取得があり、また、小金井、志木、立科など、特殊の目的に応じた用地の増加はあったが、主要校地は依然として三田、四谷、日吉の三カ所のみである。すなわち、昭和初年以来こんにちまで半世紀あまり、塾では大きな主要校地の取得が行われていないのである。

これからの義塾が、広く日本全体の文運の発展に寄与し、学問の府として国際社会にも大きく貢献するためには、いまの校地だけでは十分なことが行えないのではあるまいか。学内諸機関・諸施設の地理的適正配置のためにも、国際交流、学際研究、中高一貫教育、体育振興、生涯学習等の場を設けるためにも、近い将来に、広々とした新校地が必ず要求されるであろう。

塾が鉄砲洲から新銭座へ移ったとき、新銭座から三田へ移ったとき、いかに塾内の士気が高まったか、いかに外部からの塾を見る目が変わったかは、塾史のつぶさに語るところである。また、日吉の建設が始まったとき、いかに塾内の空気が明るくなったか、いかに塾風が高揚されたかは、いまなお知る人も多いことであろう。

近年、中央大学、青山学院大学そのほか都内の大学が、近郊、近県に新しく大きな用地を取得して新キャンパスを建設し、新しい環境、立地条件のもとで大いにその研究・教育内容を充実し、学内の空気人心を一新し、それぞれ校風を高揚していることは、これまた多くの人の知るところであろう。

こんにち、塾が新しい校地を入手することができたならば、塾内教職員、塾生、塾員に大きな期待と夢とを与えることとなるであろう。その用地をどのように活用するかはゆっくりプランを練って実行に移せばよいのである。

あらたに校地をもとめることは、必ずしも容易ではあるまい。しかし困難をおそれて機会を失うことがあってはならない。〝児孫のために美田を買わず〟という言葉もあるが、われわれは、これからの塾生、塾員のため、これからの日本のため、世界のために、いまのうちに〝美田〟の用地を入手しておきたいものである。それが現在の慶應義塾社中一同の責務ではなかろうか。

（「三田評論」一九八二年十二月号）

「大学部」設置一〇〇年と「湘南藤沢二学部」の新設

平成二年（一九九〇）は、慶應義塾社中にとって「総合政策学部」「環境情報学部」の開設を祝う年である。そしてまた「大学部設置一〇〇年」を記念する年でもある。

いまから一〇〇年前、明治二十三年（一八九〇）慶應義塾に初めて「大学部」が設けられ、「文学科」「理財科」「法律科」の三学科が発足した。新入大学生の総数はわずか五九名、各科の主任教授は、いずれも海外から招いた外国人教師であった。

「大学部」の開設は、塾の内外から大きな期待をもって注目されたが、発足当時は予想通りの入学希望者が集まらず、内部からの進学希望者も案外少なく、各科三〇名という定員も、つねに「定員割れ」の有り様が何年も続いたという。いまから思えば、まさに隔世の感があるといえよう。

そのような困難のなかで、福澤先生は大学部の充実拡大に努められた。明治三十年（一八九七）、先生は「工業科、高等商業科の設立は目下の急務なりと雖も（財政上）これを興することを得ず」「よって今回」「さらに基本金を募金せんとす」と訴えておられる。

幸い、大学部は次第に盛んとなり、福澤先生の晩年、明治三十二年六月十日、「慶應義塾第七回卒業証書授与式」が行われたときには、大学部学生総数は三一九名に達し、内部からの進学者もようやく増えている。この卒業式には病後の福澤先生は出席しておられないが、理財科主任ヴィッカース教授（Enock Howard Vickers）は卒業生一同に訓示し、その最後に、「諸君は後来、各々その地位を得るに従い、諸君の後進生たらんものに向かって」その勉学を奨励しなければならない。勉学の機会を与えなくてはならない。それには「諸君が日夜追慕し愛敬しておかざるべき諸君のアルマメーター（Alma Mater 母校）慶應義塾大学に対し大いにインドウメント（endowment 寄付）をなすべき」ことを訴え、「英米の諸大学の如きも、みな私人の寄付によって今日の大なる進歩をなしたるにあらずや。慶應義塾大学をして、日本のケンブリッジ、オクスフォード、ハーヴァード、エール、コロンビア、はたジョンズホプキンスの諸大学たらしむるも唯諸君の心掛ひとつにあるのみ。慶應義塾の創立者維持者はすでに諸君の恩人たり。諸君はまた、その先進者の鴻恩に報ゆるに、未来の恩人たることを期せざるべからざるなり」と説いている。

それから二年ののち二十世紀の第一年を迎えた明治三十四年（一九〇一）二月三日、福澤先生は没せられ、慶應義塾は建学以来の指導者を失った。しかし、残された社中一同は、「福澤先生没せらる、慶應義塾も共に葬る可きか、否我々は之を葬るに忍びざるなり。そもそも慶應義塾は先生の最も苦辛経営せられし所のものにして、これを維持しこれを拡張するは、最もよく先生の志に適うものと云うべし」と宣言し、一層の責任感をもって、義塾の発展に尽くすことを誓ったのである。

大学部の充実について考えられたことの一つは、「総合大学」への展開であった。まずとりあげられたのは医学部の開設である。

医学教育は、先生が早くから関心を持たれたところである。蘭医緒方洪庵の門下生であった先生としては当然のことであったろう。現に明治六年から十三年まで(一八七三〜一八八〇)三田山上に「慶應義塾医学所」が設けられていたこともある。そして、先生没後一六年の大正六年(一九一七)には、創立六〇年を記念して「医学部」が設置され、ここに総合大学への道が開かれたのである。

医学にかぎらず、自然科学教育は福澤先生が常に重要視されるところであった。「物理学の要用」は先生が繰り返し説かれたところである。先生逝去の翌年、明治三十五年(一九〇二)には、「大学部に理学、化学、工学、医学の四学科中より適当の学科を選び、これを新設する建議案」が評議員会で可決された。この案は財政的理由で廃案となったが、そののちも、くりかえし理科、工科増設の案が現れては消え、消えては現れた。そして昭和十三年(一九三八)塾内において、化学、電気、機械の三科による工学部建設の研究に着手した時、たまたま社中の有力者藤原銀次郎氏から工業大学設立の構想が義塾に寄せられ、ここに現在の「理工学部」の前身である「藤原工業大学」が発足したのである。

第二次大戦後、こんにちまでの義塾のめざましい発展は、ここに述べるまでもない。商学部の設置、大学院経営管理科の設置、工学部から理工学部への発展等は、福澤先生が描かれた「工業科、高等商業科の設置は目下の急務なり」という夢をはるかに大きく上回るものであった。

さて、本年は湘南藤沢の新キャンパスに、新しい二学部が発足する。新学部の構想はすでに発表されているが、しかし現実の展開は、これからのことである。福澤先生は晩年、「自分は慶應義塾を社中とともに創立し、多年人材の養成に努めてきたが、それは義塾の歴史の、ほんの初めの部分に関与したにすぎない」という意味のことをしばしば述べておられる。そして次世代の社中に期待し、明治三十一年（一八九八）の演説では「余は義塾の序文たらんことを欲するものにして、その本文は諸君の勝手に書くに任す」と説き、「起すも倒すも諸君の随意なり」と結んでおられる。

大学部設置一〇〇年を記念し、新学部開設を祝いながら、われわれは、これからの「本文」を立派に書き継ぐ責任の重さを、あらためて痛感するものである。

（「三田ジャーナル」一九九〇年二月十五日号）

新キャンパス誕生を祝う

塾内外から大きな期待を寄せられて設立された二つの新学部――総合政策学部と環境情報学部――が、いよいよ正式に発足し、一九九〇年四月十日から湘南藤沢キャンパスの新校舎で授業が開始された。一万七三四三人の志願者から選ばれた一〇二一人に、塾内進学の一〇二人、推薦入学の三〇人を加えた一一五三人のフレッシュマンが、湘南藤沢の一期生として、すでに新キャンパスでの学園生活に入っている。新学部の誕生、一期生諸君の入学に対し、連合三田会として大きな喜びを表明し、心からその前途を祝福したい。

東海道線「辻堂駅」から北へ六・五キロ、小田急江ノ島線「湘南台駅」から西へ三・五キロ、藤沢市遠藤地区のなだらかな丘陵に三一万三〇〇〇平米（約一〇万坪）のキャンパスが広々と展開している。第一期工事によって竣工したばかりの大講義室棟と、研究講義室棟、厚生棟との中間に、図書館棟の建設工事が現在着々と進行中である。校庭のあちこちでは、さまざまな造成工事が続けられている。すべてが新しく、すべてが進行中である。正面噴水わきの石段を登りつめて東の方をふり返って見下ろすと、やがては清らかな水がたたえられるであろう調整池の工事が目に入る。いずれは完成するセミナーハウス、ゲストハウスを取り囲む森の木立も目にうつる。研究講義室棟の背後をめぐる構内道路に立って北の方を望めば、大学院研究室棟予定地をこえて、はるかに厚木方面の市街地が見える。晴れた日に、西の方を向けば、富士山が大きく眺められる。

いまから五十余年前（一九三四年五月）、日吉のキャンパスが開かれた。道路の造成工事も終わらぬ赤つちまみれの丘のうえに、現在の高校の校舎がひとつだけポツンと建てられたとき、われわれの先輩、日吉の一期生は、人影もまばらな、若木の並木道を、日吉の丘は広漠として広すぎると感じながら肩を寄せて歩いたという。いまの湘南藤沢キャンパスは、一期生を迎えたばかりで、教授・学生の数も少なく、体育館そのほかの施設も揃っていないので、未完成の感を免れないのは当然であろう。しかし、日吉のキャンパスがそうであったように、湘南藤沢のキャンパスも、数年のうちには、建物も植樹造園修景も逐次完成し、人員も増加充実し、一層の活気がみなぎってくるにちがいない。キャンパスへのアクセスも、いまは在来道路をバス、乗用車が走るのみであるがいずれは道路交通も一層便利になるであろう。さいわい、地元藤沢市では、葉山市長をはじめ市をあげて義塾の新キャンパス開設を歓迎しているという。去る四月五日の開校式にはその歓迎ぶりを示すほほえましい風景がくりひろげられていた。塾の存在は、藤沢のコミュニティの中にあたたかく迎えられ、藤沢の地域社会に自然に溶けこんでゆくであろう。

さて、湘南藤沢に学ぶ塾生諸君は、三田、四谷、日吉、矢上という塾在来のキャンパスに移り学ぶ機会がないので、他学部の塾生あるいは先生がたとの交流が行われにくいのではないかということが心配されるかもしれない。しかし、慶應義塾の発展にともない、キャンパスが複数になるのは、自然の勢いである。かつては、文経法の学部はもちろん、各学部の予科（いまの一般教養課程）も医学部予科（医学部進学課程）も、高等部（当時の専門学校）も、普通部も、幼稚舎も、すべてが三田に密集していた。これは理想の姿のようではあるが実はそうではなかった。すべてが一カ所に集まっていることによる弊害もあった。「大学生と幼稚舎生と一つキャンパスにいることは、必要もないし、むしろマイナス面もある」という指摘は早くからあった。すでに大正年間から、「三田以外に、郊外にひろびろとした校地を設け、分散を図るべきである」という提案はしばしば塾内で論議されていた。そしてその結果、昭和の初年になって、日吉のキャンパスが開かれた。これよりさき、医学部が開設されたとき、環境上の顧慮、附属病院の立地条件等によって、四谷信濃町が医学部の用地として選ばれたのである。四谷、日吉、そして天現寺等への分散によって、塾がどれほど充実発展したかは測りしれないものがある。

湘南藤沢二学部の開設に加えて、この秋にはアメリカに慶應義塾ニューヨーク学院（高等部）が開かれる。このように、広く各地に展開されてゆくキャンパスのおのおのには、塾全体にみなぎる塾風のもとに、それぞれのキャンパスの特性もまた形成されてゆくであろう。これは一貫した塾風の高揚とともに塾の学問研究等の多様化のうえでむしろ望ましいことといえるであろう。しかし、同時に、各学部、各キャンパス、各学校間の相互の交流を積極的に図ることも、もとより必要である。われわれ卒業生、塾員も、自分の在学当時は存在しなかった、新しいキャンパス、新しい学部学校に学ぶ塾生に対し、社中の仲間として友愛の手をさしのべ、広く塾員と塾生との交流に努めるべきであろう。

慶應連合三田会では、この秋、十月十四日の大会に、藤沢新学部の塾生諸君および教職員諸氏二〇〇人を日吉の会場に招き、さまざまな形で相互の交流を図るプランが実行委員会の手で進められている。連合三田会では、四年ののちには塾員としてわれわれの仲間に入る大学一年の各学部の塾生諸君に対し、いまから歓迎の意を表するものである。

（「三田ジャーナル」一九九〇年四月十五日号）

数理と独立——理工学部拡充計画に想う

『福翁自伝』の中に「教育の方針は数理と独立」という一節がある。その中で福澤先生は「元来私の教育主義は自然の原則に重きをおいて、数と理とこの二つのものを本《もと》にして、人間万事有形の経営すべてソレカラ割り出してゆきたい。また一方の道徳論においては、人生を万物中の至尊至霊のものなりと認め、自尊自重」「一身を高尚至極にし、いわゆる独立の点に安心するようにしたいものだ」と述べ、「有形において数理学と無形において独立心と、この二点」の重要性を説いておられる。先生はまた「今日にても本塾の旧生徒が社会の実地に乗り出して、その身分職業の如何《いかん》にかかわらず物の数理に迂闊《うかつ》ならず、気品高尚にして能《よ》く独立の趣意を全うする者ありと聞けば、これが老余の一大楽事です」と述べておられる。

ここで先生のいう「数と理」とは「ナンバー（number）とリーズン（reason）」のことであり、「数理学」とはフィジカル・サイエンスの訳語であろうといわれている。

しかるに福澤先生在世中は、慶應義塾における自然科学系統の専門学科・学部の設置は極めて短期間存在した「慶應義塾医学所」（一八七三〜一八八〇）をのぞくほかは、ついに実現しなかった。

塾の関係者の中には、これをはなはだ遺憾とするものが少なくなかった。

明治四十四年、福澤先生の第一一回追悼会が開かれた席上、塾員鈴木梅四郎（当時、評議員・理事の一人）は、「一昨日私は夢で福澤先生に拝謁しご意見を承ってまいりました」と前置きをし、夢物語に托して塾の現状を憂い塾員の奮起を促している。それは、夢に福澤先生が現れ「二十世紀の今日、科学の研究およびその応用のほかになすべきものなき世の中に理科も工科も医科も設けず、不揃いな大学で慶應が満足しているとはなにごとか。慶應義塾よりはるかに後進の私立大学が理工科を設けているではないか。図書館ができた、学生数がふえたくらいを自慢にしているとはなにごとか」としかられたという夢物語であった。

「医学部・理工学部の設置」は一人鈴木だけの願望ではなかった。それは歴代塾長をふくむ社中全体の悲願であった。幸い、鈴木の夢物語から六年のちに、その夢の一端が現実となった。大正六年（一九一七）の「医学部開設」（初代学部長北里柴三郎）がそれである。医学部および「慶應病院」の名声は世に広まり、さらに今回の新棟完成により、四谷には活気と和気がみなぎり、診療・研究・教育の内容は一層充実しつつある。一方、「理工学部設立」の悲願は、医学部設立より二二年遅れて、ようやくその一部がかなえられた。昭和十四年（一九三九）の藤原工業大学（理事長藤原銀次郎、学長小泉信三）の開校がそれである。「藤原工大」はやがて「慶應義塾藤原記念工学部」となり、昭和五十六年（一九八一）理工学部となった。ここに鈴木梅四郎が夢みた全塾の悲願はようやくすべて実現したのである。

今回、その理工学部が、一九八九年を期して記念事業を展開するという。塾の自然科学系研究教育の拡大充実のために、医学部新棟完成につづく一大朗報である。社中全体が大きな関心をもち、大きな期待を寄せるところである。

（「三田ジャーナル」一九八七年八月三十一日号）

慶應義塾ニューヨーク学院（高等部）の開設を祝う

このたび、慶應義塾の高校がニューヨークに開設されたことは、義塾の歴史のうえでも画期的なできごとであり、社中一同まことに慶びにたえないところである。

初年度の一年生男女一二〇名はみな海外在住の日本人の子女であるが、アメリカばかりでなく、カナダ、イギリス、メキシコ、香港、アラブ首長国連邦、ケニアなどに両親が在住する生徒もいるそうである。しかし、生徒の四分の三は、アメリカ国内からの入学者であり、ニューヨークが三三人、ニュージャージーが二七人、そのほかカリフォルニア、ハワイなど、一八の州から入学している。生徒のうちには外国生まれもあり、外国での生活年数は平均五、六年とのことである。従って日本語よりも英語に強い生徒が多いが、しかしその逆もあり得る。教育は、日本語および英語の、いわゆるバイリンガルで行われるため、それがスムーズに受け入れられるよう配慮し、正規の授業にさきだって、プリ・エントリー・プログラムとして英語の補習ＥＳＬ＝English as a Second Language と日本語の補習ＪＳＬ＝Japanese as a Second Language とが行われたというのも、この新しい学校の特色をあらわすものといってよいであろう。

慶應義塾は、もともと洋学塾あるいは英学塾として発足したものであるから、英語とは縁が深かったのは当然である。そして福澤先生以来、特にアメリカとはきわめて関係が深かったといえよう。福澤先生は、生涯三度の海外旅行を体験しておられるが、そのうち二回はアメリカへの渡航であった。第一回は、ペルリの黒船来航からわずか七年を経た万延元年（一八六〇）のことであり、福澤先生は、軍艦奉行木村摂津守の従僕として、幕府の軍艦〝咸臨丸《かんりんまる》〟に乗り込み、困難な航海を経験しながらサンフランシスコに到着、同市およびその近接地に約一カ月滞在されたのであった。このときは、先生のアメリカについての見聞は、当時ようやく開発途上にあったアメリカ西海岸の一隅に限定されたわけであるが、しかし、新興国アメリカの市民の明るい、率直な言動に先生が深い共鳴を覚えたことは『福翁自伝』の記事の中にも散見するところである。

福澤先生の第二回目のアメリカ渡航は、それから七年後の慶應三年（一八六七）のことである。日本国内では長州征伐等、すでに〝内戦〟がはじまっており、アメリカでは、いわゆる南北戦争という〝内戦〟がようやく終わったばかりであった。今回は、先生は幕府の「軍艦受取使節団」の一員としての渡米であったから、首都ワシントンが目的地であり、その前後、二度にわたり、数日ずつニューヨークにも滞在しておられる。

当時の見聞を、先生は『西洋旅案内』の中に相当くわしく述べておられる。ニューヨークについては、その繁栄ぶりを克明に描写したうえで、「斯《か》くニウヨルクの繁華は『ロンドン』『パリス』にもおとらぬほどにて、市中の混雑一方ならず、時々間違のことどもあるにつき、町々の取締り厳重なれども、土地の繁昌するに従い自然悪党も多く、夜盗、押込み、すり、かたり、火附け、人殺しも間々あることなれば、はじめての旅人は別して用心すべし」と記しておられる。今も昔も変わらぬニューヨークである。しかし、福澤先生も、ご自身のニューヨーク訪問から一二三年を経たこんにち、そのニューヨーク郊外に、慶應義塾のハイスクールが設立されようとは、夢にも思われなかったことであろう。

先生は、二度のアメリカ訪問によって、アメリカの社会、アメリカの市民の生き方に強い感動を受けられたようである。先生の執筆された論文、あるいは作られた詩のなかに、アメリカを賛美するものがみられるのは、先生の直接の訪米体験から出たものが多いと思われる。初期の慶應義塾では、ウェーランドの経済書、修身論をはじめ、アメリカで出版された教科書が多く用いられ、また明治の初年、慶應義塾の学事内容を充実するにあたっては、アメリカのハイスクールのカリキュラムを取り入れている。さらにいまから一〇〇年前、「慶應義塾大学部」の設置にあたっては、当時の日本の官立大学が、もっぱらヨーロッパから外国人教師を招いたのに対し、福澤先生はハーバード大学のエリオット総長に教授の人選を依頼し、三人のアメリカ人主任教授のもとに義塾大学部の三学科（文学・理財・法律）が発足したのである。

このようにして発足した慶應義塾大学部設立一〇〇年の年に、義塾にとってゆかりの深いアメリカにハイスクールが開校したことは、まことに意義深いものを感じさせる。日本とアメリカとの関係はこんごも一層密接なものとならざるをえないであろうし、そうなることが望ましいと思われる。

ニューヨークの慶應ハイスクールに学んだ生徒諸君が、将来いろいろな面でこの日米友好のために活躍されることが、いまから期待される。

（「三田ジャーナル」一九九〇年二月十五日号）

慶應義塾ニューヨーク学院（高等部）の開設を祝う

次頁からの英文は、一九九〇年十月二十三日、慶應義塾ニューヨーク学院の開設式が行われ、石川忠雄塾長はじめ、義塾関係者、ニューヨーク学院アメリカ側役員、英正道大使（塾員）らが参列した。私は連合三田会会長として式に参列し、祝詞を申し述べた時の記録である。

friends? They are so widely separate that neither has any reason to covet what the other possesses, and that without unnecessary provocation neither can find cause to do the other an injury." Although Fukuzawa's stay in the States was limited to only a few months time, he was strongly impressed by the spirit of America as a nation, and he became an ardent admirer of America throughout his life. When Fukuzawa was in the States, he ordered a great number of educational and reference books from the then-famous New York bookstore, Appleton & Co., which he sent back to Japan to utilize at Keio. Thus, Keio was enriched by the teachings of American scholarship.

Since then, for over a century Keio has proudly seen many of its graduates go on to study or work in the United States in various capacities, as students, scholars, professionals, businessmen, or diplomats, where they have been well received by American society. And now today we have the great pleasure to observe the founding of Keio High School of New York, supported by the community of the town of Harrison and sustained by the public of the United States.

I would like to express my appreciation now and into the future, to the American people, to whom Keio graduates are deeply indebted.

To the students of Keio High School of New York, on behalf of Keio Alumni Association, I bid our hearty congratulations to you for the founding of your school, praying good luck for you.

Thank you.

(註)

1. 福澤先生の第2回アメリカ渡航については「慶應三年日記」(『福澤諭吉全集』第19巻)、『西洋旅案内』(同第1巻) および『福翁自伝』による。
2. ジョンソン大統領の演説はNew York Times 1867年5月4日号 (ニューヨーク・パブリック・ライブラリー所蔵) による。
3. なお『福澤諭吉の亜米利加体験』の著者山口一夫氏から懇切なご教示をいただいた。

慶應義塾ニューヨーク学院（高等部）の開設を祝う

KEIO HIGH SCHOOL OF N. Y. FOUNDATION CEREMONY SPEECH

President Ishikawa, Ambassador Hanabusa, Distinguished Guests, Students of Keio High School of New York, Ladies and Gentlemen:

I would like to offer a few words of sincere gratitude for having been chosen to speak on this occasion, from among over 200,000 Keio graduates. I feel quite honored to stand here today to celebrate with you the founding of Keio High School of New York.

As President Ishikawa just mentioned, Keio was founded in 1858, by Yukichi Fukuzawa, a notable scholar and educator in the history of modern Japan. He made two arduous journeys to the United States, first in 1860 seven years after the arrival of Commodore Perry's black ships in Japan, and then again in 1867 two years after the end of the Civil War.

On his second trip to the States, as a member of the Tokugawa Shogunate's delegation, Fukuzawa embarked on the maiden voyage of the "Colorado", the first American ship to establish regular packet service to Japan crossing the Pacific Ocean. They sailed to San Francisco, then continued their journey by boat and train, by way of the Panama isthmus, eventually arriving in New York. After staying at the Metropolitan Hotel for a few days, the Japanese delegates proceeded to Washington D.C. to see President Andrew Johnson at the White House. President Johnson warmly received the Japanese mission and addressed them, saying: "I believe, without any distrust, that the desire of your Government for friendly and intimate relations between the United States and Japan is sincere. I believe this because I am sure it is a sound principle of human nature that trust begets trust, and that jealousy is always born of envy and suspicion. Why should not the United States and Japan be

Trustee, Keio Academy of New York
Dr. Marcia Savage
Chairman of the Board, Keio Academy of New York
Dr. Akira Tsujioka
Trustee, Keio Academy of New York
Dr. Masahide Sekimoto
Trustee, Keio Academy of New York
Hon. Richard Petree
Trustee, Keio Academy of New York
Dr. Taku Inada
President, Keio Academy of New York
Headmaster, Keio High School of New York
Dr. Yasumitsu Nihei

Speech by Headmaster, Dr. Yasumitsu Nihei
Address by President, Dr. Tadao Ishikawa
Presentation of Bouquet to the Main Guests
Mrs. Matilda R. Cuomo
Dr. Tadao Ishikawa

Speeches by Honorary Guests
Mrs. Matilda R. Cuomo
Ambassador Masamichi Hanabusa
Mrs. Joan Bourgeois
Hon. Charles Balancia
Mr. Reijiro Hattori

School Song
Closing Remarks by Mr. Morimasa Takeda

KEIO HIGH SCHOOL OF NEW YORK FOUNDATION CEREMONY

23 October 1990

AGENDA

Opening Remarks by Mr. Morimasa Takeda

Introductions

First Lady of New York State
Mrs. Matilda R. Cuomo

President, Keio University
Dr. Tadao Ishikawa
Consul General of Japan
Ambassador Masamichi Hanabusa
Assistant Commissioner, NY State Education Department
Mrs. Joan Bourgeois
Deputy Commissioner, NY State Department of Economic Development
Mr. R. Barry Spaulding
Chairman, Keio Alumni Association
Mr. Reijiro Hattori
President, Keio Alumni Association of New York
Mr. Hisao Kondo
Westchester County Executive
Hon. Andrew O'Rourke
Mayor & Supervisor, Town of Harrison
Hon. Charles Balancia
Superintendent, Harrison Central School District
Dr. Ronald Valenti
President, Manhattanville College

義塾創立一二五年を迎えて

開塾は安政五年

本年（一九八三）、われわれは、いよいよ慶應義塾創立一二五年の年を迎えるにいたった。社中一同、誰しも身のひきしまる思いを禁じ得ないであろう。

安政五年（一八五八）の開塾からかぞえて二五年目（かぞえ年による計算）にあたる明治十五年（一八八二）、福澤先生は次の言葉で、高らかに義塾創立二五年を宣言しておられる。

「わが慶應義塾は創立以来二五年、その名称を慶應義塾と改めてより既に一五年を経たり。前後生徒を教育すること、今日にいたるまで三五〇〇名。」

以下、先生の宣言の趣旨は、大略次のとおりである。

最初の二五年

この二五年の間に義塾の教則のごときは年をおって変わった部分も少なくないが、専ら英米の書を講じて〝近代文明の主義〟をとり、かたわら和漢の字を教えて日常文書の技芸を学ばせている。塾生は三年ないし五年の勉強をへて、卒業したあとは郷里にかえって父祖の家業を継ぐものもあれば、〝朝野に周旋して〟自分で一家を起こすものもある。また本塾の卒業だけで満足しないものは、塾に残ってさらに〝同志相互に切磋研究する〟ものもあるし、他の専門の学校に入って、それから業務につくものもある。おのおの志す所に従って、その為すところも同じでないが、概して二五年間の〝成跡如何〟を視ると、義塾の旧生徒で、こんにち社会の表面に立って、〝よく他のさきがけを為して事を執るもの〟が甚だ多い。中央官庁、地方庁・府県会・学校・新聞社、また諸商工会社など、日本全国いたるところ、いやしくも社会公共のことを処理するところで、義塾の旧生徒のいないところはない。ただし〝全国の男子一七〇〇万の中に、わが学友の数を三五〇〇名〟とすれば、僅かに五〇〇〇人に一人であって、まことに寥々見るに足るべき数でないのに、実際には寥々たるを覚えないのは、わが慶應義塾の教育が、よく人の子弟を導いて有為の人物としたのか、あるいは〝天資有為〟の人物が偶然わが義塾に多く集まったのか、そのいずれかであろう。

先生のこの文章は、明治十五年三月一日付の「時事新報」創刊第一号第一面に「本紙発兑の趣旨」として掲載されている。その前年のいわゆる明治十四年の改変によって、義塾出身者は官界から は追われつつあったが、しかし社会の各方面において縦横の活躍をしていたのである。先生は大きな自負と自信とをもって、〝発兑の趣旨〟の冒頭に、義塾出身者の活躍を誇らしげに記されたのであろう。ことに先生は、〝よく他のさきがけを為して事を執るもの〟が義塾社中に多いことに大きな満足を覚えられたのであろう。

慶應義塾の気風

続いて先生は、義塾社中の気風について次のように述べておられる。そもそも慶應義塾の本色は、〝人を教えて近時文明の主義を知らしめる〟にあるのみである。従って〝生徒入社のはじめより卒業の時に至るまで、その訓導の責に任ずるのみ〟であって、そのあとは全く関係がないわけである。しかし、〝講堂有形の教授〟をはなれて別に社中おのずから〝一種の気風〟が存在せざるを得ない。これは、いわゆる〝無形の精神〟ともいうべきもので、〝独立不羈の一義〟がすなわちこれである。この精神は〝形もって示すべきにあらず〟〝口もって説くべきにあらず〟であるが、〝創立のそのときより、本塾の全面を支配して、二五年一日のごとく、いかなる世上の風潮に遭遇するも曾て動揺したることなきもの〟である。

独立不羈

福澤先生がこの一文を記されてから、まさに一〇〇年（正確には一〇一年）が経過した。そして、われわれはここに創立一二五年の年を迎えている。福澤先生が、確信に満ちた筆致で〝創立のそのときより本塾の全面を支配して二五年一日のごとく〟〝かつて動揺したることなきもの〟と述べられた〝独立不羈の一義〟は、いまもなお〝塾の全面を支配して〟いるのであろうか。つよく社中一同の心のうちに脈うっているであろうか。

もとより先生もいわれるように、〝社中のひとびとがおのおの志すところに従って事をなす〟には、〝方向一ならんと欲するも固より得べからず〟であって、〝同窓の友誼こそ終身忘るべからざるも、社会の人事を処するに当っては、ただに方向を一にせざるのみならず、或いは全く相反対するものも少なからず〟である。〝いずれもみな自然の勢〟であって、〝人間社会に免るべからざるの数〟である。しかし、〝独立不羈の一義〟に関するかぎり、その旺盛な活力、進取創造の気象が、自尊自重にうらうちされて、全塾・全社中につねにみずみずしくみなぎっていなければならないであろう。

建学の精神

〝社会の表面に立ち、よく他のさきがけを為して事を執るもの〟は、幸い今の義塾社中にも決して少なくない。いな、むしろ増加しているのであろう。こんにちの国際化社会、成熟社会においては、明治時代とはちがった意味で、あたらしい活動の分野、活躍の舞台が広く大きく開かれているといえるであろう。男女多くの塾員が、かつて塾の先輩が足をふみ入れたことのない会社・職域・活動分野につぎつぎに進出し活躍し、他のさきがけをなすことこそ、福澤先生の建学の精神に沿うことであろう。

創立一二五年の年にあたって、われわれは社中の責任がいよいよ重く、究めるべき道がいよいよ遠くはるかなことを痛感するものである。

（「塾友」一九八三年二月号）

塾歌制定五〇年

本年（一九九一）の慶應連合三田会大会のテーマは「文化の護《まも》り高らかに――塾歌制定五〇年」であります。明治三十七年（一九〇四）に制定された「天にあふるる文明の」に始まる「旧塾歌」にかわって、昭和十六年（一九四一）一月十日、福澤先生誕生記念日の夜、三田の大ホールで発表された現在の「塾歌」の制定五〇年を祝うテーマであります。

「見よ風に鳴るわが旗を」に始まる、富田正文作詞、信時潔《のぶときよし》作曲の「塾歌」を歌うとき、また「塾歌」が歌われるのを聞くとき、私たちはつねに一種いいがたい心の感動を覚えるのであります。塾歌制定当時、作詞者富田先生がみずから解説しておられるように、この塾歌の一番は「慶應義塾の歴史の誇り」を、二番は「義塾の学風」を、そして三番は「ペンの徽章の光輝」をそれぞれ謳いあげたものです。

「見よ　風に鳴るわが旗を　新潮《にいじお》寄するあかつきの　嵐の中にはためきて　文化の護り高らかに貫き樹《た》てし誇りあり」の一節は、いうまでもなく、西洋文明の新しい風潮がようやく日本に取り入れられ始めた幕末維新のころ、兵乱のために学問どころでない大騒動の中で福澤先生が平日とかわらず洋学を講じた史実をうたったものであります。

先生は『福翁自伝』の中で「明治元年の五月、上野に大戦争がはじまって」「八百八町は真の闇《やみ》、何が何やらわからないほどの混乱なれども、私はその戦争の日も塾の課業をやめない。上野ではどんどん鉄砲を打っている」「丁度あのとき私は英書で経済《エコノミー》の講釈をしていました」「慶應義塾は一日も休業したことはない。この塾のあらんかぎり大日本は世界の文明国である。世間に頓着するなと申して大勢の少年を励ましたことがあります」と述べておられます。いま、日本の国内は、動乱もおこらず平和であります。経済もおおむね平穏であります。しかし、世の中にはいろいろな波風が立っています。維新の当時、一八名の青年学徒に向けて発せられた「世間に頓着するな」という先生の励ましの言葉は、いま、二〇万の塾員、私たち一人ひとりの耳に大きな励ましの言葉として響いてくるように感ぜられるのであります。

「往け　涯《かぎ》りなきこの道を　究《きわ》めていよいよ遠くとも　わが手にとれる炬火《かがりび》は　叡智の光あきらかに　ゆくて正しく照らすなり」の一節は福澤先生がおりにふれて揮毫された「愈究而愈遠」(いよいよ究めれば　いよいよ遠し)という語をふまえ、独立自尊の信念に基づき社中一同が小成に安ずることなく一局にかたよることなく、広遠な理想のもとにおのおの世に処し、義塾の学風を高揚することを励ましたものでありましょう。

そして、「起《た》て　日はめぐる丘の上　春秋ふかめゆるぎなき」に始まる第三番の歌詞は、塾の象徴である「執る筆かざすわが額《ぬか》の徽章《しるし》」すなわち、塾生のかぶる帽子にかがやくペンの徽章の栄誉をたたえ、社中全員の力によってその栄誉を一層かがやかす誓いをこめたものであります。

今から五〇年前、このようなすぐれた歌詞に、また極めてすぐれた曲がつくられて塾歌が制定されたことは、私たちにとって誠に大きな幸せであります。

作曲者信時潔先生は、「譜面で見る塾歌は歌詞とお玉杓子の行列だが、それを生かすのは歌者の心意気である」「さまざまな感激をこめてうたわれるうちに、歌曲は年輪をかさね蘚苔を加えて同窓の心に生きるのである」「そうすれば歌も曲もただちにうたうもの自身のものとなる」と述べておられます。五〇年の年輪をかさねて、塾歌はまさに私たちの心に生きています。

われわれの愛する「塾歌」を私たちにあたえて下さった富田正文、信時潔両先生に深い尊敬と感謝をささげながら、きょうもこの「塾歌」を日吉の丘でたからかに歌いあげ、大会テーマにふさわしい日吉の一日を送ろうではありませんか。

（「三田ジャーナル」一九九一年十月十五日号）

体育会一〇〇年を讃える

慶應連合三田会のことし（一九九二）の大会テーマは、〝月去り星は移るとも——体育会一〇〇年〟と定められた。そして、十月二十五日の大会当日には、このテーマにちなむ体育会記念行事が、日吉のキャンパスに繰り広げられることとなっている。

慶應義塾に体育会という組織が結成されたのは、明治二十五年（一八九二）五月十五日と記されているから、ことしはまさにその創立一〇〇年を迎える年である。しかし、体育会結成以前から、すでに弓術、剣道、柔道、端艇、野球などの各部があって、それぞれ活躍していたと伝えられるから〝慶應義塾と体育〟あるいは〝塾生とスポーツ〟の歴史は、一〇〇年以上にさかのぼることができるといえよう。

体育会発足当時は、いま述べた五つの部のほかに〝徒歩部〟〝操練部〟という、あまり聞きなれない二つの部があったといわれるが、徒歩部は明治二十八年（一八九五）に廃止され、操練部は同三十二年（一八九九）に普通科（普通部の前身）の正規科目に編入された。その一方において、庭球、蹴球、水泳、自転車そのほかの部があいついで設立され、塾生のスポーツ活動は年とともに活発になっていった。そして、〝月去り星は移って〟創立一〇〇年を迎えたこんにちでは、体育会の部の数は三八におよび、各部の部員総数（大学）は、一七八九人（うち女子塾生二六一人）を数えるに至った。さらに、体育会OBで構成される三田体育会（山本惠造会長）の会員数は一万八三三〇人に達している。

体育会、塾生スポーツの隆盛は、単に部の数、部員の数の増大だけではない。その活動の状況、すなわち、各部の施設、部員の規律、練習の内容、試合の成果、塾生の関心度、全塾的な奨励振興策などが、年々充実をみていることは、社中一同まことに慶賀にたえない。

しかし、体育会、塾生スポーツのこんにちの隆盛は一朝一夕にできあがったものではない。一〇〇年の歴史のなかには、かずかずの困難も障害も苦悩もあったにちがいない。そしてそれらはいまも続いているであろう。ことに、戦時中の艱難、占領時代の制約、塾生数の急増にともなう体育施設の逼迫、および時代の変遷による部員の意識の変化などは、関係者がその対応に最も苦慮されたところであろう。これらの困難を社中の協力によりその都度、克服された塾当局ならびに関係者各位に改めて敬意を表するものである。ことに、体育会OB各位が、後輩の指導育成、施設の更新拡充等にあたって示される情熱と団結力と実行力とに対しては、全く敬服のほかはない。

体育会創立一〇〇年の記念行事は、年間を通じて展開されているが、正式の記念式典は四月二十六日（日）、日吉記念館で行われた。石川塾長の式辞につづいて、早稲田大学の小山宙丸総長は、来賓として、「学問とスポーツ」の関係について、きわめて示唆に富む祝辞を述べられた。小山総長によれば、現在、大学において講ぜられている学問は古代ギリシアにその源を発する。すべてのことについてその原因を知りたいという強い知識欲を持ったギリシアの知識人によって学問は生まれた。現在の学校や大学の制度そのものも、ギリシアの考え方からきている。スポーツもまた、オリンピックに象徴されるようにギリシアに源を発する。したがって、「学問とスポーツ」はギリシア生まれの兄弟なのである。学問とスポーツを対立的なものと考えるのは誤りであって、両者はその性質においても似た点が多い。例えば、学問もスポーツもそれ自体で値打ちをもつものであって、なにかに従属奉仕するものでもなく、なにかを求めるためのものでもない。ここに学問の尊さとよろこびがあり、スポーツの美しさと楽しさがある。大学において、両者は相補い相助け合うものとして存存する。大学においてスポーツが発展したことは決して偶然ではない。小山総長は大要以上のようなことを述べられ、体育会一〇〇年に対し懇篤な祝意を表された。

慶應義塾においては、一昨年（一九九〇）は社中をあげて「大学部設置一〇〇年」を祝し、義塾における学問研究の推進を誓い合った。ことしは「体育会創立一〇〇年」を祝し、スポーツ体育の振興をうたい上げている。学問とスポーツという〝ギリシア生まれの兄弟〟が、慶應義塾の中でも相補い相助け合って、ともに強くたくましく成長発達してゆくことを祈念するものである。

（「三田ジャーナル」一九九二年八月十五日号）

Ⅲ　三〇万社中とともに

慶應連合三田会会長就任あいさつ

さる、三月二十日（一九八七）の連合三田会常議員会におきまして私に会長を務めるようにというご決定がございましたので、謹んでお受けいたしました。みなさまのご支援によりまして、この重責を果たしたいと存じますので、なにとぞよろしくご支援ご指導を賜りますよう、お願い申し上げます。

幸い、副会長には、すでに連合三田会の運営について豊かな経験をおもちの諏訪博さん、山本恵造さん、石井公一郎さんに重ねてご就任をいただきまして、さらに、新たに佐々木正五さん、坂倉芳明さん、神谷健一さん、千野宜時さん、奈良久彌さん、吉原政雄さん、四島司さん、石川武さん、小林公平さん、椎名武雄さん、清水淑子さん、小林陽太郎さんにそれぞれ副会長にご就任いただくことができました。

また、会の業務および会計の監査をしていただく監事には、河村貢さん、村山徳五郎さんにご重任いただくほか、新たに竹見淳一さんに監事ご就任をお願いいたしました。

会長・副会長・監事、一体となって、連合三田会の運営にあたりたいと存じますので、相談役・

顧問・常議員・会務委員のみなさま、各三田会のみなさま、塾長はじめ塾当局のみなさまからの、ご指導、ご鞭撻・ご支援と、また率直なご助言、ご提言を賜りますよう、重ねてお願い申し上げる次第でございます。

次に、会務委員には渡辺亘委員長および井上保、野村英一、石原渥勇、内藤勲、三枝進、植田新太郎、天野喜代子、吉川敦子、山本実さんにそれぞれご重任いただき、また、新たに池田良子、吉田篤生、高橋純さんに委員に加わっていただきました。連合三田会は、慶應義塾社中の同窓会組織として、年に一度の日吉の大会のほか、日常いろいろのしごとをかかえております。常議員会等の会合の準備・運営もそのひとつでありますが、機関紙「三田ジャーナル」の発行、各三田会との連絡、新しく塾員となる新卒業生の三田会結成のお世話などさまざまなしごとがございます。この日常的なしごとの処理を、全くのボランティア奉仕として、担当していただいているのが会務委員のみなさんであります。

さて、連合三田会は、現在、七八八の三田会、一九万五二八人、やがて二〇万人になろうとする塾員によって構成される同窓会組織となっておりますが、顧みますと、慶應義塾社中において、同窓会の規約というものができましたのは、いまから八六年前、一九〇一年、すなわち福澤先生の亡くなられた直後の明治三十四年四月のことと記録されております。もとより、福澤先生は、そのご在世中、義塾社中の一致協力をつねに念頭におかれ、次第に増えてゆく塾卒業生が、社会の各方面で活躍する姿を見るのを楽しみとされ、現在幼稚舎のあります広尾の福澤別邸で、しばしば塾員・

同窓生を招いて園遊会を催すなど、塾員相互の交流、塾と塾員との結びつきに意を用いられておられるのであります。しかし、先生ご在世中は、それはいわば先生を中心とする師弟の会合でありまして、同窓会という観念、同窓会の規約・組織というものはなかったようであります。ところが、明治三十四年二月三日に福澤先生が亡くなられますと、先生亡きあとの社中の結束を誓うため、慶應義塾同窓会という組織・規約を定めて、定期的に集まろうということになりまして、明治三十四年四月十三日、広尾の福澤別邸に塾員が集まりまして、同窓会の会合を開くとともに、規約を定めているのであります。

しかし、この規約に基づいて、毎年開かれておりました同窓会というのは、東京在住者だけの小規模のものであったようであります。ところが一方において、塾員の活動は次第に全国的、さらに海外にまでひろがりまして、ことに横浜、名古屋、京都、大阪、神戸の実業界における塾員の活動はめざましいものがあるのであります。各地の同窓会は、はじめはそれぞれ「大阪慶應義塾同窓会」などと称しておりましたが、明治の末ごろから、「横浜三田会」「函館三田会」など「三田会」というよびかたになったようであります。大正を経て昭和に入りますと、昭和五年当時の記録によれば、全国各府県に八一の三田会ができているばかりでなく、当時の朝鮮の京城、平壌、釜山、台湾の台北、基隆、台中、台南、満州の大連、奉天、遼陽、撫順、開原、そして中国の上海、漢口、青島、さらにニューヨーク、サンフランシスコ、ロサンジェルス、シアトル、ロンドン、香港、ボンベイ、カルカッタ、シンガポール、ジャワ・スラバヤ、シドニーにも三田会があるのであります。

このころになりますと、交通の発達、通信の進歩もありまして、これらの、それぞれ別個に活動している各三田会相互の連絡を図り、一つの連合体、連合同窓会組織をつくって、全国的な集まりをつくろうという機運が出てまいったのであります。その結果、昭和五年十一月八日に発足したのが「連合三田会」であります。

かくして連合三田会第一回の会合は、昭和五年十一月八日東京会館で開かれ、各地三田会から三二九名が出席し、幹事総代、いわば会長の役には朝吹常吉さんが選ばれておられます。ちなみに、当時の塾長は林毅陸先生、連合三田会役員に就任されたのは、東京の板倉卓造、三村稱平、名取和作、加藤武男、小山完吉、北島多一さん、横浜の平沼亮三さん、名古屋の永滝松之輔さん、京都の下郷伝平さん、大阪の津田信吾さん、神戸の岡崎忠雄さん、そのほかの方々でありまして、その席上では、林塾長、神戸寅次郎先生、井上角五郎さん、本山彦一さんがスピーチをしておられます。

そして、このような形の連合三田会の会合は、戦前に前後十数回開かれたようでありますが、戦争によって自然に中断したようであります。このあたりのことは記録もあまり残っておりませんので、ご存じの方がいらっしゃいますれば、先輩方のご教示をいただきたいのであります。

戦後になりますと、日本経済の立ち直り、慶應義塾の復興とともに、各三田会の活動も再び活発となってまいりまして、連合三田会も、中上川三郎治さんが中心となられ、再出発を図ることとなりました。そして、昭和二十六年から、会則も変わって、「全国連合三田会」として、毎年大会が開かれるようになりました。関西で開かれたことも二度ほどあります。それから数年たちました昭和三十三年の義塾創立一〇〇年祭にあたって日吉で連合三田会大会が開かれましたときには、大矢知昇さんが委員長、武見太郎さん、入交太兵衛さんそのほかの方々が副委員長でありました。そののち、稲田勤さんが会長となられ、三田会の組織化がすすみ、ことに松田伊三雄さんが会長となられましてからは、連合三田会は、年度三田会、地域三田会、職域三田会、各種三田会によって構成される塾員団体であること、当番年度によって大会の運営を行うこと、会務委員によって日常業務を処理すること、などの体制が確立され、さらに武藤絲治会長のときに機関紙として「三田ジャーナル」を発行することが始まりました。中司清会長、横田郁会長のときには、「会長・副会長・監事会」の定期的な開催が定まり、運営の体制が確立されたのであります。昭和五十三年十一月、横田郁さんが評議員会議長に就任されたあとを受けて、板倉譲治さんが会長にご就任になり、こんにちまで八年四ヵ月にわたって、会長をお務めいただきました。

板倉会長は、随時、正副会長監事会を招集されるほか、毎年の連合三田会大会には毎回ご出席になり、当番年度委員の会合にも参加され、しばしば会務委員とも会合されまして、会の統率にあたられたのであります。そして、会の発展に伴う変化に対応するよう、会則の改正を提唱され、また、塾員の動向調査の着手、各三田会との連繫強化などさまざまな業績を大きく残されたのであります。ここに板倉会長のご業績をたたえ、板倉会長ならびに板倉会長とともに副会長、監事をお務め下さった井上徳治副会長、門野雄吉副会長、田中精一副会長、加藤武彦監事に対しまして、深く感謝の意を表したいと存じます。

さきほど来、申し上げましたように、慶應義塾社中の同窓会組織は、福澤先生ご在世当時からの永い伝統のうえにきずかれたものであります。そして連合三田会の組織と活動は、朝吹常吉会長以来、歴代の役員方のお骨折りと、塾当局のご理解、そして各三田会、塾員各位のご熱意・ご協力によって、現在の隆盛をみたのであります。

こんにち、この伝統ある連合三田会の役員の職を先輩方からお引き継ぎを受けました私どもは、歴史の重さを十分わきまえ、また、これから増加してゆく塾員の将来の動向を見すえ、社中一致の精神のもとに、会の運営に当たらせていただく心がまえでおります。

これをもってごあいさつとさせていただきます。

（「三田ジャーナル」一九八七年五月一日号）

台風一過、秋晴れの大会

十月十八日（日）、一九九八年慶應連合三田会大会（実行委員長　茂木友三郎君　昭和33年政）が日吉キャンパスで開かれた。前日は台風がすでに関東地方に接近した余波で荒模様の天気となったが、その中で実行委員諸氏による万全の準備が進められた。その夜、風はますます勢いが強まり、記念館前に張られたテントは吹きとばされてしまった。そして当日朝は、まだ激しく吹く風のなかで大会がスタートした。ところが、記念館内の式典がとどこおりなく終わったころから、雲は散り青空があらわれ、午後は、〝秋晴れの大会〟となった。

今年の大会テーマは〝三色旗はためいて一〇〇年〟であった。午前中は〝見よ風に鳴るわが旗を〟という塾歌のとおり、三色旗は〝嵐のなかにはためいて〟いたが、午後は日吉の丘に〝強く雄々しく〟掲げられていた。

谷村新司、菊池麻衣子、MAXの「終わらない夢コンサート」が大人気であったことはもちろんである。かずかずのイベントもすべて好評であったが、私が個人的に興味をひかれたのは、教室イベントのなかの「開運なんでも鑑定団＝テレビ東京　番組公開録画」のひとこまであった。

その中で経済学部三年の塾生稲生《いのう》愛子さんが登場し、家に伝わる福澤先生の書（先生が自作の漢詩を揮毫したもの）を持ちこんで鑑定を受けたのである。

「どうしてこの福澤先生の書があなたのところにあったのですか」という問いに対し、愛子さんは「私の曾祖父が明治の十年ごろ、一、二年慶應の塾長をしていたので、福澤先生からこの書をいただいたと聞いています」と言葉少なく答えていた。

愛子さんのいう〝明治十年ごろの塾長〟というのは、猪飼《いかい》麻次郎（一八五六〜一九〇一、塾長在任明治十一〜十二年）のことである。猪飼は中津出身で慶應義塾に学び、福澤先生の信任の厚かった人である。その経歴は多彩で塾内外で教育界に活躍しただけでなく、のちには中上川彦次郎に従って三井銀行に入り、京都支店長在職中に没している。猪飼の末女嵯峨さんが稲生稔氏に嫁ぎ、そのお孫さんが塾生稲生愛子さんなのである。

私はかねてから、慶應義塾草創期に福澤先生を助けて塾の基礎を固めた大先輩たちを尊敬しているので、森下岩楠《いわくす》のあとをうけて第十一代目の塾長をつとめた猪飼麻次郎の曾孫が塾生であることを知って嬉しく思った。

ちなみに「鑑定団」は、稲生家所蔵の「福澤の書」に対してはもちろん〝これはホンモノです〟と太鼓判をおした。稲生愛子さんのほかに、もう一人、福澤の書（額）をもち込んだ人があったが、こちらの方はお気の毒にも〝これはコピーです〟とハッキリ判定されてしまった。

（「三田ジャーナル」一九九八年十二月十五日号）

海外三田会の発展とその意義

海外三田会の数は、一九八八年八月現在、三三に及んでいる。

一九七〇年代以降、日本が国際社会の有力国として、世界経済の成長と安定とに大きな責任を担い始めるにつれて、海外に居住する日本人の数は大きく増加し、現在二五万人にのぼるといわれている。同時に、その居住地の分布、居住目的、活動内容、居住者の意識、日本人居住者に向けられる周囲の眼も近年大きく変化した。

かつて、第二次世界大戦終結前は、移民移住者は別として、海外に居住する日本人の分布は、当時の中国大陸および戦時中の東南アジアをのぞけば、アメリカ、ヨーロッパ等の大国の首都・主要都市、インド、オーストラリア等の重要商業都市に限られていたようである。それはまた大体において、日本の在外公館、正金銀行・物産・商事・郵船等の支店、出張所の所在地か、あるいは有名大学・文化施設の所在地であったといってもよいであろう。

しかし、そのような時代にも、海外の三田会（あるいは慶應義塾同窓会）は、早くから各地に組織されている。明治時代の「慶應義塾学報」（「三田評論」の前身）をみると、「ニューヨーク（紐育）」

「サンフランシスコ（桑港）」「ハワイ（布哇）」「ロンドン（倫敦）」「ベルリン（伯林）」「ボンベイ（孟買）」「北京」「上海」などの三田会記事がのっている。ニューヨーク市付近在住の同窓生は三〇人を下らないと記され、ロンドンの義塾同窓会は、毎月開催されていて、毎回二〇人前後の出席をみている。ちなみにロンドン三田会は、昭和の初年には会員が一〇〇人をこえたと伝えられている。さらに時代が下って第二次世界大戦中になると、中国各地はもとより、東南アジア諸国等において当時の日本人が足跡をとどめた主要都市では三田会が盛大に開かれた時期があったが、もとより長くは続かなかった。欧米各地の三田会が一時、事実上消滅したのはいうまでもない。大戦直後は、日本人の海外居住はきびしく制限され、そののちも、日本人の海外駐在者の数は決して多くなかった。

しかし、現在は、事情が一変した。外務省の在外公館がいちじるしく増えたのはいうまでもないが、日本政府の各省庁、公共団体等からも多数の公務員が在外出先機関に勤務している。民間では、諸団体・大学、そのほかの機関が多くの人を外国に派遣している。企業にいたっては、商社、金融機関、報道機関はもとより、製造・流通・建設・輸送・通信・サービス、そのほかあらゆる業種の大小さまざまな規模形態の会社が、世界各国、大小の都市ならびに遠隔地に出先を設けている。

そしてそこでは日本各地各方面から派遣されて居住している日本人が、オフィス、店舗、工場、建設現場、倉庫、空港、学校、病院、研究所、ホテル、レストランはいうにおよばず、あらゆるところにおいて活躍し、その家族子女たちも、それぞれの国のコミュニティの一員となっている。そして、ある場合には日本人コミュニティともいうべきものが形成されている。また、日本の出先機関とは関係なく、独立して外国で事業を展開する日本人も急増し、国連その他の国際機関の職員、外国の大学・研究所等の教授・研究員、外国企業の役員・社員になっている日本人の数も増加する一方である。また、外国人と結婚して外国に住んでいる日本人も珍しくない。日本で高校・大学を卒業してから、外国の大学・大学院に留学する日本人も多いが、その留学先もアメリカ、ヨーロッパだけでなく全世界に広がっている。一方、日本に留学をめざす外国人留学生の数も激増し、その本国もかつてのように台湾、韓国、中国、アジア諸国に局限されず、近年はひろく豪州、欧米、中近東、アフリカにわたっていることも事実である。

このような日本と外国との人的交流のひろがりの中で、当然のことながら、海外に居住する男女日本人塾員の数、そして慶應留学を終えて本国に帰っている男女外国人塾員の数は急速にのび、その分布も広がっていることは想像に難くない。ことに、塾卒業生は国際的なビジネスに従事するケースがもともと多く、近年は大使そのほかの外交官として海外で活躍する塾員も目立っている。医学部・理工学部出身者の海外での活動もいちじるしい。主婦として、日本をはなれた海外生活を送る婦人塾員も多い。

そして、海外在住塾員数の増加に応じ、海外三田会の数、会員数は、戦前とは比べものにならないほど増大し、その活動も一段と活発になってきた。また一方、塾に留学しすでに本国に帰国し、その土地の三田会に参加している外国人塾員も増えている。

このように、塾員の国際的なひろがりが進行していることは、社中全体にとっても、まことに喜ばしいことである。義塾社中のいわば代表選手として諸外国に居住し、いろいろなステイタスで活躍しておられる塾員に対し、われわれははるかに声援を送り、その活躍を祝したいと思うものである。

各地三田会は年度三田会とはちがって、年度年齢・学部学科・職業職種等のまったく異なる男女塾員が集まる場である。親睦のうちに視野を広げ感性を豊かにし、知識・情報を交換し、経験を分かち合う場である。年代をはなれ仕事を超えて、意見を求め合い、助言を与え合い、塾員としての自覚のもとに、互いに励まし合う場である。このような場をもつことの意義と重要性は、海外三田会においては特に痛切に感ぜられるところであって、海外三田会のもつ、大きな使命といってもよいであろう。

現在、海外における日本人の活動ぶり、公私におけるビヘイビアが国際的に注視の的となっている。日本人が国際社会において果たす役割が大きくなればなるほど、日本人に要求されるビヘイビアの基準はいよいよ厳しくなるであろう。日本に対する評価が高まるにつれて、日本から帰国した留学生に対する本国人の期待もさらに高まるであろう。このようなときに、「気品の泉源、智徳の模範たらんことを期す」という義塾の目的の実践躬行を海外塾員は特に大きく意識することであろう。海外三田会は、この塾風の高揚に、重要な役割を果たしておられると信ずるものである。

（「三田ジャーナル」一九八八年八月三十一日号）

慶應義塾に学ぶ留学生

近年、日本においては、留学生の受け入れ問題が各方面の注目をひき、関心を集めている。「日本に海外から留学生をもっと大勢受け入れよう」「留学生を温かく迎えよう」「留学生のための宿泊施設を整備しよう」「日本語学習の機関、教師・教材等を充実させよう」「大学院に学ぶ留学生に対し欧米なみに学位を授与できる道を検討しよう」「民間企業も留学生の生活や学習を支援しよう」「経済的負担の重い留学生に対する奨学金制度を拡充しよう」「留学生が、実習・アルバイトなどをできるよう、法制の運用を考えよう」等々の声が世論となっていることは周知のとおりである。そして、政府においても、各大学・諸学校等においても、関係団体、民間企業においても、それぞれの努力がはらわれており、年を追って、情況が改善の方向に向かっていることは喜ばしいことである。

ひとくちに男女留学生あるいは男女外国人学生といっても、その種類はさまざまである。数において大多数を占めるアジア諸国からの留学生。数は少ないが特殊の専攻分野における研究にたずさわる欧米からの留学生。本国において十分な大学教育をうけたあとで、さらに来日して日本の大学院で修士課程・博士課程を履修する留学生。あるいは、比較的短期の交換留学生として日本の大学・高校に学ぶ外国人学生まで含めるならば、その種類はまことに多様である。日本政府が留学費用を負担するいわゆる「国費留学生」、本国の政府または本国の諸機関からその費用で日本に派遣されている留学生、私費で学ぶ留学生など留学費用の出どころも一様でない。

従って、それら外国人学生が日本に来て日本で学んでいる動機、目的、立場、条件、経済的境遇、本国の国情、本国へ帰ってからの前途の期待または不安等々も、千差万別とまではいかないが、決してひとつのパターンではないことは容易に考えられるといってよいであろう。

石川塾長は、昨年、日本私立大学連盟の会長として、その機関誌「大学時報」(昭和六十三年一月号)に、「汗を惜しまぬ年に」という一文を寄せておられる。塾長はその中で、流動化する社会の推移に、大学として如何に対処すべきかを問いかけ、三つの課題を掲げ、そのひとつとして、「国際化の時代を迎えて、大学として、これにどのように対処すべきか」をとりあげ、次のように述べておられる。

「この課題には各大学とも、それ相応の創意と配慮を払っていることは承知している。けれども基本的姿勢としていえば、過去の国際交流は受信型のものであったのに対し、これからは発信型のそれに切り換えねばならない時代になってきていることである。顧みれば、日本の大学人たちは、学問研究、さらに異種文化の受容において、いかに多くを受け継いできたことか。その受けた恩恵のいくらかでもを、今度は他の国々の明日を担う若ものたちに伝えること、そしてその便宜を供与することに協力を吝まぬことは、国際化時代を迎える日本の大学の大きな責務でなければならない。」

以上が石川塾長の述べられたところである。

慶應義塾においては、まだ大学部の発足しない明治十四年（一八八一）から、はやくも外国人学生の受け入れを始めている。明治年間には多数の学生が朝鮮国、清国等から慶應義塾に学んでおり、ビルマ、シャム、フィリピンからの少年も幼稚舎に入学している。幼稚舎には在日欧米人の子弟が学ぶことも珍しくなかった。そして、アジアの情勢は変わっても、この人々の後輩が塾に学ぶ伝統は、第二次世界大戦終結のときまで続くのである。そして一方、大正後期に入ると、ハワイ等から在外日本人の二世が慶應に学ぶケースも加わった。さらに第二次大戦後は、全く新しい情況のもとに韓国、台湾、タイ、インドネシア、マレイシア、そのほかの新しい発展をめざす諸国、あるいは革命後の中国、さらに欧米各国等から、慶應義塾に留学する外国人の数が急増した。これはもとより、日本が多くの留学生を受け入れるようになったことの一縮図ともいえよう。

海外諸国、とりわけ新しい国づくりにはげむアジアの諸国を訪れたとき、かつて留学生として慶應義塾に学んだ塾員が、それぞれの祖国の発展のために活躍している姿をみることは、まことに楽しいことである。官界、政界、学界、実業界においてすでに枢要な位置を占める塾員がおられることももとよりうれしいことであるが、義塾留学から帰国したばかりの若い塾員が社会の第一線で明るく活躍している姿に接するときには、さらに心強くほほえましく感ずるものである。在塾中の外国人学生に対し、われわれ塾員もできるかぎりの支援を組織的に実行してゆきたい。すでに婦人三田会そのほかの塾員団体が、積極的に留学生との交流活動に乗り出しておられることは心強いかぎりである。また同時に、故国に帰っている元留学生の塾員諸君に対しても連合三田会としてはその組織を通じて、一層の緊密な連絡をはかる方策を講ずるべきだと思われる。塾員諸兄姉のご提案ご支援を願うものである。

（「三田ジャーナル」一九八九年七月十日号）

「慶應志木会」の誕生

このたび、「慶應志木会」（慶應義塾志木高等学校同窓会）が正式に組織され、去る十一月二十七日（一九八八）、「ホテルオークラ」で盛大な結成式が開かれた。まことに慶賀にたえないことである。

「慶應志木会」は、その会則第三条に示されているように、「慶應義塾農業高等学校及び慶應義塾志木高等学校に在籍したものを会員とする」同窓会組織である。現在の志木高校の前身である「慶應義塾農業高等学校」は、いまから四〇年前、昭和二十三年四月、当時の埼玉県北足立郡志木町に開校されているから、今回の同窓会結成は、「志木開校四〇周年」にあたり、ちょうどタイミングが良かったといえよう。

「慶應義塾農業高等学校」は、当時の校則によれば、「慶應義塾の教育方針に則り、独立自尊の人を養成するとともに、卒業後直ちに農業関係の実務に就こうとする者に対して有畜農業に関する知識技能を修得させることを目的とする」学校であった。広い農場を持ち、農場実習の時間があり、「耕種」「畜産」「農業経済」「農業伝統」「土と肥料」「農業工作」「農畜産加工」等の学課目があったという。いまから考えると、なぜこの時、慶應が農業高校を開設したか奇異に感ぜられるかもしれないが、慶應義塾における農業教育は、突然昭和二十三年に始まったものではなく、その源流は戦時中にさかのぼるのである。

第二次世界大戦中、慶應義塾は、激動する情勢と政府の戦時文教政策に対応してその存続を守るため、さまざまな計画・施策を打ち出さなければならなかった。そのひとつが、慶應義塾において農業教育を始めようとする計画であった。『慶應義塾百年史』によれば、昭和十八年七月、義塾評議員会では、「大学に農学部を設置」し、その学科は「農林学科」「農業経済学科」「獣医畜産学科」「農芸化学科」「水産学科」の五学科とすることを可決したが、政府の認可の見通しがたたず、構想を縮小して、「農学科」「林学科」「獣医畜産学科」「農芸化学科」の四学科による「慶應義塾農林専門学校」の設立を申請したが、これも許可されず、かろうじて昭和十九年、さらに規模を小さくして、「慶應義塾獣医畜産専門学校」が日吉に開校した。

ようやく開校した獣医畜産専門学校は、戦後の占領による日吉校舎接収によって、川崎市蟹ヶ谷に移り、仮校舎で一時授業が続けられたが、昭和二十二年十二月、志木に移転することができた。これは、東邦産業研究所（理事長松永安左ェ門氏）の施設が塾に寄贈されたからである。塾にとって、「志木の歴史」はこのときに始まるといってよいであろう。

しかし、このころ、獣医畜産専門学校は、戦後の学制改革もあって、すでに新入生の募集を停止し、これを継承するものとして、前記のとおり、昭和二十三年四月、新制の「慶應義塾農林高等学校」が開設された。大学に「農学部」をつくることはついにまぼろしとなったのである。

「農高」時代は九年間続いたが、昭和三十二年四月、社会の情勢の変化に対応して、普通高校への転換が行われ、ここに「慶應義塾志木高等学校」が誕生した。かくて、志木の高校は、慶應義塾の一貫教育の中で、日吉の高校および女子高とならんで、全く同等の位置づけが確立されたのである。それから、こんにちまで、すでに三〇年あまりが経過し、「志木高」卒業生の数は、七三〇〇人を超え、その前身である「農高」時代の卒業生を入れれば、七八〇〇人を超えるとのことである。志木高出身者は塾の大学各学部に進学し、やがて大学を卒業して塾員となり、社会の各方面において活躍している。その大きなパワーである「農高」および「志木高」卒業生の同窓会の「志木会」がこのほど組織され、「幼稚舎同窓会」「中等部同窓会」「普通部同窓会」「女子高同窓会（銀杏の会）」「高校同窓会」とならんで、ここに慶應義塾の設置する、一つの小学校（幼稚舎）、二つの中学校（中等部、普通部）、三つの高校（高校、女子高、志木高）の同窓会組織がそろったことは、大きな意味をもつものである。

将来、藤沢に中高一貫の学校が設置され、さらにニューヨークに慶應義塾ニューヨーク学院が開かれ、それらの卒業生が送りだされるようになって何年かが経過したならば、またそれぞれの「同窓会」組織ができるにちがいない。一貫教育は、慶應義塾の特色の一つである。その一翼をになう志木高の任務はますます大きくなるであろう。そして、その志木高卒業生各位に対する社中の期待も大きなものがある。志木高の一層の発展と「志木会」会員各位のご健勝ご活躍を祈ってやまない。

（「三田ジャーナル」一九八八年十二月三十一日号）

関西合同三田会と名古屋三田会

関西合同三田会の大会が、京都慶應倶楽部、近江慶應倶楽部の担当で、十月十八日（日）（一九八七）、京都宝ヶ池の国立京都国際会館で開かれた。当番担当三田会のほか、大阪慶應倶楽部、神戸慶應倶楽部、姫路慶應倶楽部、宝塚慶應倶楽部、奈良三田会、和歌山三田会、婦人三田会関西支部の会員・家族が参加し、出席者は三八五人におよんだ。

塾からは、石川塾長、佐々木常任理事、佐藤常任理事が出席され、私も慶應連合三田会会長としておまねきをいただいた。案内状に「木の葉も色づきはじめる洛北宝ヶ池で」と記されてあったが、秋の日ざしのもとで庭園をながめながらの楽しい一日であった。開会を待つ塾員・家族のためには茶席が設けられ、官休庵常任理事の千宗左さん（昭和45年法）一門の方々による薄茶のおもてなしがあった。

この日の午前、京都府庁の南正門を入って左側（西裏）にある「京都慶應義塾跡」の記念碑の清掃が、京都慶應倶楽部会員の手によって行われ、塾員有志がつぎつぎに記念碑をおとずれ往時をしのんだ。京都は福澤先生にゆかりの深いところである。明治五年（一八七二）、先生は京都府参事槙村正直の案内で京都の小中学校教育を視察し、その教育方針がわが意にかなっているのをよろこび、「そのよろこび、あたかも故郷にかえりて知己朋友に逢うがごとし」と記しておられる。そののち、明治六、七年ごろ、義塾では、各地の学校に教員を派遣し、あるいは分校を設けたことがある。明治七年(一八七四)、「京都、下立売通新町、西に入、北側」に設けられた「京都慶應義塾」も、その分校の一つであったが、惜しくも一年ほどで廃校となった。しかし、京都在住の塾員はながくこれを忘れず、五〇年あまりを経た昭和七年(一九三二)、京都慶應倶楽部の発起で、この記念碑が、かつて京都慶應義塾の置かれた地点、すなわち現在の京都府庁内に建てられたのである。同年十一月二十七日、林毅陸塾長、斉藤宗宣京都府知事、大工原銀次郎同志社総長そのほかの来賓をむかえ、京都、大阪、名古屋の塾員、家族約一〇〇人が参列し、その除幕式が行われた。当時の記録によれば、「京都慶應義塾塾生中の唯一の生存者丹羽圭介氏、雪白の美髯を撫しつつ碑前にすすみ、静かに除幕の綱を引けば、碑をつつめる三色旗は音もなく落ちて大花崗岩の記念碑はあらわれたり。碑は高さ六尺、巾九尺、厚さ二尺、正面に福澤先生の墨跡を拡大せる『独立自尊』の四字、ならびに林塾長の揮毫による『明治七年　京都慶應義塾跡』の文字を横書き三段に陰刻し、両側面にはペンの徽章を浮彫にあらわし……」とあるが、どっしりした記念碑はいまもそのまま手入れよく管理されている。ただし、その置かれている場所は戦後になって府庁舎の建てかえに伴い、現在の位置に移されたとのことである。

京都慶應倶楽部相談役の寺村八郎さん(大正10年理財)は、五五年前、昭和七年の記念碑除幕式に参加されたそうであるが、この日も、清掃の終った記念碑の前で、若い塾員たちと元気に記念撮影に応じておられた。

午後の式典は、宝ヶ池の国際会館会議場で開かれた。京都慶應倶楽部評議員長渡辺郁太郎さん（昭和9年経）、関西合同三田会会長牧野直隆さん（昭和9年経）の挨拶のあと、慶應連合三田会を代表して私が祝辞を述べた。続いて、石川塾長から、義塾の現状と課題、未来への展望について講演があった。出席者は熱心に母校の発展充実ぶりに聞き入っていた。

陽も傾いたころ、会場を隣接の宝ヶ池プリンスホテルにうつし、塾長をかこんで盛大な懇親会が開かれた。慶應連合三田会前副会長・関西合同三田会前会長の井上徳治さん（昭和3年経）も出席しておられたが、井上さんも寺村さんとご一緒に昭和七年の記念碑除幕式に参列されたそうである。「当時、私は鐘紡の京都工場にいました。休みの日には、この宝ヶ池あたりの山にハイキングに来たものです」と語っておられた。

関西合同三田会の次年度の大会は、神戸慶應倶楽部の担当で開かれることとなった。次年度も必ず盛大な大会となるであろう。

名古屋三田会総会

十一月六日（金）（一九八七）、名古屋三田会の総会が、名古屋銀行倶楽部を会場として開かれた。この日は、塾から石川塾長、辻岡常任理事が出席されたほか、たまたま東京から名古屋訪問中の三村庸平評議員会議長、西尾信一、田原尚、山室勇臣、佐々木正五、松尾英男の各評議員ならびに私も、特に参加させていただいた。総会では議事のあと石川塾長の講演があり、終って懇親パーティが開かれた。出席者は、来賓・特別参加者一一名のほか、会員一七五名であった。

名古屋三田会は、会員数九八一人（うち婦人三田会員四二人）という全国有数の大三田会である。役員は、田中精一会長（昭和9年政、中部電力会長）、野垣茂吉副会長（昭和14年医、野垣会野垣病院理事長）、竹見淳一副会長（昭和17年政、日本ガイシ会長）、加藤千麿幹事長（昭和38年法、名古屋相互銀行社長）という堂々たる顔ぶれである。総会で報告された六十二年度の事業をみると前回の総会は一七一名の出席、三月の春のつどいは一三七名の出席、七月の家族会は四五〇名の出席、そして八月のナゴヤ球場における「全慶早野球戦」の入場者は約三万三〇〇〇人であったとのことである。そのほか、婦人三田会昼食会が二回、幹事会は年間一〇回開かれている。また、会の財政も、諸戸正和会計幹事（昭和41年商）の報告によれば、年間の会費収入五〇〇万円、特別基金一五九七万円という充実ぶりである。

関西各地の三田会、名古屋の三田会は、ここに記したように、長年にわたって先輩方が築いてこられた基礎のうえに、現在の役員諸氏が若手塾員、婦人三田会員、大勢の力を結集して運営にあたっておられる。みなさんのご尽力に謹んで敬意を表するとともに、一層の発展を祈るものである。

（「三田ジャーナル」一九八七年十二月三十一日号）

秋のシーズン——義塾社中の多彩なイベント

〝秋〟は慶應義塾社中にとって、かずかずの大イベントが展開される賑やかなシーズンです。在学中の塾生諸君にとっては、ことし（一九九七）も伝統の〝早慶野球戦〟、大勝利をおさめた〝早慶ラグビー戦〟など、一連のスポーツ試合、恒例の〝三田祭〟（十一月二十一～二十四日）、〝普通部労作展〟（九月二十七～二十八日）、〝女子高十月祭〟（十月十一～十二日）、〝塾高日吉祭〟（十月十八～十九日）、〝志木高収穫祭〟（十一月二～三日）、〝中等部展覧会〟（十一月八～九日）、〝湘南藤沢中等部・高等部文化祭〟（十一月八日～九日）など、学園祭行事がつぎつぎに開かれました。塾員一同も、やがて塾員となる塾生諸君の活動に、できるだけ多くの声援をおくりたいと思います。

三田会同窓会関係で秋のイベントのトップをかざったのは十月二十六日（日）日吉で開かれた慶應連合三田会大会でした。本年度実行委員会の生田正治委員長（昭和32年経）はじめ委員各位の〝ご精進〟によって天気は快晴、参加者の出足も予想以上に快調で、余裕を見て用意した記念品も数が足りなくなるといううれしい（？）騒ぎがおきたほどでした。不慮の天災事故、急患の発生等に備えて、本年度実行委員会が特に周到に準備した危機管理体制、救急医療体制も、幸い作動する必要が生ぜず、大会は無事終了しましたが、万一に備えたこの方面の業務を分担された委員諸氏は非常にご苦労なさったことと感謝しております。

各部会にわたって委員諸氏が〝タイム・マシーンに乗ったように〟塾生時代の〝若き血〟と情熱とをそそいで、卒業後十年、二十年、三十年、四十年という年度差をこえてフットワークよくそれぞれ一体となって大活躍された姿は、おそろいの特注中国製ユニフォーム（ジャンパー）の〝カッコよさ〟と相まってまことに頼もしく力強く感ぜられました。また女子塾員の発揮したすばらしいウーマン・パワーも実行委員会の活動のなかで、ひときわ目につきました。

ことしも、このように大会が成功をおさめたことについて、実行委員各位に対し参加者一同にかわってあつく御礼を申し上げます。

来年の大会については、茂木友三郎君（昭和33年経、慶應連合三田会副会長、キッコーマン株式会社社長）を実行委員長として、すでに準備体制がスタートしています。一九九八年の大会も本年同様あるいはそれ以上に盛大に行われるよう、社中一同待ち望むものであります。

このように毎年、慶應連合三田会大会は日吉キャンパスの〝記念館〟を中心舞台として盛大に開かれていますが、義塾創立の一〇〇年（一九五八）の年に建設された〝記念館〟も来年は建築後四〇年を迎え、その老朽化がめだちます。

当面の応急的補修、手入れは行われていますが、いずれは新しい構想のもとに新しい記念ホールを建てる時期が来るでしょう。塾当局も将来計画としてすでに考えておられると思います。それが実現されることはもちろん大歓迎であり、最も望ましいことでありますが、その建て直しの期間中は慶應連合三田会の大イベントである大会の会場はどこに求めたらよろしいか、いまからみなさまのお知恵を拝借し、将来に備えておきたいと思います。

十一月九日（日）、大阪市南港《なんこう》の大阪ワールドトレードセンター二階会議室および隣接のハイアット・リージェンシー・オーサカ三階ボールルームで、〝97関西合同三田会大阪大会〟が四百二十余人の塾員・家族の参加のもとに盛大に開かれました。慶應義塾からは鳥居塾長、長島常任理事、慶應連合三田会からは会長の私が出席しました。私にとっては、大阪の〝南港〟地区の壮大なウォーターフロントのプロジェクトの現況を見るのは初めてのことでした。

関西合同三田会（会長小林公平君）は関西各地（大阪、神戸、姫路、宝塚、芦屋、泉州、和歌山、奈良、京都、近江および関西婦人三田会）一一の慶應倶楽部・三田会によって構成され、会員数三三一九人に達し、毎年大会が開かれるとともに、完備した名簿が発行されています。（今回の大会で但馬三田会の加入がみとめられ構成単位が一二となる。）大会の会場はまわりもちで昨年（一九九六）は、奈良市で開かれています。関西合同三田会は、地域合同三田会の中で最大の規模のものであります。

小林公平会長は式辞の中で福澤先生と関西各地、とりわけ大阪との深い縁故を述べられ、関西各地三田会の交流の重要性、塾と塾員との結びつき、塾員と塾員の結びつきを深める必要性等について、力強い所信を表明されました。

鳥居塾長は、明治六年から八年にかけて大阪に「大阪慶應義塾」が開かれていたことについて述べられました。淀屋橋から土佐堀通りを天満橋のほうへ行く右側、千代田火災ビルと野村証券ビルのあいだにある〝小寺《こてら》プラザ〟というビルのあたりが大阪慶應義塾のあとになるそうです。そこは、福澤先生が学ばれた緒方洪庵の〝適塾〟のすぐそばです。

私からは、慶應連合三田会を代表して祝辞を述べました。その大要は次のとおりです。

「福澤先生は、大阪を第二の故郷としておられた。明治三十年（一八九七）十一月、大阪で慶應義塾同窓会が開かれたとき、先生は大勢の塾員を前にして自分と大阪との縁故の深さ、大阪に対する自分の親愛の情の深さを表明するとともに、ご自分の大阪修学当時の大阪人士のあいだに〝学問〟を尊ばぬ気風があったことを指摘され、もし万一いまもそのような気風が残っていたならば、大阪では大きな仕事はできなくなる。〝願わくば諸君は学問を尊び高尚なる気品を養い世界を相手として大商売を営まれんことを切望する〟と述べておられる。先生はこのように当時の大阪人の気風に若干の懸念を表しておられたが、いまこの会場から眺められる新世紀のウォーターフロントという、大阪人による大阪の大プロジェクトを福澤先生にご覧にいれたならば、先生はニッコリとして〝第二の故郷〟大阪に一層の誇りを感ぜられるに相違ない。」

来年の関西合同三田会は京都で開かれるそうです。いまからそのご盛会を祈ります。

十一月十五日（土）、中等部開設五〇年の式典が三田で行われました。戦後の学制改革にともなって、男女共学の中学校として、慶應義塾中等部が開設されたのは昭和二十二年（一九四七）のことでした。初代中等部長今宮新先生から現在の部長小田卓爾先生まで歴代の部長先生、教職員の方々のご苦労は定めし大きかったこととお察しいたします。

一週間のちの十一月二十二日㈯には、記念同窓会が新高輪プリンスホテルで開かれました。いま同窓会の会員数は一万二〇〇〇人ときいていますが、当日はその四分の一を超す三千数百人が出席し、すばらしい同窓会が開かれました。中等部同窓会の西村礼門会長、近沢公大常任委員長、小菅尚志実行委員長ならびに平素から同窓会員相互の連絡に務めておられる幹事役の諸氏、会員各位に深く敬意を表するものであります。

（「三田ジャーナル」一九九七年十月十五日号）

山形県と慶應義塾——東北連合三田会の集いに参加して

このたび、第三九回東北連合三田会の集いが山形市で開かれ、私も山形三田会会長三浦新君（山形銀行頭取・塾評議員、昭和38年商）のおまねきを受けて参加いたしました。

そのおり、お祝いのご挨拶の中でも申し上げたのですが、山形には、古くから三田会が結成されております。いまから九〇年前、明治三十四年（一九〇一）、これは福澤先生が亡くなられた年でありますが、その年の五月に当時の塾長鎌田栄吉先生が山形、米沢を訪問されました。そのとき、山形でも米沢でも相当数の塾員が、鎌田塾長をお迎えしておられます。そしてその翌年には塾生をまじえて山形慶應義塾同窓会が開かれております。

このように早くから山形地方には三田会——そのころは三田会といわずに慶應義塾同窓会とよんでおりましたが、塾の同窓会が組織されておりました。それもそのはずでありまして、元来、現在の山形県一帯からは、幕末のころから慶應義塾にといいますか福澤塾にといいますか、福澤先生のところへ学ぶ人がつねにあったようであります。慶應義塾の古い記録に『入社帳』というのがありますが、それによりますと、慶應元年、これはまだ鉄砲洲福澤塾のころでありますが、奥州上山《かみのやま》奥山又三郎という人が福澤塾に入門しています。いまから一二六年前のことですが、この奥山氏が、山形地方からの塾生第一号だろうと思います。その翌々年慶應三年には奥州米沢上杉弾正大弼家臣四人、羽前山形から一人入門しています。そのまた翌々年明治二年、これは塾が新銭座に移ってからですが、戊辰戦争が終ったばかりのときに羽前上山から一人、庄内から一人、これは高力衛門といい、のちのちまで福澤先生とのつながりのある人、米沢から二人というように慶應義塾に入っています。廃藩置県後になりますと、塾が三田に移ってからですが、明治六年には置賜《おいたま》県から三人、羽前大泉（庄内）から二人、上山から一人などと絶えず山形方面から塾生がきています。

そして明治十九年（一八八六）になると池田成彬さんが入ってこられる。申すまでもなく、池田さんはのちの三井銀行重役、日銀総裁、大蔵大臣であり、塾の評議員会議長であります。『入社帳』には「山形県羽前国南置玉郡仲間町二一番地池田成章長男士族」と書かれています。続いて明治二十三年には、のちに塾の大学教授兼図書館監督になられた田中一貞先生が入塾しておられる。先生は鶴岡の出身でありますが、くわしい経歴や業績は、ちかごろ発刊された「近代日本研究」七号（福澤研究センター刊）に法学部の川合隆男先生が書いておられます。そののちも、山形県は多くの人材を慶應義塾に送っています。そして現在も、三田会がさかんであることはまことにうれしいことであります。山形県内各三田会のご発展をお祈りいたします。

なお、このたびの山形訪問に際しては、三浦山形三田会会長をはじめ、山形銀行常務西田庄一郎君（昭和28年政）、同総合企画部鈴木俊伸君（昭和49年経）そのほか大勢の方々にお世話になりました。

厚く御礼申し上げます。

（「三田ジャーナル」一九九一年八月十五日号）

第四六回東北連合三田会

東北六県の各三田会は、〝東北連合三田会〟の名称のもとに、毎年合同三田会を開いている。昨年(一九九七)は山形で開かれたが、ことし第四六回東北連合三田会は秋田三田会(会長河村周吉君)が当番で、七月四日夕刻から秋田市の〝セレモニーホールへいあん〟を会場として盛大に開催された。参加三田会は青森三田会(会長田中虎之助君)、岩手三田会(会長平井冽君ほか四名)、山形三田会(会長三浦新君ほか一〇名)、鶴岡三田会(会長斎藤研司君ほか三名)、酒田三田会(会長前田剛君ほか一名)、仙台三田会(会長亀井昭伍君ほか七名)、石巻三田会(副会長浅野亨君)、福島三田会(会長瀬谷俊雄君ほか四名)、郡山三田会(会長池田惣一君ほか三名)、ならびに秋田県下の能代三田会(二名)および地元秋田三田会(七一名)で、参加者は計一一四名ほかに来賓五名であった。

塾からは鳥居塾長、長島常任理事が出席し、慶應連合三田会からは恒例によって私が会長としてご案内をいただき参加した。

開会にさきだち、各三田会の会長会議ならびに慶應義塾維持会および慶應カードの推進についての懇談会が開かれた。維持会については各三田会に維持会推進の担当者をおくことが申し合わされた。

会は秋田三田会副会長小玉康延君の来賓・参加三田会の紹介に始まり、同三田会河村会長、東北連合三田会会長亀井昭伍君ならびに私の挨拶があり、議案として、次期開催地は満場一致で青森市と決定、青森三田会田中会長から受諾の挨拶があり、拍手が送られた。鳥居塾長からは、日本の教育制度の歴史と現状、慶應義塾の近代日本への大きな貢献と、現在将来において果たすべき役割と義塾の現状についての内容の濃い力強い挨拶があり、一同に深い感銘を与えた。長島常任理事からは海外の三田会について興味深い報告があった。

懇親会では秋田三田会副会長小玉得太郎君から歓迎の辞があり、アトラクションとして〝西《にし》馬音内《もんない》盆踊り〟（同保存会会長は秋田三田会会員　柴田貞一郎君）があって盛り上がりをみせた。

秋田県と慶應とは縁が深い。第一に秋田出身の塾員で、塾卒業後郷里に戻り、秋田の地域経済、地域社会に大きな貢献をする塾員は過去において多数の先輩を数えることができるし、現在においても秋田の経済・政治・医療・報道等各方面に多くの人材を見出すことができる。また第二に、秋田出身の塾員で卒業後は東京にとどまり、東京を舞台にして活躍した人、活躍している塾員も少なくない。さらに第三に、秋田出身者ではないが、他県出身の塾員で、秋田を舞台として活動した先輩も少なくない。現在も秋田に駐在して活躍している塾員も増加している。私は、それら三種類の塾員の実例のいくつかを述べてみたい。

第一に郷里秋田で活躍する塾員は明治以来数えあげれば際限がない。明治、大正時代には秋田県下には相当数の銀行が存在したが、その中で塾員が経営陣に加わっている例は少なくない。一例をあげれば、南秋田郡船川港町（現在の男鹿市）の沢木銀行（明治三十年〈一八九七〉創立、のち大正十四年〈一九二五〉四十八銀行と合併、四十八銀行は昭和十六年〈一九四一〉秋田銀行と合併）の創立者である澤木晨吉氏の一家であろう。氏の一家はほとんど全部塾員である。最上謙吉氏も平鹿銀行の役員であった。銀行といえば、現在、秋田においては秋田銀行（頭取諏訪純人君・昭和34年経）、北都銀行（頭取齋藤隆夫君・昭和37年政）が二大銀行であるが、いずれも塾員が頭取である。

そのほか、現在も、運輸、酒造、商事、流通等の分野においての塾員の活躍がみられ、能代では宮腰洋逸市長が塾員（昭和33年経）である。

つぎに、県外で活躍した秋田出身の塾員として、一人だけを挙げるとすれば、慶應義塾大学文学部において美学・美術史の部門の基礎をきずいた澤木四方吉《よもきち》教授の名を逸することはできない。澤木教授は、さきに述べた船川港の名家澤木家の出身であるが、明治四十二年（一九〇九）小泉信三先生の一年あとに塾を卒業し、ともに義塾派遣の留学生としてヨーロッパに学んだ間柄であった。帰国後、文学部で美術史の講座を担当し、また当時の東京帝国大学文学部で美術史の講座を兼任したこともある。不幸にして澤木教授はわずか四十五歳で没したが、『西洋美術史研究』『西洋美術史論考』等の名著をのこしている。

さらに、県外出身者で秋田を舞台に活躍した塾員を一人あげるとすれば、それは井坂直幹《なおもと》氏（明治十六年〈一八八三〉卒）であろう。氏は水戸の出身であるが、明治二十二年（一八八九）来県し明治四十年（一九〇七）に秋田木材工業（現在の秋木）を設立した。いまでも能代市御指南町には「井坂記念館」があり、氏の名をとどめている。

いまから八八年前、明治四十三年（一九一〇）の夏、慶應義塾は東北・北海道各地で巡回講演を行った。鎌田栄吉塾長および田中萃一郎《すいいちろう》、福田徳三、林毅陸（途中で田中一貞教授と交替）の各教授は七月二十二日上野駅を出発、盛岡、青森、函館、小樽、札幌、室蘭、弘前、大館、秋田、横手、山形、米沢、の各地を訪問して公開講演会を開催するほか、国会議員、県知事、市長、町長、学校長、銀行頭取などその土地の有力者有識者と会談し、同時に、それぞれの三田会同窓生、ならびに帰省中の塾生による歓迎を受け、一八日間の日程を終えて八月八日帰京の途についている。

このうちで、塾長一行の秋田市訪問の模様を当時の「慶應義塾学報」の記事によってたどってみよう。

八月三日午前九時四十七分大館駅を出発した鎌田塾長一行は午後一時秋田駅に到着し、直ちに公園内公会堂で八〇〇人の聴衆を前に「都市の精神――田中一貞」「尊王新論――田中萃一郎」「銀行と工業の関係――福田徳三」「人物養成論――鎌田栄吉」という題目で午後六時まで講演会が行われた。そのあと秋田倶楽部での招待会にのぞみ、大久保鉄作市長、井上広居県会議長、山崎城弁護士会長、河田與惣左衛門貴族院議員らの有力者、また三浦盛徳代議士、湊鶴吉市参事会員、澤木晨吉（沢木銀行頭取）、澤木淳吉、澤木堅吉、澤木四方吉、澤木裕吉、沼田忠治らの三田会員、茜谷良蔵、児玉高道らの塾生など四〇名近くの出席者の歓迎をうけている。

東京からの交通がまだ不便で、学問的な情報もなかなか伝わってこなかった当時において、慶應義塾の講演会は各地の有識者によって高く評価されたことと思われる。

鎌田塾長一行の秋田訪問から二五年経過した昭和十年(一九三五)の夏、小泉信三塾長は金原賢之助、茅野《ちの》蕭々《しょうじょう》の二教授とともに七月二十日秋田を訪れ、秋田さきがけ新聞の講堂で講演を行っている。小泉先生の演題は「日本近世史と福澤諭吉」であった。今回、鳥居塾長は初めて秋田市を訪問されたわけであるが、塾長のスケジュールがきわめてご多忙であったため、講演会、記者会見等の企画は日程的に到底無理であったときいている。現在は昔とちがって、テレビその他による情報の伝達が早く、また日本各地に多くの大学が設置されそれぞれの文化水準が高まっているので、明治・大正・昭和初年とは全く事情がちがうが、慶應義塾のもつ高い学問水準を各地の人々と交流しわかち合う企画は、今後もなんらかの形で考えられてもよいように思われる。

安政五年(一八五八)、江戸鉄砲洲奥平屋敷の一隅で発足した福澤先生の塾が十年を経て慶應四年(一八六八)、〝慶應義塾〟と命名され、一私塾でなく〝公共の会社〟として面目を改めたことは周知のことである。明治になってからは、日本国内に〇〇義塾と名乗る学校がつぎつぎに現れたことも広く知られている。われわれは何となく、「日本で〝義塾〟という名前を使ったのは〝慶應義塾〟が元祖である」と思いがちであるが、実は秋田市には、〝慶應義塾〟命名にさきだつこと五年、文久三年（一八六三）に、「雷風義塾」という名称の学塾が創立されている。この雷風義塾は幕末の思想家平田篤胤の流れを汲む人たちによって、下谷地町《しもやちまち》にある篤胤の生家大和田家のなかにつくられたものである。秋田三田会副会長小玉康延君のご教示によれば、いまもその地点に「雷風義塾址」と刻まれた高さ一・五メートルほどの石碑が立ち、裏面には「昭和二十年建立」と記されているそうである。ちなみに雷風義塾は明治五年廃校になったとのことであるが、詳細は知るところでない。

雷風義塾は慶應とは全く縁がないが、明治初年に秋田市（当時の久保田）に開かれた「太平学校」は慶應と縁があったようである。同校には福澤先生の周旋で大橋淡、高木喜一郎等の塾員が教員として派遣されている。明治十一年、高木が太平学校の写真を送ったところ、その立派さに福澤先生が感服したという話が残っている。

（「三田ジャーナル」一九九八年八月十五日号）

東北六県三田会のつどい

東北連合三田会（会長　亀井昭伍君　仙台三田会会長　昭和27年政）の第四七回総会・懇親会が、去る七月十七日（一九九九）、青森三田会（会長　田中虎之助君　昭和25年経）のお世話で、青森市青森ホテルを会場として盛大に開かれた。青森県内では、青森三田会のほか八戸三田会（会長　橋本昭一君　昭和37年政）、弘前三田会（会長　佐藤甚弥君　昭和29年法）が参加、他県からは岩手三田会、仙台三田会、山形三田会、酒田三田会、鶴岡三田会、会津三田会が参加、総計約一〇〇名の塾員が出席した。いちばんの先輩は、秋田三田会会長の河村周吉君（昭和21年政）、いちばんの若手はことし卒業の青森三田会の尾崎朝美君（平成11年法）であった。

鳥居塾長は超多忙の中を〝日がえり〟で出席され、映像を使って〝慶應義塾の過去・現在・未来〟と題してスピーチを述べられ、一同に深い感銘を与えた。

今回は塾長が青森市にこられるというので、青森県出身の現役塾生の家族（青森県在住）がこの総会に招待され、一二名の出席者は塾員とともに塾長のスピーチを聞き、懇親会の席では、一人ひとり塾長と挨拶をかわし、社中一家の輪の広がりをみせた。

アトラクションの〝津軽民謡、手踊り〟のあと、なごやかな懇親会が続き、来年の開催予定地を代表して、岩手三田会の平井冽会長（昭和25年経）の挨拶があり、青森三田会幹事長の武田隆一君（昭和44年商）から閉会の言葉が述べられた。青森三田会会員の大活躍によって、ことしも東北六県の三田会の大集会が、塾長をかこみ、塾生の家族もまじえ盛大に整然と和やかに行われたことは、まことに喜ばしいことであった。

私は、連合三田会会長として、今回、青森にお招きをいただいたので、総会の席でご挨拶を述べたおりに、青森と慶應義塾とは古くから深い縁によって結ばれていることを手短かに述べた。

それは、幕末・明治初期、弘前の津軽藩士が数多く慶應義塾に学び、その縁で明治二年には早くも福澤先生の高弟二名が青森の英学校で英語を教えている。そして、そのときの仮校舎は今回の三田会の会場となった青森ホテルのすぐ近くにある浄土真宗大谷派のお寺（蓮心寺）であった。また、いま弘前市にある東奥義塾高校の前身〝東奥義塾〟（明治六年創立）は、福澤先生または小幡篤次郎先生の命名といわれ、創立時には慶應義塾から教員が派遣されており、当時のカリキュラムや教科書は慶應義塾のものとソックリであったとつたえられている。

また、県下西津軽郡の木造町《きづくりちょう》には、戦争末期から戦争直後にかけて、幼稚舎生が集団疎開をしていたことがある。また、これは偶然の一致であるが、幼稚舎生が木造で分宿していたお寺の一つは「慶應寺」というお寺であった。これも浄土真宗大谷派のお寺である。福澤先生は福澤の私塾を改組してパブリックなものにする際、ときの年号をとって慶應義塾と名づけられたというが、慶應寺のほうは、もっと古く、元禄年間に京都の本山東本願寺の法主宣如上人からいただいた寺号だといわれている。どうも年代的には、慶應義塾よりも「慶應寺」のほうが先輩のようである。

福澤先生は他人の著書に序文を求められても、滅多に応じなかった。しかし、旧会津藩士広沢安《やす》任《とう》が、斗南藩小参事として、谷地頭《やちがしら》（現三沢市内）に牧場を開き、その成果を「開牧五年紀事」として出版したとき（明治十二年）、先生は熱のこもった序文を寄せ、〝文を以って名のある〟広沢の実行力を絶賛している。苦難の途を歩んだ斗南藩士に、先生は温かい激励の辞を送ったのである。

東北各地は慶應義塾に縁故が深い。それは、明治維新後、いわば逆境に立たされた東北の青年は、新しい学問を身につけることによって世に立つことを志し、ある者は西洋文明の源をたずねてキリスト教に入り、ある者は自由の精神をもとめて慶應義塾に学ぶものが多くあったのであろうか。これからも、東北六県からつづいて塾に学ぶ若い男女がふえることを願うものである。

（「三田ジャーナル」一九九九年八月十五日号）

三田会の義援活動

美しい社中協力の精神

ことし（一九九五）の一月十七日朝、阪神・淡路地方に強度の大地震が発生したとき、そのニュースはただちにテレビを通じて全国に広がり、また同時に世界中に報道された。

やがて深刻な災害状況の詳報が伝えられるにつれて、罹災地に親族・知人を持つ人々は、安危を気づかってその消息を確かめるために手立てをつくし、見舞・援助に奔走した。

阪神地区に直接の友人・知人を持たなくても、同じ日本国民として、あるいは同じ人類の一人として、不幸にして被害を受けられた阪神地帯の同胞に対し、何かできることがあればという気持ちから、内外多数の人々があるいはボランティアとして援助活動に従事し、あるいは進んで義援金・援助物資の募集に応じた。

われわれ塾員は、阪神地方に義塾社中、塾員仲間が大勢いることを知っている。数多くの三田会が関西にあることもよく知られている。震災直後から、早くも各地の三田会の間に〝阪神の塾員にお見舞を!!〟という声が起きたのは、ごく自然のことであった。

慶應連合三田会では、慶應義塾当局ならびに関西合同三田会（会長 小林公平氏）と密接な連絡をとりつつ、災害にあわれた阪神地区の三田会・塾員を支援するため、二月九日義援金の募集を開始し、五月末日の締切日までに二三七の三田会および塾員有志グループの応募により、二〇〇〇万円を超える義援金が集まり、連合三田会からの五〇〇万円をあわせてこれを関西合同三田会にお渡しすることができた。関西の各三田会および各塾員からは懇篤な書状が連合三田会に寄せられ、社中の真情の温かい交流が強く感ぜられた。

福澤先生と震災救援策

阪神大震災が起きたとき、人々は、過去の大地震のことを想起した。いまから七二年前、一九二三年（大正十二）の九月一日、東京・横浜でおきた関東大震災の事例も多くのマスコミにとりあげられた。それよりさらに三二年前、すなわちいまから一〇四年前、一八九一年（明治二十四）十月二十八日朝、関東と関西の中間、岐阜・名古屋を中心とする濃尾地方に大地震が発生している。推定マグニチュード八・四、家屋倒壊八万戸、死者七三〇〇人と記録されている。

地震発生の翌々日から、福澤先生はその主宰する「時事新報」紙上に、みずから社説の筆をとって長期・短期の災害対策を提言しておられる。

「大地震」「震災の救助法」「地震は建築法の大試験」「同胞の感情を表す可し」「震災善後の法」

「震災の救助は政府の義務にして之を受くるは罹災者の権利なり」「救済の勅令」「義捐金《ぎえんきん》および物品の分配」「緊急命令および予算外支出問題」「岐阜人民の請願」などがそれである。

さらに翌年（一八九二）に入っても先生は震災の善後策に注意をはらいつづけ、「震災地の手当は遅々す可からず」「震災地の工事」「震災費事後承諾」などの社説で、ひきつづき政府の復興施策について建言を行っておられる（いずれも『福澤諭吉全集』第十三巻所収）。

福澤先生のこれらの提言には、いまもなお傾聴すべき卓見が多くふくまれ、一〇〇年を経ても政府の対応策に進歩が少ないことを嘆じさせるものがある。

先生は災害対策について政府がすみやかに果たすべき責任・役割の重大さを強調する一方、〝満天下幾千万の同胞が〟金額の多少にかかわらず、〝一片の誠情を表して続々義捐（援）の挙〟に出ることを希望しておられる。

災害の区域が広く、被害も甚だしいなかで、〝有志者が投じたる義捐金の如きはいわゆる九牛の一毛〟であって、その義援は、それだけで実際の援助を全うすることができないことはわかりきっている。しかし、座視するに忍びない同胞の情を表すのは美しい人情であって、その真情は罹災した人々に大きな慰めと励ましを与え、そのあいだの〝情〟の交流には深い意味があることを強調しておられる。

今回の三田会の義援活動は、〝社中相助け、相励ます〟社中協力の精神の表れであって、社中交流のうえで大きな意義があったことと信ずるものである。

（「三田評論」一九九五年十月号）

慶應倶楽部の歴史

創立は一九二一年——発祥の地は神田須田町

会報委員会から、「会報に、慶應倶楽部の創設からこれまでの歴史を書いていただきたい。いまの会員は当時のことを全然知らないでしょうから……」というご依頼がありました。若い会員の方からご覧になると、私などは倶楽部の古顔の一人だから、ひょっとして倶楽部創設のエピソードでも知っているかと思われたのかも知れません。

ところが、少し調べてみると慶應倶楽部は「創立会を開いたのは大正十年(一九二一)七月、神田の万世橋駅階上〝みかど〟に於いて呱呱《ここ》の産声《うぶごえ》をあげた」と記されています。一九二一年というと私の生まれた年です。一月に産声をあげた私が、その七月の慶應倶楽部の創立事情を知るわけもありませんが、偶然にも〝生まれ年〟が同じということで私も急に興味を覚え、ぼつぼつ調べながら〝倶楽部史〟の一端を記すことといたします。

慶應倶楽部は、戦前のある時期、「慶應倶楽部」という月刊誌を出していました。私の手許に、そのバックナンバーのごく一部（昭和十三年、十四年、十五年のもの数冊）があります。いま主としてそれらを資料として、創立以来のことを述べることとします。

昭和二十年代のことですが、まだ終戦後の混乱期でしたが、私は慶應倶楽部に入会いたしました。そこでおめにかかった大先輩は金沢冬三郎さん（明治36年政）でした。あるいは当時、金沢さんがクラブ会長だったようにも思います。クラブのご常連に篠原亀三郎さん（大正12年経）、森護郎さん、島信次さんというような方々がおられました。そして、それらの方から「慶應倶楽部は昔は丸ビルにあった」「三村稱平さんが会長だった」「慶應倶楽部は交詢社とちがって、慶應出だけで別にクラブを作ろうという意気込みだった」などというお話を断片的にうかがったことがありましたが、しかし、もとより気にも留めず聞いていたのでくわしいことはよくわかりませんでした。

ところが、今回、いま述べた月刊誌「慶應倶楽部」を読んでみると、昭和十三年（一九三八）四月号に、前記の森護郎さんが「慶應倶楽部回顧」という文をのせておられます。「記憶をたどり、雑文的に書く」ので年代や数字に誤りがあったらご了承願いたいと断っておられますが、なかなか細かいところまで記しておられます。以下、森さんの「倶楽部回顧」を摘録します。

「倶楽部創立は前々から、よりより協議されていたようだが」「具体化したのは大正十年（一九二一）春なお浅い頃から」であって、「趣意書規約ができて創立の会を開いたのは大正十年七月、神田万世橋駅階上〝みかど〟に於いてであった。」

これによりますと、慶應倶楽部の創立記念日は、いま（一九九七）から七六年前、日はハッキリしないが七月のある日ということになります。

創立メンバーは二十歳代の若手塾員が中心

「趣意書は伊藤正徳君が執筆し、規約は島君と私等で原案を作成した。」「三村稱平さんが議長となり、私が原案の説明役を引き受けた。」

三村稱平氏（明治43年理財）は慶應義塾評議員会議長の三村庸平氏のご尊父です。のちに、三菱銀行の常務になられましたが、当時は若手行員だったのでしょう。伊藤正徳氏（大正2年理財）は「時事新報」の記者として有名で、『連合艦隊の最後』等の名著があります。島信次氏（大正5年理財）は三秀社という印刷会社を営んでおられました。森護郎氏（大正5年理財）は、お若い頃は日立製作所に勤めておられたようです。このメンバーの卒業年度をみて気づくことは、慶應倶楽部の創立メンバーは、いずれも卒業後五年から十年前後、二十歳代から三十歳代前半の青年塾員だったことです。

森氏の〝回顧〟のつづきに「当時の名称は〝慶友倶楽部〟であったが、後にオール慶應の同友を統合する意味で慶應倶楽部と変更せられた」とあります。そうすると、倶楽部創立は一九二一年ですが、〝慶應倶楽部〟命名は何年なのか、これから調べてみないとわかりません。

ちなみに、〝創立会〟の会場となった、神田の万世橋駅というのは、いまはありませんが、お茶の水駅と神田駅の中間、現在の交通博物館のあたりにあった駅です。東京の歴史にくわしい慶應倶楽部副会長の三枝進さん（昭和35年経）が〝慶應倶楽部発祥の地〟である、万世橋駅のその頃の写真を探し出して下さいました。

さて、そののち集会会場は、「大正十年の十月に銀座の裏の〝ホワイトパロット〟という狭い三階建の中の一室を会場とし、やがて手狭で困るので、その年の暮頃〝新橋駅上の東洋軒〟を宛てることとし」、「事務所は神田の島君の宅へ設け、定例晩餐会は東洋軒に集まってやると云う風に定め、入会金は十円取るし、会費は二円、その上定例晩餐会が二円五十銭、それでも仲々多数の会員が集会した。」

当時の金で十円、二円、二円五十銭というのは相当の金額だったでしょう。〝仲々多数の会員が集会した〟とありますが、当時どのくらい会員がおられたのか、三村、伊藤、島、森各氏のほかにどのような方がおられたのかは、いまのところ不明であります。

〝ホワイトパロット〟というのは、銀座のどこにあったのでしょうか？　ご存じの方はお教え下さい。

会場は銀座のホワイトパロットから新橋駅二階の東洋軒へ

次にもう一人の創立メンバーである島信次さんの回顧録（大正十三年）を紹介いたします。お二人のお話がすこしずつちがっているところが面白いと思います。

森さんのお話ですと「慶應倶楽部は大正十年七月、神田万世橋駅階上の〝みかど〟で創立の産声をあげた」となっていますが、島さんのお話によると「難産に難産を重ねて、やっと慶友倶楽部と云う仮の名で生まれたのが大正十年十一月（十月）十八日、発会式の場所は今の銀座ビアホールの横町をまっすぐ行った右角のホワイトパロット（白い鸚鵡）という喫茶店。集まったひとびとは約四〇人」「当分毎週金曜日ここに集まることとし会の名前も新たに慶應倶楽部と命名した」となっています。ホワイトパロットという店は、〝京橋区三十間堀三丁目十八番地〟にあって、三枝副会長に調べていただいたところ、今の松坂屋のうしろあたり、三十間堀の河岸通りの角にあったようです。スコットランド生まれの〝美人〟（本間五郎松氏夫人）の経営で特色のある店だったそうですが、わずか二カ月で、十二月にはクラブの会場は新橋駅階上の東洋軒に移っています（島さんの手記によると、発会式の日が十一月十八日となっていますが、ほかの記録によると十月十八日が正しいようです）。

初代理事長は田中萃一郎博士、二代林毅陸博士、三代三村稱平氏

さて、会の創立日はどうやら一九二一年十月十八日のようですが、初代の会長あるいは理事長は誰だったのでしょうか？　ここで再び森さんの回顧談を読みますと、倶楽部と慶應義塾との微妙な関係が描かれています。

「倶楽部創立後、慶應義塾の後援を交渉したところが意外に冷酷で、交詢社があるのに余計なこととけなされた」「私はカンカンに怒って塾の御世話にならぬと覚悟した」「ところが実に勇敢にも田中萃一郎博士は、そのアトモスフィーアの中から倶楽部の理事長になってくださった。しかも熱心なもので理事会には必ず出席されて若い人々の議論に傾聴せられる」「私は先生の御宅（麻布我善坊町）の近所（麻布森元町）に住んで居た故、倶楽部の用事で」、「十一時頃まで話し込んで先生の勉学の妨害をした事は何とも恐縮にたえない」「不幸にして先生は大正十二年八月、越後の海岸で客死された。私は先生の死を特に悲しんだ。」

田中萃一郎《すいいちろう》先生は、歴史学の大家で、慶應義塾大学卒業ののち初期の塾留学生としてヨーロッパに派遣され、帰国後は、塾の看板教授の一人ともいうべき存在でした。先生の主著『東邦近世史』はのちに岩波文庫にも収められ、不朽の名著となりました。先生は専門の歴史学以外にも政治・経済・国際問題等に広く論陣を張っていました。その田中先生が、まだ五十歳の若さで急逝されたのです。八月十三日避暑先の新潟県瀬波温泉の海岸で水泳を試みようとする直前、午前九時脳溢血で急逝されたのですから、森さんをはじめ倶楽部会員のみならず、社中の人々一同が驚き悲しみ嘆いたのは当然でしょう。小泉信三先生は「田中博士の死によって、慶應義塾は償うべからざる損失を蒙った。これは単に故博士の比類稀なる学殖のためにのみ言うのではない。剛毅誠実、親切義俠にして磊落洒脱なる尊敬すべく親愛すべき人格の一朝にしてわが社中より奪われたことを悲しんだのである」と述べています。田中先生逝去のあと、当時、塾の教授であり衆議院議員であった林毅陸先生が第二代理事長に就任されましたが、大正十三年、塾長就任のため、倶楽部理事長を退任し、三代目理事長に三村稱平氏が就任されました。

「慶應倶楽部報」第四号（大正十四年〈一九二五〉十二月発行）の巻頭の辞は、「大正十年十月、新橋の一茶亭上において（銀座のホワイトパロットのことでしょう）、慶應倶楽部が有志僅かに二十数名により呱々の声をあげて以来、年を閲《けみ》すること五歳三旬、六歳の新春を迎えんとす。今や会員三〇〇名以上に及び晩餐会の会を重ねること三十有余回」「今回三村新理事長を迎え新進新鋭の気を横溢せしめんとす」「吾人の理想たる一大ユニバシティークラブの建設に」「努力せざるべからず」と述べています。

三村理事長は倶楽部設立準備の段階から熱心に倶楽部の運営に尽力され、のちのちまでも常に慶應倶楽部の発展に貢献されました。

東洋軒での講演会と文部大臣官邸でのパーティ

それでは、倶楽部草創期にはどんな活動をしていたのでしょうか？　倶楽部発足の翌年大正十一年（一九二二）一月から四月までの新橋駅東洋軒の晩餐会のスピーカーを見ると次のとおりです。

義塾教授　小泉信三君（のちの塾長）
「社会主義より見たる共産主義」
外務参事官　林毅陸君（のちの塾長）

「ワシントン会議に関して」
文部大臣秘書官　後藤武男君（時事新報記者、のち茨城日報社長）
「摂政宮殿下（のちの昭和天皇）の真人格」
会員　阿部章蔵君（水上滝太郎）
「文学談」
文学士　小山内薫君
「劇について」
三菱銀行員　熊谷一弥君（デ杯選手）
「欧米テニス界の消長」
文化学院　石井柏亭君
「東西の美術について」

立派な顔ぶれのスピーカーですが、出席会員数は十数名から三〇名どまりだったようです。

ここで、当時の塾内外の情況にふれてみたいと思います。倶楽部創立のころ、政界では政友会総裁原敬が首相で、慶應では塾長が鎌田栄吉、幹事（いまの常任理事）が石田新太郎という顔ぶれでした。その原首相は大正十年十一月に暗殺され、あとをついだ高橋是清内閣も翌年六月総辞職し、そのあと、海軍大将加藤友三郎が総理大臣に就任しました。同大将は組閣にあたり、そのとき貴族院議員であり、慶應義塾長であった鎌田栄吉先生に文部大臣就任を交渉し、先生はこれを受諾して入閣しました。

明治三十一年（一八九八）以来二五年におよぶ慶應義塾長の座をアッサリ退いて大臣に就任したことは塾社中を驚かせ、大臣就任を祝賀しながらも、かげでは次のような声もあったそうです。それは「加藤大将からの電話一本で、慶應義塾長の要職を弊履《へいり》のように脱ぎ捨てて、二つ返事で大臣を引き受けたのはケシカラン」というのでした。これについて高橋誠一郎先生は次のように述べています。「こうした声が鎌田氏の耳に入ると、同氏はニッコリ笑って答えた。〃私は、二つ返事で引き受けたのではない。一つ返事で承知したのだ。〃」その鎌田文相時代に慶應倶楽部では、当時永田町にあった文部大臣官邸で鎌田先生主催のパーティを開いていただいています。倶楽部の連中は大得意だったようで、これで慶應倶楽部の地位も認められたと喜んでいます。

丸ビル移転と会報の発行

現在（一九九七）、千代田区丸の内二丁目の「丸ビル」は新築のために近く取りこわされると報ぜられています。その丸ビルが完成したのは大正十二年（一九二三）のことでした。慶應倶楽部は、丸ビルの出現に目をつけて、その一室を借用しました。これについて島さんの回顧談は「丸ビル移転については三菱の三村稱平君が保証に立たれた関係上なんらの面倒もなく」「大正十二年五月一日から」「四階の四三五区、広さは一一坪余、賃貸料一カ月一〇九円」と述べています。なお、当時の丸ビルのアドレスは「東京市麴町区永楽町一丁目一番地」でした。

丸ビルの部屋には碁盤、将棋盤、新聞、雑誌、書籍等を備え、事務員を置き、当時は高価だった電話も架設しクラブ施設らしいものが次第に整ってきました。ただし晩餐会をここで開くのは無理なので、それには丸ビル内のレストランを利用したようです。なお、丸ビルに入居したのは大正十二年（一九二三）五月一日でしたが、四カ月後の九月一日に関東大震災がおこり、かつての例会場だった銀座のホワイトパロット、新橋駅の東洋軒はいずれも焼失しましたが、新築の丸ビルは無事でした。地震発生のとき、倶楽部に居合わせた会員、事務員は「血眼になって狼狽したが幸い負傷者もなく、倶楽部の損害は柱時計がこわれたのと本箱が倒れたくらいで極く軽微」だったそうですが、それでも十一月一日に再開するまで二カ月間は閉鎖しなければなりませんでした。そののち、翌年になると、この部屋ではせまいというので、会員で三菱地所部の宮田《みやた》正男《さだお》さんの尽力で、四二八区に移り、一八坪借家料一カ月一九一円を払うようになりました。

事務所、集会場が整うのと並行して、会報が発行されるようになりました。その第一号は大正十三年（一九二四）三月発行で表紙の題字は鎌田先生の筆によるものです。会報は必ずしも月刊ではなく、年数回発行されたようです。

このように、倶楽部設立以来転々としていた事務所も丸ビルに安定し、スペースも拡大し、会員も増え、会報も発行され、島さんの回顧談にも「……万難を排して倶楽部が設立されたそののちは、会員各自の協力により、隆々旭日のごとき盛況を来し、今日にては、もはや大盤石を丸ビル楼上に築きあげし如く、何等の動揺も感じない様になった」とあります。ところが、どうしたことか、せっかく倶楽部の大盤石を築いた丸ビルを数年のうちに撤退し、銀座の二丁目あたりに移転し、さらに有楽町の三柏《みつかし》ビルというところに引越しています。そして講演会のような真面目な倶楽部活動は後退し財政的にも大困難におちいり、倶楽部の負債のために一部の会員は非常に苦労なさったようです。しかし、どうしてそのようなことが起きてしまったのか、そのあたりの事情はいまのところよくわかりません。島さんの手記にも「丸ビル時代に続いて多難な銀座時代、三柏時代……等を何《なん》人《びと》かの筆によって記述されるならば更に興味あることと思うのである」と付記されています。この時代のことについてご存じの方からご教示をいただければ幸いです。

銀座への移転——混迷の時代

いままで述べましたように、慶應倶楽部は大正十年（一九二一）に創立され、やがて大正十二年（一九二三）には新築の「丸ビル」に事務所と会員談話室を設け、専任の事務員を置き、会報も発行するようになりました。そして晩餐会・講演会は丸ビル九階の精養軒や東京海上ビルの中央亭を会場として毎月のように開くなど、万事順調のように見えました。ところが、どうしたことか、大正十五年（一九二六）になると、倶楽部は突然、銀座二丁目十四番地に独立家屋を借りてそこへ引越してしまいました（正確な月日は不明）。

移転賛成派と反対派

この移転はスンナリ実現したものではありませんでした。三五〇人ほどの会員は「移転推進派」と「移転反対派」にわかれ、ついに役員改選まで行われ、「反対派」の役員は一人をのぞいて全員退陣し、ついに移転が決行されたようです。「移転派」の主張は「丸の内に居ては発展性がない。足が不便で周囲も淋しい。気軽に立ち寄る気にならない。銀座ならば銀ブラのついでにチョット顔をだすこともできよう。そして〝酒場、玉突場〟などの娯楽施設を設ければ、会員も増え、賑やかになるだろう。いまならば、銀座に借りられそうな物件があるから引越そう」というものでした。

「移転反対派」の意見は「折角、丸ビルという一流のところに落ちついて、塾当局や大先輩たちからも評価を受け、有益な講演会もつづいているのに、娯楽本位の倶楽部にしてしまうのは、知識《ちしき》涵養《かんよう》という倶楽部本来の趣旨にもそむくことになる。移転には反対だ」という説でした。

銀座の空気と収支の悪化

とにかく銀座へ移ってみると、なるほど一時は賑やかになったようですが、丸ビル時代のご常連——つまり反対派——は寄りつかなくなり、だいぶ空気が変わったようです。結局、この銀座時代は昭和三年（一九二八）までおよそ二年あまり続くのですが、そのあいだのことは、会報の発行も久しく途絶えてしまったので、様子がよくわかりません。後年、「旧反対派」らしき人たちが、あちこちで語っているところによると、銀座時代のことは散々にけなされています。「僕たちはあまり寄りつかなかったから、よく知らぬが」などと前置きをしながらも、「陰気な裏町のバラック」

「チョット銀座というとバカに便利で華やかな気もするが、東京に住みなれた者から見れば、それも畢竟《ひっきょう》婦女子と田舎者向であって、殊にその裏町ときては全くお話にならない」「玉突きその他の設備に相当多額の金を要した。そのため、倶楽部として身分不相応の借金ができた」「家賃二五〇円が支払えなかったので役員が個人で負担した」「保証人になった役員は私財を差し押さえられました」「実にご迷惑だったと思います。ちょうどお客様が来ているときに、突然赤紙をベタベタはっていったので奥様は驚き、立腹されました」「酒場などは繁昌したのにどういう訳か原価さえ回収できない」「派手な方法でやって行ったので収支の観念もなく、だらしのないやり方の結果であります」「講演会の如きも、二年か三年の間に二回か三回しか開いておりません」「創立当時、慶應倶楽部のことを危ぶんでいた塾当局や大先輩たちが、丸ビル時代になって折角倶楽部のことを評価してくれて信用がついてきたのに、銀座でグチャグチャになったので、ソラ見たことかと叱られました」「それで家主から立ち退きを命ぜられて退却せざるを得なかったのです」「三〇〇〇円無ければ立ち退くこともできなかった。三村さん（三村稱平理事長）にはお気の毒でしたが半分出して貰い、後はわれわれ五人で作り、マァようやくの思いで、そこ（銀座）を引き払ったのであります」といった調子でコキおろされています。

銀座からの撤退

このように、あとからの評判は散々ですが、銀座時代の慶應倶楽部も、終わりのころには、ようやく会報を復刊し（昭和三年六月）、勇ましく義塾の改革を論じたり慶應会館の建設を提唱したりしています。

また、講演会も、定期晩餐会という形で前ブラジル大使田村七太氏を招いて六時から十時までブラジル事情を聴取して質問懇談したなどという真面目な催しも開いています。しかしその一方で「暑中は堅苦しい講演でもあるまい」というので、「ユーモリストで名高いO氏」を招いて「近代流行のカフェーより始まり、女給、ダンサー……」についての漫談をきき、「終わってO氏の案内で人形町にくり出し、ダンスホールに入り、場内で踊り狂う、洋服断髪の女、オールバック・セーラーパンツの男の姿に驚嘆」さらに地下のバーに出かけて「大阪式バーの雰囲気にひたり」「十一時近く散会した」（昭和三年八月）という調子ですから、〝反対派〟はきっと眉をひそめたことでしょう。

そして、さきに述べたような事情から、ついに銀座から撤退することとなり、昭和三年（一九二八）十一月二十五日から、「麹町区有楽町一丁目五番地三柏《みつかし》ビル三階」に移転しました。慶應倶楽部は一九二一年の設立以来わずか七年のあいだに「銀座ホワイトパロット」「新橋駅二階」そして「丸ビル」「銀座二丁目」「有楽町」と転々と移ったのでした。

なお、「銀座の裏町」とけなされた、「銀座二丁目十四番地」というのはどの辺だったのでしょうか。例によって、副会長の三枝進さんに調べていただきました。三枝さんのお話では、銀座二丁目十四番地という地名表示は昭和五年二月の大幅な町名変更によって消滅し、旧十四番地は、現在の銀座二丁目三番地の一部にあたるそうです。さて、それはどこかというと、銀座通り二丁目の東側の裏通りに面した一画で、「昔からあまり目立たない、地味な場所」で、「特別目立つ施設建物」や目印などのない地帯だったとのことです。

この稿を書く前に、いまの銀座二丁目三番地あたりを歩いてみましたが、いまでも、伊東屋さんの別館のほかはあまり目につく建物の見当たらない地味な通りです。

銀座から有楽町へ

〝銀座裏〟時代の慶應倶楽部は、一部の会員からは散々にけなされていますが、なかには〝銀座時代〟をエンジョイしていた人もあるようです。若林六策さんという会員は、「私は銀座時代にはたびたび倶楽部へ参りました。その時分、私は銀行へ行って居りまして帰りによく立ち寄ったものでございます。その当時、私は玉突が非常にうまかったものですから、玉突競技ではいつも一等をとりました。皆さんが〝若林は玉が上手だから玉の委員にしてやろう〟ということで撞球委員をして居りました。そのうち評議員にしていただきました。」となつかしそうに想い出話をしています。

しかしとにかく、毎月二五〇円の家賃も払えないほど財政は行きづまっている。その一方ではときどき出る会報の中で「慶應倶楽部はユニバーシティー・クラブである。それには交詢社とは別に立派な〝慶應会館〟を建設すべきである。会館には食堂の完全なる設備、演芸場兼舞踏室の設備、宿泊設備、運動設備を設けるべし」などと勇ましい気焔をあげています。

また、慶應義塾の〝規約改正案〟を塾当局に突きつけたり騒々しいこともやっています。そのために塾当局や大先輩にはもてあまされ、穏健な会員はますます寄りつかなくなりました。ところがどういう風のふきまわしか、幸いなことに、昭和三年十一月、慶應倶楽部は銀座を引き払って、有楽町の新しいビルの三階に引越すことができました。その時の移転通知には、次のように書いてあります。

「……来る十一月二十五日より、左記へ移転の事に決定致し候間、ご諒承下されたく候。……追って電話移転手続中につき、それまでは極めて不便ながら地下室西洋料理〝モンパリー（電話……）〟へ諒解これあり候ども、特に急用に限り御利用の事に願い上げ候……。」

なんとも不便な時代だったようです。移転先は「麹町区有楽町一丁目五番地三柏ビルヂング三階（食堂及バー等はモンパリーに於いてご用命のことに相成候……）」とあります。そこに地図が描かれていますが、それでみると、いまの日比谷通りのＪＲガード寄り、現在ＪＡＬのサービスショップがあるあたりのようです（のちに東光電気工事のビルになった建物のように思います）。

移転が完了したあとの会報には「更正した慶應倶楽部」と題して「慶應倶楽部が移転した。陰気な裏町のバラックから、しかも新式の鉄骨コンクリート七層建ての堂々たる階上へ移ったのである」「場所は有楽町駅のすじむかい。省線がうるさいという人もあるがソンナことは問題じゃない」「聞けばこの三柏ビルの経営者藤原氏は政、実両界に著名の士で、貧乏な倶楽部に対し、非常に義侠的な条件で提供されたそうである」「人情、紙よりうすい不景気なこんにち感謝にたえない」「将来何ものかを以てこれにむくいなければならないと思う」と感激しています。この〝藤原氏〟というのは誰のことなのか、知りたいものです。藤原銀次郎さんとは思えません。

さて、当時の倶楽部役員は理事長が三村稱平氏（三菱銀行）でそのほかに理事が九人いますが、理事長以外はどういう人なのか、お名前を見ただけではちょっとわかりません。なお、たびたび出て来る三柏ビル地下室〝モンパリー〟というのは、会報に出ている広告によると〝香り豊かな珈琲、紅茶。ロマンチックなカクテル。感じのよい食堂ダイニング……御定食、御昼食一円三〇銭、ライトランチ一円、御夕食一円八〇銭〟という昭和初年の典型的な西洋料理店だったようです。

なお、広告といえば、そのころの会報の広告（といっても、いわゆる賛助広告でしょうが）のご常連は「三越」「大日本製糖」「大日本麦酒（ヱビスビール、サッポロビール、アサヒビール）」「千代田生命」「ライオン歯みがき」「東京瓦斯」などですが、現在の慶應倶楽部常務理事、山本德治郎さん（昭和48年経）のお店の広告は日本橋の欄干と擬宝珠の絵があって「東京室町電話日本橋（二四）二六一、二六二〝海苔は山本〟」とあり、そしてその次に「塾員および慶應倶楽部員の御注文は更に吟味致すべく候」と右からの横書きであります。

有楽町に移ってからは、会合も多くなったし、松永安左ヱ門氏（当時東邦電力社長）、名取和作氏（当時富士電機社長）など塾の有力な先輩も出席されるようになり、微妙だった塾との関係もだいぶ良好になってきたようです。

三柏ビルの倶楽部は三階から四階に移りスペースも少し広くなり、また、昭和四年には「地番変更」があって「有楽町一丁目十四番地」から「有楽町一丁目三番地二号」に変わっています。

しかし、この有楽町の三柏ビル時代もわずか一年ちょっとでアッサリ終わってしまい、昭和五年一月には、新築の銀座交詢ビルに移転することになりました。〝藤原氏〟にはどうやって報いたのか記録もありません。

銀座交詢ビルの落成――交詢社の成り立ち

昭和四年（一九二九）十二月二十八日、中央区銀座六丁目にある現在の交詢ビルが落成しました。交詢社は福澤先生の主唱によって、明治十三年（一八八〇）に結成されましたが、その設立の趣旨は、各方面の人たちが集まって、互いに知識情報を交換し、互いに世の中のことを諮詢《しじゅん》相談し合うための場を提供するものとなっています。それは、一種の異業種交流と生涯学習の機関として発足し、「商人は農業の有様を百姓に聞き」「農家は商売の事情を市人に問い」「学者士族は農工商の営業の実際を質《ただ》し、農工商は、学者士族に思想の方向をたずね」「官人は人民の苦楽を問い、人民は政府の情態を解する」のが趣旨です。「朝野雅俗、貴賤貧富を問わず広く社員」を集めようとのことで、農工商の産業界、官学・私学の学界、政界、官界、新聞界、都市・地方にわたって広く各方面から一七六八名の社員（会員）を集めました。したがって塾関係者にとっては、交詢社を塾員のみの団体とする考えはなく、むしろ交詢社を〝塾社中以外の人々を含む交流連帯の場〟としてとらえていたようです。ですから交詢社はその後も慶應のユニバーシティー・クラブにならず、こんにちに至っています。

ちなみに「社の名称」ははじめは「日東社」と決まっていて印刷物も出来上がっていたのを、設立間際になって急に「交詢社」に変更されました。「知識交換、世務諮詢」という言葉がよっぽど気に入っていたのでしょう。

それはともかく、交詢社の集合所の建物は、はじめから、現在地の一部にあったのですが、大正十二年(一九二三)の関東大震災で焼失し、その後一時は社員大倉喜七郎氏の好意で帝国ホテルの敷地内に仮建築を建てて移りましたが、昭和四年の末に、現在の七階建てのビルが完成し、「三階ならびに四階全部および他の一部を交詢社の専用」とし、その他は当分「貸室」として使用することになりました。

慶應倶楽部の交詢ビル移転まで

有楽町の三柏ビルに移ってからは、慶應倶楽部の会報も定期的に発行されるようになり、その中には面白い記事も見られます。たとえば塾長はじめ塾当局者との懇談会を開いて、倶楽部側出席者(ただし九名)からいろいろ〝要望〟を出している中に「幼稚舎および普通部に女子部を併設または新設すること」というのがあります(昭和四年〈一九二九〉二月号)。当時から女子を入れるべしという声があったのでしょう。ただし、大学に女子を入学させる要望はこの席では出なかったようです。また「クラブ・バッヂ、倶楽部会員章作成」という記事があって(昭和四年〈一九二九〉三月号)、

「大きさは直径四分強（約一・五センチ）、銀台に三色旗を形取って青赤青の三線を周囲に細く七宝で縁を取り、中央に左より慶應俱楽部の略字K．O．Cを赤銅で象眼にしました。なお、裏面のトメはペン型とした。実費八〇銭也……」とあります。いまから七〇年近く昔につくられたわけですが、もしも、どこかに一個でも残っていたら、是非一見したいものです。

俱楽部の移転と理事長の交替

さて、交詢ビルが出来上がってみると、慶應俱楽部ではいままで塾の大先輩や塾員以外の名士が集まっている交詢社に対して、なんとなくコンプレックスと対抗心を持っていたようですが、あっさりと交詢ビルに移転しました。『会報』には「当俱楽部が特に交詢社へ移転したいという考えもなかったのだが、出来上がってみると同じ借家をしているならば親類である此の新建築の中で小さくとも室を借りて行き度い様な気持ちが期せずして起こったので、俱楽部理事会の間に一気に移転の議がまとまってしまった次第である」というような、なんとなく歯切れの悪い報告がのっています（昭和五年〈一九三〇〉一月号）。それでも、新築ビルの中に、ゆったりとしたスペースの〝クラブ〟ができて、俱楽部員は満足したらしく、また、交詢社員の中の塾員有力者が次第に慶應俱楽部に入会するようになりました。

その年（一九三〇）十二月、俱楽部では役員改選が行われ、俱楽部の功労者、三村稱平氏がご自身のご希望で理事長を退任され、連合三田会幹事長（会長職）朝吹常吉氏が新理事長に就任されました。昭和七年（一九三二）になると会員数も一二〇〇名を超えるようになりました。しかし、いいことばかりではなく、同年五月の会報には、大きな活字で「今回、理事会の議決を経て、次のごとき内規が設けられました。〝倶楽部の発展を阻害し名誉を毀損する言語行動がある者に対しては理事会の決議を経て除名することを得〟。事実多数会員を顰蹙《ひんしゅく》せしむる如き狂態を演ずる一、二の者あり、止むを得ざる結果ですから、悪しからず御了承願います」という〝報告〟が出ています。どんな狂態を演じたのか知りたいものです。このようなトラブルを乗り越えて、いよいよ慶應倶楽部を社団法人にしようとする準備がすすめられ、従来の定款を改正し、昭和八年（一九三三）四月六日付で設立が認可され、四月二十日に登記を完了しました。クラブの施設は、かねて五階から二階に移っていましたが、この年（一九三三）〝食堂〟の設備が出来上がりました。会員数も大幅に増えて、一七九五人となりました。

むすび

以上述べましたように、大正十年（一九二一）に慶友倶楽部として発足した慶應倶楽部は、「万世橋時代」「ホワイトパロット時代」「東洋軒時代」「丸ビル時代」「銀座裏時代」「三柏ビル時代」を経て、ようやく「交詢ビル」に落ち着き、施設もととのい、会員も増加し、「社団法人」の認可を受け、ひとまず「完成の域」に達しました。「これで慶應倶楽部もご安泰」と思われました。しかし、このころから日本は次第に戦時体制に入ってゆきます。その影響で慶應倶楽部にも、やがて変化が見られるようになりました。とはいうものの昭和八年（一九三三）からの約十年間は「慶應倶楽部の戦前の黄金時代」だったといえるでしょう。

「慶應倶楽部の歴史」は資料が種切れになったので、このあたりで一応打ち切るつもりでした。ところが先日、山本德治郎さんが、戦後の昭和二十年代、昭和三十年代の「慶應倶楽部理事会議事録」の綴じ込みをさがし出してこられ、さらにクラブの古い話を伺うため、櫻田巖（昭和11年経）さんにインタビューをされました。それをたよりに、もう少し書いてみることにしました。

いままでに、慶應倶楽部は大正十年（一九二一）の創立以来約八年間、あちらこちらと事務所の引越しをつづけ、昭和四年（一九二九）銀座交詢ビルの新築落成とともにその四階に入居し、ようやく安定したことを述べました。そして慶應倶楽部は交詢ビルに、単に事務所だけでなく会議室、食堂、バー、娯楽室も設け、簡素ながら相当まとまった倶楽部施設をもつようになりました。会報も立派な月刊誌の体裁をととのえ、表紙は毎号、鈴木信太郎画伯の新しい絵でかざられました。会員数も昭和七年（一九三二）には一二〇〇人を超え、役員の顔触れも立派なものでした。しかし、昭和十年代になると〝時代の波〟は倶楽部にも押し寄せました。昭和十六年（一九四一）、戦争がはじまると、いよいよ食糧、出版用紙などが窮屈になり、倶楽部活動もむずかしくなり、ついに戦争末期には「倶楽部という名称はケシカラン。早く変更せよ」という政府の指令がありました。やむを得ず、定款を一部変更して、〝社団法人慶應倶楽部〟を〝社団法人東京三田会〟に改称しました。

しかし、もうそのころは空襲のさなかで、たぶん慶應倶楽部あらため東京三田会も開店休業のありさまだったことでしょう。

昭和二十年(一九四五)八月の終戦によって平和は戻ってきましたが、世の中全体、日本中大混乱で、焼け跡の東京はヤミ市、ヤミ米、新円、インフレで大騒ぎでした。その中で、慶應倶楽部も息を吹き返し、名称もいつの間にか再び慶應倶楽部と呼ばれるようになりましたが、定款の改正手続きなどはほうっておいたようで、定款上は昭和三十年四月までは、〝東京三田会〟となっていました。しかし、誰も〝東京三田会〟と呼ぶ人はありませんでした。

交詢社四階のクラブ施設は戦争直後のことですべて殺風景で、出入りする人も、立派な大先輩がおられるかと思うと、塾員なのか何なのかえたいの知れない連中もいたので、三十歳になるやならずの私などはビクビクしていたものです。バーがあるのでウイスキーか何かをガブガブ飲んでいるご常連もいて、気味がわるいこともありました。山本さんの「昭和二十六年の理事会記録に櫻田さんのお名前がのっていますが」という質問に対し、櫻田さんはあっさりと「うん、あの頃は二、三回出席すると、もう理事にされてしまったんだよ」と答えておられます。私も、その調子だったのでしょう。山本さんがもってこられた「昭和二十六年八月二十八日」の理事会議事録というのを見ると、出席理事七人のうちに私の署名が入っています。「へえ、これが私のサインかな」という気もしますが、四七年前の悪筆をつきつけられて閉口しています。全然覚えていませんが、その時の議題は「新旧会長歓送迎会打ち合わせ」となっております。旧会長は金沢冬三郎さん、新会長は大《おお》矢知昇《やちのぼる》さんです。大矢知さんは大正五年卒業で、三井銀行常務・東横百貨店社長を歴任した方です。

櫻田さんたちとご一緒に理事にしていただいたのはよかったのですが、昭和二十六年九月の理事会議案を見ますと、〝倶楽部の経営経費捻出の研究〟となっており、それから毎年毎月「借室料金値上げの件」「一時金二万円終身会費の制度をつくり、椅子カバー、窓かけなど室内装備をする件」などの議題が続きました。金繰りがつかないので櫻田さんや門倉《かどくら》森《もり》さん（昭和4年政）に立替えていただくのは毎度のことでした。事務長、事務員（二、三人）の給料は払っていましたが、交詢社への借室料は滞納がかさなり「借室料は役員一〇名から一万円ずつ拠出して完納すること」「借室料値上げの件」「ひと口五万円の寄付を集める件」「会費値上げの件」「十円玉醵金の件」「終身会費及び理事監事にひと口千円ご支出を乞う件」などだんだん末期症状があらわれ、昭和三十五年に入ると、もうどうにもならなくなりました。そんな中で、少人数のご常連はルームに集まってバーにたむろし、マージャン卓をかこんでいましたが、まともな会員は減るばかり。催物はというと、たまに講師をかこむ会を開くことと、大森海岸や平和島温泉で懇親会を催すくらいでした。

そして、ついに昭和三十五年五月二十八日、交詢社のルームを閉鎖しました。四五坪の借室権を〝東宝芸能〟というところに六四二万円で売却し、それを原資にして交詢社への滞納金二二八万円、櫻田さんからの立替金を清算し、職員の退職金その他を支払い、三二〇万円ばかり預金現金等が手許に残りました。当時の物価（大卒初任給が約一万円）から見るといずれも大金でした。まずこれで〝これ以上赤字は出ない〟こととなりました。このように書くと簡単ですが「倶楽部施設（ルーム）

閉鎖反対、役員はもっと会員を増やす努力をして収支のバランスをはかれ」「役員はもっと金を集めてこい」などという〝声〟もおこり、しばらくゴタゴタしましたが、しかし、とにかくなんとかおさまりました。

これで慶應倶楽部の〝交詢社クラブルーム時代〟は終わりました。

昭和三十五年(一九六〇)、慶應倶楽部はそれまで交詢ビルにあったクラブルームの施設を閉鎖し、再出発することになりました。新しいクラブの活動は、スピーカーを招いて月例の昼食会を開くことを中心としましたが、初めはなかなかうまくいかない。第一に、会場をどこにするのか。交詢社で開くのは家賃滞納の評判が消えるまでは少々具合が悪い。そこでしばらくの間は、銀座東急ホテル、新橋倶楽部、ホテルニュージャパン、東商スカイルーム、国際会館日活ホテル、ホテル高輪、虎之門晩翠軒、丸ノ内会館などをそれこそ転々とさすらいました。会員も減少し、古い札付きのメンバーが残っているので新会員はなかなか寄りつかない。ようやく会場をみつけて昼食会を開いて、スピーカーに来ていただいても、会員の出席が一〇人からせいぜい二〇人どまりで、事実上、放浪状態にちかい期間が一、二年続きました。しかし、幸い、そのうち交詢社の当局も〝新生〟慶應倶楽部に好意を示していただくようになり、新しいメンバーも追々増え顔ぶれも変わり、例会場も交詢社の大食堂の一面を仕切って使えるようになり、出席者もしだいに増えるようになりました。

このような〝再建〟に尽力された先輩方は大勢おられますが、そのなかで何人かのお名前をあげるとすれば、慶應倶楽部会長の稲田勤さん（大正11年理財）、横浜礼吉さん（大正12年経）、早川種三さん（大正14年理財）、前記の櫻田巖さん（昭和11年経）、門倉 森さん（昭和4年政）、津村重孝さん（昭和10年経）、そのほか交詢社常務理事を務められた岩崎三郎さん（昭和4年経）、のちに慶應倶楽部会長となられた門野雄吉さん（昭和4年法）などがあげられます。高橋誠一郎先生、小泉信三先生がたびたび例会に出席してくださったことも、会にとっては大きな力となりました。再出発後一五年経った昭和五十年（一九七五）の記録を見ますと、その年の例会のスピーカーとして、池井優、峯村光郎、加藤寛、江藤淳、西田宏子、神谷不二、高村象平、気賀健三、下村満子、加瀬英明各氏の名が見られます。一九七五年というと、いまから二四年前ですから、これらの方々の大部分は、当時は〝新進〟の教授、研究家、評論家だったのでしょう。高村先生（元塾長）をスピーカーとしてお迎えしたときのエピソードが、当時の「三田評論」に載っているので引用します。

……高村先生がゲストのときのことである。女性塾員もまじる会員がつぎつぎに会場にあつまるのをながめながら、高村先生は例の調子で「えらい盛況だね。こんなに大勢の前でシャベラされるなんて聞いていなかったぜ」とつぶやいておられるところへ高橋誠一郎先生が「やあおそくなってしまって」と入ってこられたので、高村先生は二度ビックリ、「高橋先生、なんだっておいでになったんですか。わたくしが話しにくくなるじゃありませんか」と抗議されたので一同大笑いとなってしまった。

月例会がこのように盛況になり、毎回出席者が五〇名、六〇名、多いときは八〇名くらいになってくると、また新しい大問題が起きてきました。それは交詢社の中食堂ではせますぎるようになり、大食堂を区切った〝別室〟でも入りきらなくなりました。大食堂をつい立てで仕切って盛大な昼食会が開かれ、拍手や笑い声が起こるようになると、食堂で食事中の交詢社の一般社員から文句が出るようになりました。交詢社員で塾員の人の中には「慶應出ならば、このスピーチはただで聞けるのか」という人もあるし、塾員でない交詢社員からみると、慶應倶楽部と称して、交詢社員でないものがわが者顔に大食堂を使っているのはおもしろくない、第一騒がしい、というので、盛大になればなるほど、交詢社では例会を開きにくくなりました。そこで会員の犬丸二郎さん（芝パークホテル）、吉原政雄さん（パレスホテル）にお願いして、例会場は芝パークホテルあるいはパレスホテルを使わせていただくこととなり、こんにちに至っております。組織運営の面では、近年は常務理事の制度が確立され、事務も連合三田会の事務局に委託するかたちで円滑に処理されています。財政も安定し、立派な新会員が年々参加されるようになり、ご同慶に存じます。

しかし決して油断はできません。これからも毎年相当数の新会員をお迎えし、また事業もつねに見直しを行ってマンネリにおちいらないよう努力しなければなりません。会員のみなさまのご助言、ご支援を切にお願いするものであります。

ながながと、慶應倶楽部の歴史を書かせていただきましたが、これで終わります。中学や高校で一年間、日本史を習うと、どの先生も、古代や中世の講義はバカにくわしく、たっぷり時間をかけ、近世になると駆け足になり、近現代に入るとサーッとやって終わりになってしまうのが普通のパターンですが、この「倶楽部史」もそのとおりで、倶楽部創立当時の古代史はくわしく書きましたが、終わりのほうはまったくとびとびの記述になってしまい、ご期待にそえなかったことと存じます。なにとぞご海容願います。

(「慶應倶楽部会報」一九九七年四月―一九九九年四月号)

フランシス・ウェーランドの肖像画について

このたび（一九七四）、アメリカのブラウン大学から、フランシス・ウェーランドの肖像画写真一面が慶應義塾に贈られた。

ウェーランドの名は、われわれ慶應関係者にとってはきわめてなじみの深い名である。慶應四年五月十五日、上野の戦争の日に、福澤先生が兵乱をよそに当時新着のウェーランドの経済書を塾生に講ぜられたことはあまりにも有名なエピソードであり、また先生がウェーランドの『修身論』（モーラル・サイエンス）を初めて入手したときの喜びは、先生自身がたびたび記しておられるところである。更に昭和三十一年慶應義塾では、五月十五日を「福澤先生ウェーランド経済書講述記念日」と定め、以来毎年、行事が催されている。

ウェーランドの経歴、著書、とくにその慶應義塾あるいは福澤先生との関連については、はやくから鎌田栄吉、板倉卓造、高橋誠一郎の諸先生が回顧談あるいは研究をそれぞれ発表しておられ、近くは甲南大学の伊藤正雄教授がその『福澤諭吉論考』の中で、福澤先生の思想とウェーランドの『経済論』『修身論』との関連につき精緻な研究をされている。

私は、たまたま昨一九七三年十月、米国の友人の案内でロードアイランド州のブラウン大学を訪れ、ホーニック総長夫妻の歓待を受けたのであるが、そののち同総長に礼状をしたためた際「ブラウン大学第四代目の総長フランシス・ウェーランドは、私の出身校慶應義塾大学において永く記憶せられている」ということを述べ、その由来を記して送ったところ、やがて「極めて興味ある両校の関係を知り感銘にたえない」むねの返事があり、ウェーランドの伝記二種類が送られてきた。

そしてこのほど、ウェーランドの大きな肖像が私のもとに届き、「慶應義塾大学に贈呈したいので伝達してほしい」との添状があったので、去る九月十七日、理事会の席上で久野塾長にお渡ししたのである。

肖像は古い油絵を精巧なカラー写真にうつしたものでタテ四九・五センチ、ヨコ三九・〇センチ、下にFrancis Wayland, President of Brown University 1827 to 1855, Presented to Keio University by the Students, Faculty and Alumni of Brown University, Rhode Island, April, 1974 と記されてある。

なお従来日本に紹介されているウェーランドの肖像は、前記伊藤正雄教授の『福澤諭吉論考』の巻頭に掲げられているものが私の知る唯一のものであるが、今回塾に贈られたものはそれとは全く違う画風のものである。

（「三田評論」一九七四年一月）

大食堂壁間の絵画――梶原緋佐子の美人画

交詢社の大食堂の壁間にはすぐれた美術絵画が飾られていて、私たちの眼をたのしませてくれる。これらの絵は、すべて元理事長高橋誠一郎先生の遺愛品であって、先生ご自身が選んで交詢社員の鑑賞に提供されたものである。

慶應義塾大学経済学部教授、文部大臣、日本芸術院院長等を歴任された高橋先生は、浮世絵版画の蒐集研究家としても著名であった。そして広く芸術を愛し、ことに歌舞伎、邦楽、邦舞、日本画の鑑賞をたのしまれた。交詢社に残された日本画も、先生の審美眼にかなったものであるといってよいであろう。

美術界においても有名な作品が多いので、しばしば外部から「記念展」「遺作展」などのために出品を要請されることが多い。二月には、ここに掲げた「舞」ともう一点「立女」が、日本橋高島屋で開催された「梶原緋佐子遺作展」に出展された。この展覧会には先年九十二歳で亡くなられた梶原緋佐子さん（一八九六―一九八八）の、二十歳から最晩年におよぶまでの遺作七七点が展示され、この巨匠のたゆまぬ精進の軌跡、画風の昇華、ことに最晩年まで少しもゆるむことなくはりつめた

「舞」

覇気を感じさせる作品のみごとさに、入場者はみな感嘆するばかりであった。
梶原緋佐子（久子）さんは、明治二十九年（一八九六）京都市下京区知恩院古門前町に生まれ、大正三年（一九一四）十八歳で菊池契月の門に入った。大正九年（一九二〇）二十四歳で第二回帝展に「古着市」を出品初入選して以来、逝去三年前の昭和六十年（一九八五）八十九歳で改組第十七回日展に「新涼」を出品するまで、七〇年におよぶ梶原緋佐子さんの画業は現代美術史のうえに大きな記録を残したものといえるであろう。「洗練された描線と鮮明な色彩で優美な女性美を創りあげた最後の作家」という塩川京子さんの言葉はまさに適評といえよう。交詢社所蔵の作品は、「舞」（昭和四十三年第十一回新日展出品、額装一七六×九一）、「立女」（昭和四十五年改組第二回日展出品、額装一七六×九一）のふたつで、いずれも大作であ

「立女」

り傑作である。
ちなみに、梶原緋佐子さんの父上、梶原伊三郎氏（一八六五―一九四五）は古い交詢社員である。伊三郎氏は京都でも旧家の酒店の家に生まれ、若年のころ上京して福澤先生の家に寄寓し、先生が乗馬で外出されるときにはそのおともをしたと伝えられている。やがて伊三郎氏は京都に帰って実業に従事し、都ホテル、奈良ホテルの創立に参画し、また鉱山業をも営んだ。伊三郎氏が交詢社に入社した年月はあきらかではないが、明治二十三年交詢社関西支社が設けられたときには、すでにその京都委員、京都協議員にあげられている。そして昭和十八年、数え年八十歳に達したとき、岩崎清七、横河民輔、西野恵之助、野沢源次郎、山名次郎の各氏等とともに特待社員に推薦されている。昭和二十年八月九日没。享年八十二歳であった。

福澤先生に近く接した交詢社の大先輩の愛嬢が、女性画家として後年名声をあげ、そののこされた傑作のうちの二点が、交詢社の壁間を美しく飾っているのも、奇しき縁というべきであろう。

（「交詢雑誌」一九九一年三月二十日号）

交詢社談話室壁間の絵画——原撫松の女性像

交詢社の食堂・ロビー・談話室・応接室等には、かずかずの美術品、すぐれた絵画が飾られていて、社員・来訪者の眼を楽しませてくれる。

交詢社に、そのような名品が所蔵されていることは、美術研究家の間では広く知られており、美術館等から「貸し出し」の依頼を受けることがめずらしくない。現在も、原撫松《はらぶしよう》「女性像」が、目下イギリスで開催中の「ジャパン・フェスティバル一九九一」の一環である「日英美術交流——美の対話展」に出展中である。この展覧会は、英文では"Japan and Britain : An Aesthetic Dialogue 1850–1930"と呼ばれ、一九九一年十月十七日から一九九二年一月十二日までロンドン市立バービカン・アート・ギャラリーで開かれている。原撫松の作品とともに展示されているのは、ホイッスラー、ロセッティー、ワーグマンをはじめとする英国作家、ならびに高橋由一、青木繁、竹内栖鳳、浜田庄司ら近代日本芸術界の代表作家のものである。この展覧会は、日英双方の芸術・文化が相互に影響を受け合ったことを裏付けようとするもので、きわめてユニークな試みである。

この原撫松「女性像」が貸し出されたのは今回が初めてではない。昨平成二年(一九九〇)十一月二日から二十五日まで、慶應義塾大学文学部開設一〇〇年記念「慶應義塾所蔵名品展」が品川区上大崎の「久米美術館」で開催されたときも、鹿子木孟郎「門野幾之進肖像」、高畠達四郎「花と果物」とともに出陳されたことがある。

原撫松の経歴および作品については、久米美術館での展覧会図録の解説（慶應義塾大学文学部前田富士男教授執筆）にくわしいので、次に転載させていただくこととした。

女性像

原撫松（一八八六―一九一二）

一九〇五年（明治三十八）

油彩　カンヴァス　一五一・二×六〇　交詢社

原撫松は、岡山に生まれ、一八八〇（明治十三）年京都府画学校に入学した。卒業後、一八九六（明治二十九）年に上京し、肖像を中心に研鑽をつんだ。一九〇四（明治三十七）年イギリスに渡り、レンブラント、ヴェラスケスをはじめ模写を通じて技法の習得に努めた。パリにも旅行。原のすぐれた技法は評論家M・スピールマンによって美術雑誌「グラフィック」に紹介されるなど、高く評価された。一九〇七（明治四十）年に帰国し、品川御殿山の森村家内にアトリエをもったが、早逝した。三井財閥の益田孝やヨネ・ノグチなどの知遇もえて、明治期における油彩画技法の確立者として大いに期待されたが、若くこの世を去ったため今日ではその名は一般に忘れ去られている。

本図には英語で「ハリー・ヴァン・デル・ウェイデンによる」と記入があり、ウェイデンの作品をパリ旅行中に模写した可能性がつよい。ウェイデンは一八六六年にアメリカのマサチューセッツに生まれ、パリに渡った画家・デザイナー。いわゆる「パリのアメリカ人」画家のひとりで、一九〇〇年パリ万国博の記念メダルの制作者でもある。著名な画家ではないが、やや寓意的な題材と憂愁の表情をうかべた女性表現は世紀末の造形をよく伝えている。前景の地面を見おろす視点から中景の人物、後景の風景への展開、あるいは明暗の変移を、原はたくみに再現している。

「女性像」

交詢社の所蔵絵画は、社員または縁故者の好意により寄贈を受けたものばかりである。この原撫松「女性像」も、交詢社常議員大倉和親《おおくらかずちか》（一八七五―一九五五）翁の遺愛品を、翁の没後、義弟（翁の夫人の弟）の小川清氏を通じて、交詢社が寄贈を受けたものである。

交詢社図書室にある『大倉和親翁』によれば、翁は、明治八年大倉孫兵衛（六代森村市左衛門の義弟。のち、森村組総支配人となる）の長男として東京日本橋に生まれた。第三代交詢社理事長平沼亮三と同じ時期に慶應義塾幼稚舎に学び、二十七年慶應義塾正則本科を卒業、森村組に入り、渡米。のち、日本陶器の創立に参画、ノリタケチャイナの海外普及に功績をあげ、東洋陶器、日本陶器、日本碍子（現日本ガイシ）等の社長・会長を歴任した。昭和三十年没。享年七十九歳。なお高級陶器の大倉陶園は、大倉孫兵衛・和親父子の創設によるものである。

実業家には美術品の蒐集家が多いが、早逝した原撫松の、しかも模写作品を見出して愛蔵していたことは、翁の美術愛好家としての鑑識眼の深さをうかがわせるものである。

なお、英国で開催中の「日英美術交流――美の対話展」は、ロンドンのバービカン・アート・ギャラリーと東京の世田谷美術館の共同プロジェクトであり、ロンドンでの会期終了後はそのまま日本に巡回され、世田谷美術館で展示される予定である。

原撫松「女性像」は、平常は交詢社の三階談話室の入って右側のところに掲げられているので、社員はいつでも見ることができる。しかし世田谷美術館で展示されるときには、ふだん交詢社で見るのとはちがった雰囲気の中で、他の名作とともに「交詢社所蔵品」をあらためて鑑賞することができよう。なお、この展覧会にはもう一つ原撫松の作品が出陳されている。東京国立博物館蔵「レディー・モンターギュ」がそれである。世田谷美術館での「日英美術交流——美の対話展」の開催期日は、明年（一九九二）二月八日から三月二十二日までである。

（「交詢雑誌」一九九一年十一月二十日号）

原撫松のこと（補遺）

さきに「交詢社談話室壁間の絵画」と題して、故大倉和親翁から交詢社に寄贈された原撫松の油絵作品が、ロンドンで開催中の「日英美術交流——美の対話展」に出陳中であることを記したところ、森村商事の福永郁雄さんから、原撫松については早稲田大学文学部丹尾《たんお》安典《やすのり》教授が熱心な研究家であること、また交詢ビル一階の「大倉画廊」は大倉家ご一族の経営であることをご教示いただいた。

大倉画廊に大倉和親翁のご長女渡邊美代子夫人、ご四女吉村亀久代夫人をたずね、お話をうかがったところ、あの原撫松の絵は、麻布一本松にあった大倉邸の応接間にかかっていた絵で、よく覚えておられるとのことであった。まさに大倉翁の遺愛品であったのである。

丹尾先生の論考「孤立せる正統——原撫松伝」（日動画廊『絵』一九八七年六月～十月号掲載）によ

れば、原は京都府画学校を卒業後、教員生活のあと郷里岡山で十年間、おもに肖像画をかきながら絵の研究に没頭していたが、明治二十九年、三十歳の時見出されて上京、紹介を得て、伊藤博文、岩崎彌太郎、大倉孫兵衛、森村市左衛門、北里柴三郎、西村茂樹らの肖像をえがいていたとのことである。

以下、丹尾先生の論考の一節を引用させていただく。

「数多くの揮毫依頼をうけ、世間的には、原は成功者となった。しかし、原はなんの満足もえられない。いやむしろ、日々、自己の限界を感じてゆく。彩色、ぼかし、絵具の用法等はまだまだわからないことがあった。結局は留学のほかに壁をのりこえるすべはないと思い定めた原は、学習院の野村三郎に英語を習い、むこうでの模写の予備練習のため、深川の岩崎邸にあったウォーターローとウィーデンの絵をうつしはじめるなど、渡欧の準備にとりかかった。上記の模写の一点は東京芸術大学に所蔵され、もう一点の行方はわからなかったが、昨年(一九八六)夏に、大倉孫兵衛の令孫吉村亀久代さんに案内していただき、交詢社にあることを確認した。」

福永さんは、その手紙の中で、「丹尾さんと交詢社の談話室へ原の絵を見に行った時のことを『交詢雑誌』を拝読して懐しく思い出しました」と記しておられる。

(「交詢雑誌」一九九一年十二月二十日号)

Ⅳ　師よ…友よ…。

師——高橋誠一郎先生のこと

「師友にめぐまれる」ことは、学園に学ぶものにとって最大の幸福であろう。私は昭和十七年九月に経済学部を卒業したのであるが、戦時中のあわただしい時期であったにもかかわらず、「師」にもめぐまれ、「友」にもめぐまれた。

当時の経済学部は、旧制の学部二年になると、選択科目として「ゼミ」（研究会）に入れることになっていた。そのころ、経済原論、経済学史、同特殊講義（経済学前史）を担当しておられた高橋誠一郎先生は、キビシイ先生、カライ先生として定評があったが、教室で先生の名講義に惹《ひ》かれ、『重商主義学説研究』『福澤先生伝』等の名著に魅《み》せられていた私は、躊躇《ちゅうちょ》することなく、「高橋先生研究会」にはいった。

高橋先生のゼミは、みながおそれをなしたためか各学年あわせて一五名たらずの少人数であった。しかもゼミのメンバーはかえってそれをほこりとしていた。

私たちは、教室で先生のご指導をうけたことはもちろんであるが、三田の山の一隅、図書館の一室、大磯のお宅、あるいは田町駅へ往復の途次などで、なにくれとなくお教えをいただいたことが想いおこされる。銀座の七丁目辺にあった喫茶店「きゆぺる」に先生をおつれしてゼミの会合を催したこともある。

高橋先生のゼミのお弟子は、大正八年の卒業生から始まって私たちの年代にまでおよんでいるが、今でも年に二回、先生をかこんで楽しい会合を開いている。学内では気賀健三先生、小池基之先生、遊部久藏先生など、学外では宇佐美洵（評議員会議長、前日銀総裁）、萩原吉太郎（理事、北炭社長）、石井千明（評議員、京浜急行副社長）の各氏などが定連の出席者である。

高橋先生の豊かな学識、東西芸術への幅広い鑑賞理解、博覧強記、わかわかしい文筆のさえを、私たちが尊敬してやまないのはここにいうまでもない。しかし、私たちが特に畏敬するのは、おだやかなお人柄のなかに秘められた、先生の気骨信念の強さである。福澤先生の思想を説き、独立自尊を論ぜられるとき、春風につつまれて演劇を評し浮世絵を語る温顔の先生は、秋霜烈日きびしく世をいましめ国を憂うる峻厳な師父に変ぜられるのである。

（「慶應義塾大学報」一九七四年四月一日）

高橋誠一郎先生の想い出

高橋誠一郎先生（一八八四〜一九八二）が、昭和五十七年（一九八二）、九十七歳の天寿を完うして他界されてから、はやくも十年あまりが経過した。仏教でいえば今年（一九九四）は十三回忌に当たるので、去る二月九日のご命日には、高橋家の墓所のある横浜市神奈川区青木町の本覚寺で先生の年忌法要が営まれた。そして五月九日のお誕生日には、先生の生誕一一〇年を迎えることとなる。

高橋先生は、経済学史、経済思想史、とりわけ経済学が西欧において学問として体系づけられるまでの時代における経済思想を研究対象とする経済学前史の分野において、数々の研究成果を著書論文として発表された。それは主として大正時代から第二次大戦まで、すなわち一九一〇年代から一九四〇年代にかけての時期においてであった。そして、その時期、経済学者として母校の慶應義塾大学および日本女子大学、その他の教壇に立ち、また請われて外部の学術講演会に出講されることも少なくなかった。高等文官試験の経済学の試験委員も長く務められた。先生は戦前の経済学界における重鎮のお一人であったのである。

近ごろ、経済学者としての高橋先生を記念する二つのくわだてが実現した。一つは先生の蒐集になる経済書の展覧会であり、他の一つは先生の著書の復刻である。昨年十一月十五日から二十日まで丸善・日本橋店四階ギャラリーで「高橋誠一郎旧蔵　古版西洋経済書展――ユートピアから国富論まで」が開かれた。展示内容は、高橋先生によって蒐集されのちに慶應義塾大学に寄贈された古版本コレクションの中から選ばれた一三〇点であった。十六世紀に出版された、トーマス・モアの『ユートピア』の最初の完全な初版本（一五一八）、十七世紀のものでは、トーマス・マンの『東印度貿易論』（一六二一）、トーマス・ホッブスの『リヴァイアサン』（一六五一）、サー・ウィリアム・ペティーの『租税貢納論』、ジョン・ロックの『利子貨幣論』（一六六二）、そして十八世紀に入っては、アダム・スミスの『道徳感情論』（一七五九）、『国富論』初版（一七七六）、『哲学論文集』（一七九五）等であった。いずれも高橋先生の発表された論文のなかに引用されているもので、それらが一度に展覧されたことは、まことに偉観であった。

また、今年になって『高橋誠一郎経済学史著作集』全四巻が創文社から刊行された。ここに収められているのは、『経済学前史』（改造社、一九二九）、『重商主義学説研究』（改造社、一九三二）、『経済学説史』（日本評論社、一九三七）、『古版西洋経済書解題』（慶應出版社、一九四三）の復刻である。いずれも高橋先生の経済学説史研究の代表作である。

このたび展示された稀観書の中には、私が昭和十五年から十七年まで、高橋ゼミで先生から直接ご指導を受けていたころ、先生が無雑作に教室に持参して示されたものがいくつかあった。また、復刻された四冊は、いずれも当時私が教科書として読みふけったものばかりである。丸善の会場で先生のコレクションに見入りながら、そして復刻された先生の著書を手にとりながら、私は五〇年あまりをへだてた当時のことをなつかしく追想した。そのころの高橋先生は、あくまで教壇の人であり、書斎の人であった。きびしい学究肌、冷徹な学者タイプの人であった。俗事にたずさわらず、社交を避け、ひたすら学問の世界に身をひそめる人であった。一度も洋服姿を見せたことがなく、端正な長身をつねに清楚な和服につつみ、さわやかな姿で教壇に立ち、魅力的な名調子で講義を続ける教授であった。昭和十六年（一九四一）十二月八日、真珠湾攻撃発表の朝、先生の講義は午前十時から始まったが、開戦のことに一言もふれず、全くなにごともなかったように平生どおり淡々と講義をはじめられるのであった。そのとき先生は五十歳代のなかばすぎであったろう。

軍国主義化とはおよそ無縁の高橋先生ではあったが、戦争が激しくなると、大磯から東京の三田まで羽織、袴、雪駄ばきで通うことはもはやできなくなった。先生もやむなく、国民服に巻ゲートルといういでたちに衣がえされたと伝えられた。しかしそのころ軍隊に行っていた私はそのお姿を見たことはなかった。

終戦後間もない冬の日、私はある朝、品川駅で、国民帽を真深にかぶり、カーキ色のダブダブの外套をまとった長身の人から「服部君じゃないか……」と声をかけられた。分厚い近眼鏡の奥に高橋先生のお顔があった。数日後、私は、大磯王城山《おうじろやま》の山荘に先生をお訪ねした。ご母堂とお二人ぐらしの先生は、前どおりの和服姿で、戦前とおなじ口調で四方山話をして下さった。私は救われた気持ちで、夕刻おいとました。終戦後の混雑で鉄道のダイヤがみだれ、大磯から平塚まで出て、そこから貨物列車に乗り込んで帰京したことを覚えている。

高橋先生が帝国学士院のちの日本学士院の会員となられたのは昭和二十二年（一九四七）のことであるが、その前後から先生は静かな学究生活から一転して世事多忙の身となられた。慶應義塾塾長代理（一九四六）、占領行政下の教育刷新委員会委員（一九四六）を務められたあと、昭和二十二年（一九四七）には、第一次吉田内閣の文部大臣に就任された。続いて日本芸術院院長（一九四八）、東京国立博物館館長（一九四八）、文化財保護委員会委員長（一九五〇）、日本舞踊協会会長（一九五五）、映倫管理委員会委員長（一九五七）、日本浮世絵協会会長（一九六二）、日本文楽協会会長（一九六三）、国立劇場会長（一九六六）、そのほか森鷗外記念会会長、交詢社理事長など数多い文化関係を中心とする会の長に就任しておられる。このうち日本芸術院院長は十二期三十余年にわたって在任されている。

高橋先生の浮世絵蒐集は幼少のころから始まり、戦前すでに『浮世絵二百五十年』の大著（中央公論社、一九三八年）を限定版で出しておられるが、戦後、浮世絵自体にブームがおきるとともに、先生の浮世絵研究、浮世絵コレクションはにわかに脚光を浴びるようになった。先生は同じく幼少のころから芝居、邦楽、能楽を熱心に鑑賞しておられ、それらに造詣が深く、ことに歌舞伎についてはその脚本にもくわしく、いわゆる見巧者であられた。ごく晩年まで、劇場の最前列で、補聴器をつけ、オペラグラスを手にして歌舞伎を鑑賞する先生のお姿がよく見られた。日展の委員長を務められただけあって絵画彫刻、ことに日本画についてはご趣味が深かった。学生時代には泉鏡花を耽読され、文学にもおくわしかった。私の学生時代に、アリストファネスの「鳥」や「蛙」についての講義の中で、「伊藤永之介の小説の題みたいですね」とおっしゃったことがある。

先生は歌舞伎俳優、舞踊家、画家、作家、音楽家の慶弔のパーティ、宴会にはまめに出席され、請われて軽妙なしかも蘊蓄のあるスピーチをされることが多かった。先生もそれを楽しんでおられるようであった。このようなパーティで高橋先生のお姿をお見かけするたびに、私は「ここに来ている人の大部分は、芸術愛好家、浮世絵研究家、芸術院院長、元文部大臣の高橋先生だけを知っていて、経済学者としての高橋先生を知らないのではないか」と思うことがしばしばであった。

森鷗外はその史伝小説『伊澤蘭軒』の中で、漢方医蘭軒の高弟で、開国後もついに洋医の軍門に下らなかった松田道夫が、維新後一転して明治新政府のもとで司法官となり、「今大岡」の名声を博したことを述べ、「この人の生涯は余りに隔絶したる前後両半截をなすがために殆どその同名異人であるかを疑う人のなきを保しがたい」と記している。戦前の高橋誠一郎と戦後の高橋誠一郎とを別人と思う人はまさかあるまいが、それにしても戦前の先生を知るものにとって、戦後開かれた先生の新生面は驚嘆のほかはない。

しかし、先生は戦後も経済学史研究を廃されることなく、老来倦むことなく、慶應義塾で経済学史の講義を続けられた。それは戦後の混乱期をのぞいて延々昭和五十三年（一九七八）九十四歳のときまで続いた。これまた驚嘆に値することである。しかも講義の取りやめは先生の本意ではなかった。晩年の先生は慶應病院に入退院をくり返されたが、その間四年八カ月、主治医として治療にあたられた横山哲朗博士は「温厚な先生がご入院中おそらくただ一度と思いますが、激怒されたことがあります。それは先生の講義が廃されることが先生のお耳に入ったときです。その後しばらく先生には食欲減退と不眠が続き、『死ぬまで講義だけは続けたかった』と私どもに不満を漏らされたものでした。先生が気力に衰えを見せられたのもこのことがあった頃からでした」と記しておられる。まことに驚くばかりの執念である。

日本学士院院長の脇村義太郎先生は、高橋先生ご他界のあと「三田評論」に寄せられた追悼文の中で、芸術院長であり、学士院会員であった高橋先生を追想して、「高橋先生のように九十歳を超えて、なお真理探求の学者的執念と美を求める芸術家的情熱を併わせ持ちつづけ、天寿を完うされる人は容易に出ないでしょう。そうした意味では、高橋先生は稀有の仕合わせな人であったと申し上げることができましょう」と述べておられる。「まことにそのとおりである」と私も心から思うのである。

お仕合わせに九十七歳の天寿を完うされたとはいえ、先生はもっともっと長生きをなさりたかったに違いない。昭和四十六年(一九七一)先生が米寿を迎えられたとき、慶應義塾の卒業生有志でお祝いのパーティを催したことがある。私はその司会役を務めた。先生はそのときのことを記して「……出席された諸君は、大多数私より年下であろうが、これから何年かののちにいずれ八十八歳の祝宴を張られるであろう。私はそのときにはお招きを受けても、受けなくともお祝いに出席したい。出席者中おそらく最年少者である司会の服部君の米寿の祝宴にも、是非出席したい」「〝古《いにしえ》の真人は生を説《よろこ》ぶことを知らず死を悪《にく》むことを知らず〟といわれているが、しかし凡俗中の凡俗である私は、どうしても生を欲し、死を恐れる念から脱却することができずにいる」と記しておられる。

私が米寿を迎えるのはまだまだ先のことである。もしそれまで先生がご健在ならば先生は〝百二十五歳〟になられる勘定になる。先生は私が八十八歳になるのを待ち切れずに〝九十七歳〟で他界されたのである。

（「学鐙」一九九四年三月号）

『虎が雨』あとがき

高橋誠一郎先生は、いまから一二年前、昭和五十七（一九八二）年二月九日、九十七歳の天寿を完うして世を去られた。

高橋先生が世に残されたものの中で、先生が愛蔵された「浮世絵」のコレクションは「高橋誠一郎浮世絵コレクション」として慶應義塾大学に納められ、ときおり各地の美術館等に出陳展観され、多くの浮世絵愛好家の眼を楽しませている。

先生が多年苦心して海外から蒐集された「古版西洋経済書」は、これまた一括して慶應義塾大学に寄贈され、研究者の利用に供されているほか、昨年（一九九三）十一月には日本橋丸善でその展示会が開かれた。

先生はまた、数多くの文章を世に残しておられる。著書の多くは経済学に関するもの、浮世絵に関するもの、福澤諭吉に関するものであるが、『王城山荘随筆』『大磯箚記』『随筆　慶應義塾』（正・続）『回想九十年』そのほかの随筆集も少なくない。また単行本に収められていない論文・随筆、さらにおりにふれて演劇関係の刊行物などに寄せられた歌舞伎・日本舞踊に関する文章も数多く残されている。経済学説史に関する先生の主要著作は、今年に入って『高橋誠一郎経済学史著作集』全四巻として創文社から刊行され、ふたたび世に送られた。そしてこのたび、高橋先生の数多い随想随筆等の中から、先生が長く住み慣れておられた湘南大磯に関するもの一五篇を選び、仮名づかい等を現代風にあらため、『虎が雨』と題する随筆集を慶應通信から刊行するはこびとなった。この刊行の実現は、ひとえに慶應義塾大学経済学部の丸山徹先生と三月書房の吉川志都子社長のお力によるものである。

高橋先生は『王城山荘随筆』の序文の中で、「大正四年、父は病弱な私の為めに大磯の北に連る丘陵の一部をトして小さな山荘を建てゝくれた。丘の名は王城山《おうじろやま》と呼ばれてゐる」、「土地の古老は、此の山には、以前頬白《ほおじろ》が多くゐたので、頬白山《ほおじろやま》と云つたのが訛つて王城山《おうじろやま》となつたのだと説いてゐる」、山荘の名は〝王城山荘《おうじょうさんそう》〟とつけたと述べておられる。先生は長年、この山荘に住まわれ、あの膨大な著作の多くは山荘の書斎で執筆されたのである。晩年、先生は東京で生活されるようになったが、浮世絵や古版西洋経済書はそのまま山荘にとどめておかれた。先生の心のお住居は、最後まで大磯にあったように思われる。

高橋先生がこよなく愛された王城山荘は、いまは、加山又造画伯の山荘となっている。坂田山の側に面する斜面には、清楚な、ゆったりとしたアトリエがあらたに建てられた。山荘の主は変わっても、麓を流れる三澤川は、高橋先生が住んでおられたころと同じように、幸い今もその水は清く、その水音も昔と変わらない。先生の随筆に出てくる野兎や山鳥は、いまもそのまま山荘に住み続けているだろうか。

一九九四年五月

（『虎が雨』慶應通信　一九九四年五月刊）

『芝居のうわさ』はしがき

一

高橋誠一郎先生（一八八四〜一九八二）は学者・学究として、あるいは趣味人・文化人・芸術愛好家、文筆家として、そしてときには公的機関・民間団体の長として、その九十七年の生涯を淡々として歩み、さわやかにその好むところを貫きとおされた人生の達人であった。

明治十七年、時勢の変化によって家産の傾きかけた新潟の旧家津軽屋高橋家の長男に生まれ、幼時に一家とともに横浜に移った先生は、多感な少年期に福澤諭吉在世当時の慶應義塾に入学した。そして、幸運にも福澤の子息たちの同学同級という縁《えん》で、高橋少年は最晩年の福澤諭吉に特に親しく接する機会をもつことができた。これは先生の一生を支配した縁《えにし》であった。

明治四十一年（一九〇八）、二十四歳の青年、高橋誠一郎は慶應義塾大学政治科を卒業し、ただちに塾の教員に採用されたのである。そして英国留学のあと、大正三年（一九一四）同大学理財科（のちの経済学部）の教授となった。大正から昭和のはじめにかけて、高橋誠一郎教授は小泉信三教授とならんで慶應義塾の経済学を代表する少壮花形教授の双璧として、学内はもとより、広く学界、言論界にその名が喧伝されるようになった。小泉先生は昭和八年の秋、慶應義塾の塾長に就任し、研究生活以外においての活動に多忙をきわめる身となったが、高橋先生はもっぱら学者、学究の道に徹し、慶應義塾大学を中心に日本女子大学、東京女子大学等の教壇に立ち、経済学史、経済思想史等の研究に没頭して余念がなかった。そして数々の学術書を世に送り、学界において重きをなしていた。

二

また、そのような学究生活のかたわら、趣味・好事の面でも高橋先生は『浮世絵二百五十年』（一九三八）の大著を世に送った。浮世絵の愛好は幼年期の横浜時代に始まり、その本格的蒐集は関東大震災（一九二三）以降のこととご自身で記しておられる。

高橋先生は大正のなかごろから湘南大磯の一角、王城山《おうじろやま》に山荘を営み、終戦後のある時期までは主として、大磯から東京へ電車で通うのが先生の日常生活であった。その王城山の風物その他を軽妙な筆致で描いた先生の随筆を集めた『王城山荘《おうじようさんそう》随筆』が出版されたのは、戦争開始直前の昭和十六年（一九四一）十一月のことであった。

その年十二月八日（月）、大東亜戦争開戦の朝、高橋先生の慶應での講義は第二時限であった。そのころ私は慶應の学生であったが、私ども経済学部二年生の第一時限の授業では担当の教授も出席の学生も戦争開始のことで興奮し、まともな授業どころではなかった。その教室には緒戦の大戦果をつたえるラジオのスピーカーがあらかじめもちこまれていた。ところが高橋先生の授業となると、先生は例の和服姿で教室に入ってこられて物静かに椅子へすわるなり「先週は……ページのなかば、……というところまででしたな」と、いつものとおりゆっくりと講義を始められた。私ども学生は啞然とし、また粛然としたのであった。

戦争の激化とともに、B29の東京空襲がはげしくなり、三田のキャンパスでも「警戒警報発令」、「警報解除」等のサイレンのひびきがくり返されるようになった。それでも高橋先生の講義ぶりは少しも変わらなかったという。そのころ、私はもう学窓を去っていたが、当時在学していた私の弟がのちに語ったところによると、あるとき高橋先生の授業中、警戒警報が鳴り渡った。学生一同が退避にそなえて支度をしかけているうちに「警戒警報解除」のサイレンが鳴った。高橋先生は窓から空をながめながら、「もう大丈夫でありましょう。よろしいようですな。……まあ、福澤先生が上野の大砲の音をききながら新銭座でウェーランドの講義を続けたなんて大層なことのように言っておるが、われわれのほうがよっぽど……」といたずらっぽく笑って再び講義を続けられたというのである。

三

六十一歳で終戦を迎えた高橋先生の前には、思わぬ大きな境遇の変化が待ち受けていた。戦前の高橋先生に対するイメージといえば、一般の人からは「慶應の先生」「経済学者」「知る人ぞ知る浮世絵の愛好家」「随筆も書く人」。そして学生からは「きびしい先生」「点のカライ先生」であった。そして、およそ厄介な団体運営とか政治折衝などとは無縁の人と思われていた。古い先輩の中には、「高橋さんは若い学生時代には自治委員とか寄宿舎委員とかをやって、学校当局とさかんにやりあったりしたんだよ」と言う人もあった。なるほどのちになって高橋先生ご自身、随筆の中で学生時代の委員活動などを楽しく回想しておられるが、戦前の高橋先生からは想像もできないことであった。

終戦後、高橋先生をまず待っていたのは、慶應義塾塾長代理の職であり、教育刷新委員会委員等の役であった。続いて高橋先生の後半生の活躍に大きな転機を与えたのは、昭和二十二年（一九四七）一月、第一次吉田内閣における文部大臣就任であった。同年五月の内閣総辞職により高橋先生の文部大臣在任期間はわずか四カ月で終わった。一年後に第二次吉田内閣が成立したとき、高橋先生はふたたび文相として入閣交渉を受けたがそのときは固辞しておられる。しかし、「元文部大臣」という肩書き」と、高橋先生の類いまれな「学殖と識見」「文化・芸術についての博識と愛好心」「おだやかなようで毅然としたおひとがら」の結びつきによって、高橋先生は「余人を以てはかえがたい適任者」として、数多くの役職に迎えられるようになったのである。まず公職としては、日本芸術院院長、日展委員長、東京国立博物館館長、文化財保護委員会委員長、国立劇場会長等、文部省関係の要職があった。

先生は、昭和二十三年、日本芸術院の総会に出席されたあと、次のように書いておられる。

「昨年（昭和二十二年）春以来、久しぶりで日本芸術院の総会に出席した。先には文部大臣としてであったが、今度は芸術院院長としてである。学界の一隅に極めてささやかな存在をつづけ、書斎と講堂の間を往復して静かに一生を終えるものと考えていた私が、自分とは凡そ縁の遠いものと思われていた文部大臣の椅子についたことも不思議の運命であったが、芸術に関しては何の識見も閲歴もない私が、芸術院院長に選定し任命されたことは更に一層意外の感が多い。」

「私はただ幼少のころから、ほとんどあらゆる種類の芸術に興味を感じ、これを熱愛し、時にあるいはこれに耽溺していたにすぎない。」

「作品や演技を通して唯だ遠くから仰慕して居った芸術界の長老諸君と近くひざを接する機会を得た喜びは甚だ大である。」

先生はまた文化関係の民間団体などの長として迎えられることも多かった。日本舞踊協会会長、映倫管理委員長、日本浮世絵協会会長、文楽協会会長、森鷗外記念会会長、東京放送番組審議会委員長、交詢社理事長、福澤諭吉協会理事長、そのほか数えあげれば際限がないほどであった。

四

高橋先生は、七十歳をこえ、八十歳をこえ、そして九十歳をこえても、これらの多くの役職を次から次に楽しそうにこなしておられた。ことに、演劇・舞踊・邦楽・映画関係の公演・会議・会合・パーティには好んで姿を見せられ、求められるままによろこんでスピーチを述べ、周囲の人と談笑し、あるいは祝辞・挨拶文・感想文をご自身で書き綴ることを楽しんでおられた。

高橋先生はいつも文章を書くことを楽しんでおられるように見受けられた。もとより先生の文章は、随筆・短文の中の些末なことでも考証をおろそかにせず、いちいち、文献に当たり、図書館資料室の本を借覧参照し、関係者にたしかめるなど、念には念を入れたうえで執筆されたものであった。私も慶應病院入院中の先生から、ご執筆中の原稿の資料について細かく電話でお問い合わせを受けて驚いたことがある。

先生の経済学、浮世絵、福澤諭吉についての専門的研究は、それぞれ、専門書、著作集となって刊行されている。母校慶應義塾についての回想については『随筆　慶應義塾』(正・続)に収録され、随筆についても『王城山荘随筆』そのほか十冊あまりが出版されている。

ところが、歌舞伎・日本舞踊・邦楽等の方面についての高橋先生の膨大な数の文章は、前記の随筆集などの中に、そのわずか一部分が収録されているだけで、いままで一度もまとめて出版されたことがなかった。これでは、あれだけ先生が楽しんで執筆され、締切間際には、自動車の中で腰をうかせながら筆をとり、ときには走行中の車をストップさせてまで校正をされていた珠玉の文章が散逸し埋没してしまうのかとわれわれはひそかに憂慮していたのである。このたび、丸山徹教授のおほねおりと、多くの方のご理解とご協力によって『芝居のうわさ』が公刊されるはこびとなった。これによって私たちは、大きな喜びと安心にひたることができた。

そのときどきの劇場のプログラム・配布物などに執筆された高橋先生の文章を丹念に蒐集整理する編集作業は並大抵のことではない。関係者のご熱意に深く敬服するものである。いま、ここに収録された諸篇をあらためて読んでみると、いくたびか高橋先生のおとなりで、劇場の最前列に並んで歌舞伎を鑑賞したときのことが目に浮かんでくる。先生はオペラグラスを片手に、熱心に舞台をみつめ、ときどき隣席の私に感想をもらして下さる。ところが先生は、いつも終演まで観劇にふけっておられるとは限らない。あるとき、先生は幕間を待ちかねたようにフト立ち上がって、「きょうはどうも……」と私に挨拶された。あるいは体調がお悪いのかと気づかって、「あの……なにか……?」と問いかけようとする私に、先生は腕時計を気にしながら、「イヤ、これから交詢社へ寄って相撲のテレビを見なければ……」と笑いをうかべて退席された。これには、こちらが拍子ぬけしたことなどがなつかしく記憶に蘇ってくる。

昭和五十七年(一九八二)二月九日、九十七歳の天寿を完うして先生が世を去られてから、早くも一六年がすぎ去った。先生の筆にのぼった名人名優のなかでも、この一六年間に世を去った人も少なくない。

しかし、高橋先生がこよなく愛された日本の伝統芸術の歌舞伎、日本舞踊、邦楽等は、時流の変化にもゆらぐことなく栄えつづけ、それぞれよき新人・後継者が成長している。天上の高橋先生も目を細めて喜んでおられることであろう。

平成十年二月九日、高橋誠一郎先生十七回忌の日に

(『芝居のうわさ』青蛙房　一九九八年七月刊)

永沢先生を悼む

永沢先生が私学振興財団理事長として欧米ご出張の途次、ニューヨークでご病気になられたという報に接したとき、私は胸のふさがる思いがした。それは病気の軽重は全く異なるとしても、つい昨年、やはり外国の旅行先で病気になった体験をもつ私は、平素気丈な先生でも、異境の病床でどんなにか心細くいらっしゃるだろうとそのお気持ちをおしはかって胸のふさがる思いがしたのである。続いて、先生のご病状がややおよろしいこと、ニューヨーク三田会の方々のお世話がゆきとどいていることをうかがい、少しく心を安んじたのであるが、とうとうご逝去の報に接することとなってしまった。まことに残念でならない。

先生は、塾長ご在任中は慶應連合三田会名誉会長として、そしてのちには連合三田会相談役として、卒業生・塾員の団結が社中協力、義塾発展の基盤であることを常に強調され、同窓会組織としての連合三田会の活動に深い関心と理解を示され、陰に陽に三田会の活動を支援された。私に対してもおめにかかるたびに、「連合三田会はその後どうですか？」「ことしはどんな計画があるの？」というおたずねがあった。

青山葬儀場における先生のご葬儀に参列してから間もなく、私は塾と縁故の深いハーバード・ビジネス・スクールの会議に出席するため渡米し、しばらくニューヨークに滞在した。そして現地の塾員から、永沢先生のご発病からご逝去にいたるあいだ、メモリアルホスピタルの芦刈宏之先生（昭和33年医）をはじめ三田会の諸氏が昼夜をわかたず治療とお世話に最善を尽くされた状況をつぶさに聞き、悲しみを新たにするとともに、異境における先生のご逝去が、社中の温かいみとりをうけてのご逝去であったことに、せめてもの心の慰めを感じたのである。謹しんで先生のご冥福を祈る。

（「三田ジャーナル」一九七二年六月十日号）

高村象平先生を偲んで

かねてからご療養中であった元塾長高村象平先生が、五月十一日（一九八九）、八十三歳で亡くなられた。高村先生は、明治三十八年（一九〇五）、東京「本所」で生まれ、五歳のとき「本郷」にうつられ、そこから「神田」の東京開成中学、そして「三田」の慶應に通学されたのだから、まさに生粋の「東京っ子」であった。先生はまた、大正十二年（一九二三）四月、慶應義塾大学予科に入学されてから、昭和四十六年（一九七一）三月、塾を定年退職されるまで、塾生として六年、経済学部助手・助教授・教授として四二年、あわせて四八年を三田ですごされた。しかも、その間に、昭和三十五年から同四十年まで塾長を務められたのであるから、まさに「三田っ子」である。

しかし、高村先生は、東京にとじこもる「東京っ子」でもなければ、慶應のことしか考えない「三田っ子」でもなかった。「西洋経済史」を専攻し、早くからヨーロッパに留学されたから、広い国際的視野をもっておられたのは当然でもあろうが、大学人としては、つねに他の大学との交流を心がけられ、ご自身も、早稲田大学・北海道大学・東京大学・新潟大学等の講師を兼任しておられたことがある。さらに、先生は日本私立大学連盟会長を務められた期間中はもちろん、そののちも、つねに私学、私立大学の振興の必要性と重要性を強調され、慶應以外の私学・私大の発展をも心から願っておられた。ことに、「私学の雄」として、つねに慶應とならび称される早稲田大学に対しては、特別の敬意と期待と親愛感をいだいておられたようである。

昭和三十七年、早稲田大学がその創立八〇周年を迎えたとき、先生は「早稲田公論」に「福澤書簡と語られざる早稲田」という文を寄せられた。先生はその中で、「世上喧伝されているように、早慶両校はきわめて親密な関係を持して今日に至っており、将来とてもこの関係が破れることはないと断言してよい。慶應義塾も過去一〇四年の間に、私学の先輩として幾多の苦しみを味わってきたし、早稲田大学も今日の大を成すまでの八〇年間には、同種の難儀を切りひらいてきた。それぞれの栄えある今日の姿容は、それぞれを設立し、それぞれにおいて教え、また学んだ塾員・校友が、営々として築きあげたものにほかならない。両校の関係者は、単に現状を讃えるだけでなく、各々の長い歴史を掘りさげ究めてゆくことが、相互の理解を一層深めるとともに、相互の交誼をいっそう厚くし、それがわが国の私学の基盤をいっそう強固にする所以であることを、わきまえるべきである」と述べておられる。その思いをこめて、同年十月二十一日、早稲田大学創立八〇周年記念式典において来賓として述べられた高村先生の祝辞は「整然たる理路、荘重なる弁舌、まことにこの式典の圧巻」であって、「これを激賞しないものはなかった」と高橋誠一郎先生は記しておられる。

高村先生のお通夜および葬儀・告別式は、高村ゼミの出身である速水融経済学部長が委員長となり南青山の梅窓院でとり行われた。慶應義塾関係者は勿論、村井資長元早稲田大学総長、西岡武夫文部大臣、和達清夫元日本学士院院長をはじめ、広く各界の方々が参列された。霊前においては、石川塾長の弔辞に続き、高村先生とは開成中学以来の親友であり、しかも高村先生とならんで「社会経済史学会」の重鎮であり、おなじく「日本学士院会員」「経済学博士」であられる早稲田大学名誉教授小松芳喬先生が、故人への親愛の情をこめた切々たる「お別れのことば」を述べられた。参列者一同は高村先生小松先生のあいだの美しく尊い友情と、早慶両校の深いむすびつきに、強く心を打たれたのであった。

このたび、小松先生のお許しを得て、ここにその「お別れのことば」を再録させていただいた。なお、小松先生のご了承をいただくにあたっては、開成中学の一年ちがいの同窓生であられる、元塾長佐藤朔先生をわずらわせたことを付記したい。

謹んで高村象平先生のご冥福をお祈りする次第である。

（「三田ジャーナル」一九八九年七月十日号）

追記

小松芳喬先生が高村先生に捧げられた「お別れのことば」はここには採録できなかったが、早稲田と慶應との学問的交流の重要さにもふれた、感銘深い弔辞であった。

佐藤前塾長を偲んで

佐藤朔《さく》先生が亡くなられた。佐藤先生は昨年来、ながらく慶應病院に入院しておられたが、去る三月二十五日（一九九五）午後二時三十分やすらかに永眠された。お生まれは明治三十八年（一九〇五）十一月一日であるから、九十歳の天寿を完うされたのである。

佐藤先生は、昭和五年（一九三〇）塾仏文科を卒業されてから、予科教員（フランス語）、文学部仏文科教授、文学部長、常任理事、そして昭和四十四年（一九六九）五月から四年間塾長を務められた。同時に、先生はフランス文学者として、また詩人として、広く世に認められる業績を示しておられる。交詢社理事長、福澤諭吉協会理事長など、塾にゆかりの深い場においても大きな足跡を残された。

平成三年（一九九一）六月、佐藤先生が日本芸術院から「恩賜賞・日本芸術院賞」を受けられたとき、そのころ先生が理事長を務めておられた交詢社でお祝いの会が開かれた。祝賀スピーチの中で、遠藤周作氏（昭和23年文）は「多面体の顔を持った佐藤朔先生」という言葉を用い、多事多難のときに塾長を務められた佐藤先生、学者として、教育者として、そして詩人として活動される佐藤朔先生、その多面的なそれぞれの〝顔〟をたたえ、今回の受賞はむしろおそきに失した感があるが心からお祝いを申し上げるとスピーチを結ばれた。その年十二月、佐藤先生は、栄誉ある日本芸術院会員に任命された。同時に戸板康二（昭和13年文）、江藤淳（昭和32年文）両氏も日本芸術院会員となられた。

佐藤先生は「三田文学」にも深くかかわっておられた。昭和二十九年（一九五四）、戦後第三次第二期の「三田文学」が復刊されたとき、「七人の侍」とよばれた「内村直也、北原武夫、佐藤朔、戸板康二、丸岡明、村野四郎、山本健吉」の七氏が編集委員に就任した。三月二十七日、佐藤先生のお通夜が上野寛永寺の輪王殿で執り行われたとき、参列者が佐藤先生の想い出を語り合う中で、江藤淳氏は「三田文学」の運営にあたって佐藤先生が示された経営的な感覚などにふれながら、しみじみと〝これで七人の編集委員の最後のおひとりが逝ってしまわれましたね〟と話を結ばれたのは印象的であった。

多面体の顔を持つ佐藤先生ではあったが、しかし何と言っても先生が一番苦労なさったのは塾長時代の四年間であったと思われる。先生が永沢邦男先生のあとをうけて塾長になられたとき、評議員会議長は宇佐美洵日銀総裁であり、連合三田会会長は武藤絲治鐘紡会長であった。佐藤塾長が就任されたとき、日本国内では七〇を超える大学が学園紛争中であった。やがて慶應義塾にも紛争の嵐が吹き荒れ、日吉のキャンパスは〝ゲバ学生〟の〝バリスト〟によって見る影もなく荒廃し、三田のキャンパスにも暴力が横行し、四谷のキャンパスも平常を失った。その年、連合三田会では秋の大会に向けて当番年度である昭和四年、十四年、二十四年の実行委員が、門野雄吉大会委員長を中心に準備をすすめていた。しかし、夏も過ぎ秋に入っても学園のバリケードは解けず、連合三田会の秋の大会は中止のやむなきに至った。大会中止を決定するとともに、連合三田会ではその年十一月十四日〝緊急会議〟を経団連会館で開き、各三田会代表等、塾の荒廃を憂うる塾員が全国から参集した。武藤会長、武見太郎三四会会長はじめ参集者はこもごも起って社中一致、総力をあげて難局に当たるべきことを訴え、佐藤塾長からは塾内の緊迫した実情と、塾長の抱く対応策、大学改革の決意と所信の表明があった。これを受けて、総会は「連合三田会は慶應義塾の直面する重大危機にあたり、佐藤塾長の発表された建学の精神に基づく塾独自の大学改革案を全面的に支持する」という決議を採択した。宇佐美議長は起って、この決議の重みを強調し、佐藤塾長に対し、「あなたは、この決議によって一〇万塾員の支持を得た。塾内に多少の反対があっても、社中一〇万人の支持を後ろ盾に、強力に所信を実行されたい」と激励された。会場は静まりかえり、悲愴感に満ちていた。

それから四年間、佐藤塾長は大学改革と学園紛争の処理収拾に最大の努力を払われた。しかもその間に、塾の学問研究の向上に多大の業績をあげられている。工学部（当時）の小金井から矢上台への移転もそのひとつである。

塾長を退任されてからの佐藤先生は、日本私学振興財団理事長等の要職を歴任されている。先生は晩年まで音楽、絵画、美術、なににによらず〝新しさ〟への興味を失わず、若々しい〝詩集〟を発表しておられる。詩文集『反レクイエム』『青銅の首』などがそれである。

佐藤先生は毎年軽井沢の別荘で夏を過ごされた。そして、「軽井沢慶應会」のご常連のお一人であった。晩年一、二年は軽井沢へおいでにならないこともあったが、それでも毎年私たちは〝今年は佐藤先生はおいでになるかしら〟と心待ちにしていた。しかし、今年は夏が来ても、もう佐藤先生を軽井沢でお待ちすることはできなくなってしまった。

謹んでご生前のご業績をたたえ、ご冥福をお祈りするものである。

（「三田ジャーナル」一九九五年四月十五日号）

『考証　福澤諭吉』の出版を祝う

待望の書

福澤諭吉協会理事長富田正文先生の新著、『考証　福澤諭吉』上が、富田先生とゆかりの深い岩波書店からこのほど刊行された。下巻もすでに校正がすすみ、ほどなく出版のはこびであるという。つねづね富田先生の業績を尊敬し、また広く福澤研究全般の着実な進展をねがっているわれわれにとって、この新著は、まさに待望の書であった。心から富田先生に出版のお慶びを申し上げるとともに、先生の積年のご研鑽に対し、あらためて深甚の敬意をささげるものである。

周知のとおり富田先生は、大正の末年、石河幹明著『福澤諭吉伝』の編纂助手を務められてからこんにちに至るまで、ほとんど七〇年の間、営々として福澤に関するあらゆる伝記資料を探索し考証し、周到綿密な研究を発表し続けておられる。また昭和の中期、小泉信三監修、岩波版『福澤諭吉全集』が刊行されたおりには、富田先生はその編纂校訂の責任者として、福澤の著書訳書、新聞論説はもとより、およそ福澤の手になるものは書簡・書幅・草稿・書附・備忘録から断簡零墨にいたるまで、すべてにわたって厳密な校訂あるいは解読判定をほどこし、これらについて適切な解読解題を執筆されている。そして、全集完結ののちも、『福澤諭吉選集』の編集のほか、今回の新著のもととなった五八篇の考証論文を十年間八〇回にわたって「三田評論」に執筆しておられる。すでに数年前〝卒寿〟を祝われたこんにちもなお、福澤研究の道を歩み続けておられるそのお姿には、まことに頭が下がる思いがする。

小泉信三先生は、慶應義塾の塾長当時から、「富田さん、君は早く君自身の福澤伝を書くべきだ」と促してやまなかった。そのことは富田先生ご自身が、本書の序文の中で述べておられる。また「三田評論」の土橋俊一編集長（当時）から「ひとつあなたの福澤諭吉伝を連載しませんか」という誘いかけがあって、寄稿を始められたことも序文の中に記されている。

本書は、このように多くの人々の期待と要望に応えて出版されたものといってよいであろう。

本書の特徴

福澤諭吉の伝記は、近年各種のものが世に行われている。福澤に対する関心が高まるにつれて、学者、評論家、ジャーナリスト、あるいは文芸家による学術的な福澤評伝、一般的な福澤伝、青少年読物用の福澤伝、小説的な福澤伝などが毎年つぎつぎに出版されている。しかし、本書はそれらの福澤伝とは全く類を異にし、また、石河幹明氏の『福澤諭吉伝』『福澤諭吉』とも趣きを異にしている。富田先生は本書の「序」の中で石河幹明氏の『福澤諭吉伝』にふれ、福澤の生涯を叙する以上、石河先生の名著の右に出ることは不可能である。名著の記述をなぞることは出来るだけ少なくして、石河先生以後の諸家の研究をなるべく多く紹介することを心掛けたと謙虚に述べられ、さらに、それが「考証」と名づける仕事となれば幸いであるとしておられる。

その目次を一目見ればわかるように、本書は福澤の年譜を追ってその事蹟を叙述したものではない。福澤の著作言動をいちいち評論したものでもない。本書は従来の福澤伝で見過ごされ見逃がされていた諸点を丹念に追求し、あるいはいままで何の疑いもなく簡単に取り扱われていた事項を深く掘り下げて調べなおして執筆されたのである。それゆえに、今後いやしくも福澤の生涯について筆を執り論を立てようとする人は、石河氏の名著とともに、富田先生の今回の名著を必ず参照することが望まれるであろう。

しかしながら、本書は単に細かい文献的考証のみによって構成されているものではない。福澤の心理心情あるいは性格形成にふれて、福澤を理解する鍵をわれわれに提供している記述も少なくない。福澤が生後一八カ月で失った父百助《ひゃくすけ》のことを生涯景慕敬愛してやまなかったことを記して、儒学を奉ずることの篤かった百助が、諭吉の洋学者として大成して行く途中で、もしまだ在世であったならば、「新旧両思想の対立抗争が果してなくて済んだであろうか、ツルゲネーフの『父と子』のような相剋が、福澤の家に起らずに済んだであろうか、父を顔も記憶し得ない幼時に喪ったことは、諭吉にとっては成長の後に経験するかも知れないより大きな不幸の芽を未然に摘み去ることになったかも知れないと、わたしは思うのである」（上巻、五〇〜五一頁）というくだりなどはその一例である。

富田先生の福澤に対する記述の姿勢は、つねに淡々としている。福澤を見る眼はつねに冷静であり客観的である。われわれがこの新著を読んで、ありきたりの偉人伝を読まされたときのような圧迫感を感じないのは、そのためであろう。たえずさまざまな評価や批判を受けながらも、福澤は近代日本の生んだ大人物であることに相違はない。その福澤の生涯を記して、これほど淡々と筆を進めることは、よほど困難なことであるが、本書ではこれが見事に貫かれている。これは富田先生の毅然としたご性格と固い信念によるものと思われるが、富田先生が「生涯の恩師」とされる、同郷（水戸）同学（慶應義塾）の先輩石河幹明氏から受けられた影響もあるかと察せられる。

石河幹明氏と富田先生

大正十二年（一九二三）慶應義塾が福澤諭吉の伝記編纂に着手し、その執筆を時事新報名誉主筆石河幹明氏に委嘱したとき、林毅陸塾長の推薦によって石河氏の助手の一人として選ばれたのが、当時慶應義塾の大学生であった富田正文氏であった。これが富田先生の福澤資料研究とのそもそもの出会いであったといわれる。この伝記編纂は前後八年以上の年月を費やし、昭和七年（一九三二）『福澤諭吉伝』全四巻が岩波書店から刊行された。昭和五十六年（一九八一）その再刊が行われたとき、富田先生はその巻頭に「私は編纂所開設の当日から完成の最後の日まで、この名著の完成に奉仕する機会を与えられ、石河さんの史家としての厳正な態度に親炙し、資料の取扱いとその検討批判に学ぶことができたのは、生涯の至幸であった」と記され、今回の新著の序文の中でも、「わたくしが慶應義塾学生のアルバイトとして石河先生の事業の最初から、原稿の浄写、資料の蒐集などのお手伝いをすることを許されたのは、生涯の幸いであり、また光栄の至りであった」と述べられている。なお、富田先生の最初の著書『福澤諭吉襍攷《ざっこう》』（昭和十七年〈一九四二〉三田文学出版部）の巻頭には「石河幹明先生に此の小著を捧ぐ」と記され、その序文の中にも、石河氏は生涯の恩師であるとして、当時すでに老境にあった石河氏の健康を気づかう切々たる思慕の情が述べられている。石河氏もまた福澤諭吉伝の例言のなかで伝記編纂所員のことに言及し、「なかんずく富田氏は事実の考証、記事の筆記、文字の補正等に終始努力して、編纂事業の完成に与って力あることを茲に記しておく」と特記している。

石河氏は福澤諭吉に直接師事し近侍した、いわゆる福澤の愛弟子であるが、伝記編纂の姿勢については、次のように明らかにしている。

「世間の伝記には或は其人物の功績事業を頌賛するの意味を以て書かれたるものなきにあらざるも、本伝記の編纂に就ては、事実のありの儘を記して、其記述には一切の私見を挟まず、一々正確と認めたる資料を根拠とし、成るべく詳細に先生の経歴言行の実相真面目を直写するに努め、これに対する評論解釈は世の読者研究家の自由に付せんとするものである。」

富田先生の福澤研究の姿勢は、石河幹明氏の伝記執筆の姿勢にその原点があるといい得るのではなかろうか。

本書への期待

本書の出版は、福澤資料の研究考証の発達史の中で大きな意義をもつものである。まずそれは、その内容の水準がきわめて高く、後進者の福澤研究に与える便益が大きいことである。さらに、著者富田先生が七〇年間一日のごとく、福澤研究の道を一歩一歩着実に歩まれ、そしてこんにち、その金字塔ともいうべき業績を示されたことが、後進の福澤研究者に与える感動と刺激が大きいことである。その意味において、本書上下二巻ができるだけ多くの人の眼にふれて、人々に感謝され、人々を奮いたたせることの多いことを期待し切望したい。

終りに、著者富田先生のご健勝ご長寿を切に祈るものである。

（「福澤手帖」第七十四号　一九九二年号）

藤山一郎さんの国民栄誉賞ご受賞を祝す

藤山一郎（増永丈夫）さんが、国民栄誉賞を受けられました。まことにおめでたいことで、心からお慶び申し上げます。

藤山さんは、明治四十四年（一九一一）東京日本橋でお生まれになり、大正七年（一九一八）幼稚舎に入学、同十三年（一九二四）普通部に進学、昭和四年（一九二九）普通部を卒業された大先輩です。普通部卒業後ただちに当時の音楽学校（今の東京芸術大学の前身）に入学、昭和八年（一九三三）同校を卒業されてからは歌手として音楽ひとすじの道をこんにちまで歩んで来られたことは、みなさまよくご承知のとおりです。普通部在学当時、「福澤の大先生のおひらきなさった慶應義塾」で始まる「幼稚舎の歌」、「まなこをあげて仰ぐ青空」を歌い出しとする「普通部の歌」をコロムビアレコードに吹き込まれた逸話も有名です。慶應連合三田会の大会には、いままでいくたびも出演していただき、そのたびに大会出席者に深い感銘を与えています。塾を愛し、塾に尽くされる塾員藤山一郎さんがこのたび国民栄誉賞を受けられたことは、われわれ塾員の喜びであり、また誇りとするところであります。

去る五月二十八日（木）（一九九二）正午から、首相官邸で藤山さんに対する国民栄誉賞表彰式が行われ、宮澤首相が藤山さんの六〇年以上にわたる国民的歌手としての功績をたたえ、表彰状と記念品が手渡されました。藤山さんのお嬢さん市川たい子さん（昭和39年文）に教えていただきましたところ、その表彰状には、次のように記されているとのことです。

表彰状

増永丈夫殿

あなたは六十余年の永きにわたり　現役歌手として活躍し　たゆまぬ努力と研鑽を積み　歌謡曲の詠唱に　品位ある独自の境地を開拓し　我が国歌謡界の発展と　美しい日本語の普及に貢献され　国民に希望と励ましと　安らぎを与えました

よってここに国民栄誉賞を贈りこれを表彰します

平成四年五月二十八日

内閣総理大臣　宮澤喜一

藤山さんには、これからもお元気で、国民のうた、塾のうたを、高らかにうたいつづけていただきたいと願っております。

（「三田ジャーナル」一九九二年六月十五日号）

武藤会長逝く

武藤さんが連合三田会の会長に就任されたのは昭和四十三年（一九六八）七月のことであった。そしてその年十一月、日吉で開かれた連合三田会の年次大会で、武藤さんは会長としての力強い第一声をあげ、その熱弁は出席者に強い感銘をあたえた。

「連合三田会は慶應義塾社中一〇万人の卒業生集団であります。福澤精神を中核としてこの一〇万人の力を一つに結集し、塾をもり立ててゆくのが、甚だ出すぎたようですが不肖私の会長としての責任だと存じます」というのが武藤さんの口ぐせであった。

「それにはまず、各方面各年代の塾員にできるだけ多く接して意見をかわしたい」「そして一方、塾当局とは常に密接に連絡をとり、塾内の大ぜいの人とも話をする機会をもちたい」というのがその方針であった。

そのあらわれとして、会長主催の会合がたびたび開かれ、また各種の三田会にも努めて会長として出席された。慶應倶楽部、大阪慶應倶楽部、三田懇談会をはじめ各年度の会合、岡山、中津などの遠隔地にまで会長として足をのばされた。事務局の強化、「三田ジャーナル」の創刊も、みな武藤さんの発意と推進によるものであった。武藤さんはさらに一歩ふみだして、連合三田会の組織を真の同窓会機関として大きなものにまとめてゆく構想をもって準備を始めておられた。

そこに起こったのが四十四年の学園紛争であった。いわゆる大学立法にからんで起こった紛争である。六月二十日の医学部進学課程学生による無期限スト決議に続き、事態は次第にエスカレートした。日吉のキャンパス一帯はバリケードによって封鎖され、工学部校舎の新築工事はストップし、七月に入ってからは記念館までも封鎖された。

武藤さんは「同窓会の組織づくりも、結局は母校をバックアップするためのものだ。目下の急務は就任早々の佐藤塾長を全面的に支持激励して、当面の紛争解決の支援にあたることだ」と声明し、それからは塾当局を激励するとともに学園内外の情勢をあらゆる角度から研究され、学生運動、大学問題の実態をつかむべく、各方面の意見をきいて回られた。「秋の連合三田会の大会は日吉で開けるでしょうか？　何とかそれまでに、紛争を終わらす法はないでしょうか？」と問う人があると、「そんなことのために紛争解決をあせったり妥協を考えたりしたら、百年の計をあやまるおそれがある。塾は塾長の判断で最善の方法で解決の手を進めているのだから、その邪魔にならぬよう、この秋の大会は、アッサリ取り止めにするべきだ。また、それによって一般の塾員もあらためて危機意識をもつだろう」と答えておられた。

十月になってバリケードはとりのぞかれ、学園は次第に平穏になった。佐藤塾長はすでにその前から大学改革の決意を表明しておられたが、紛争の鎮静を機に、いよいよ「塾改革の方向」を公表された。武藤さんは「この改革の精神こそ塾を救うものである」として連合三田会の臨時総会を開いて改革の支援激励を決議するとともに、三田会独自の改革案をも研究作成し塾当局に呈示するなど、大学改革に情熱をもやされた。

昭和四十五年に入って、武藤さんは塾評議員会に設けられた「特別委員会」のメンバーとしてさらに塾の改革案の審議にあたられたが、やがて次第に「組織変更も改革も、意識革命と財政的裏づけがあってのことだ。その要件の一つは、どうしても、待遇給与の改善だ。要するに財政の立て直しだ。このままでは財政的にゆきづまります。そうなれば改革も何もあったものではない」と洩らされるようになった。そして三田会関係の会合でも、待遇改善と財政危機を強調された。

四十五年秋、塾評議員の改選があり、評議員選出の理事も新しく決まり、武藤さんは理事会のメンバーとなられた。当然のことながら武藤さんは塾の運営について一層の責任を感ぜられたようであった。十二月十五日、改選第一回の理事会が三田で開かれた。武藤さんは相変わらず元気に就任の決意と意見とを述べられた。しかしそれが武藤さんの最初で最後の理事会出席となってしまった。それからわずか一週間のちの十二月二十三日、武藤さんは急逝されたのである。

武藤さんの連合三田会会長在任の期間はあまりにも短かった。ご年齢から申しても、まだまだお若かった。武藤さんとしても、いよいよこれからというお気持ちであったと思う。塾のためにも、三田会のためにも、まことに痛惜痛嘆にたえない。謹んで武藤さんご生前のご功績をたたえ、ご冥福を祈る。

（「三田ジャーナル」一九七〇年十二月三十一日号）

またひとつ消えた社中の巨星——早川種三さんを偲んで

慶應義塾評議員・理事・評議員会議長、三田体育会会長、慶應連合三田会副会長等を歴任された早川種三さんが、平成三年（一九九一）十一月十日、慶應病院で逝去された。明治三十年（一八九七）のお生まれとうかがえば、天寿を完うされたと申し上げるべきかもしれないが、まことに痛惜にたえない。

早川さんが亡くなられたあと、数々の新聞や雑誌に、早川さんの逝去を惜しむ追悼記事が載せられた。いずれも、早川さんの実業界における〝再建の神様〟としての手腕功績をたたえ、早川さんの豊かな人間性とおおらかなお人柄をなつかしむ記事であった。その中で、ある経済誌は、日本建鉄、日本特殊鋼、佐藤造機、興人等の再建にあたって示された早川さんの管財人としての基本姿勢の公正さ、情勢判断の的確さ、手法のてがたさ、思いやりの豊かさ、ひきぎわのみごとさなどをたたえるとともに、「早川さんは母校慶應に〝少しでもお返しをしなければ〟と、慶應のこととなると、目の色を変えて走り回った」と記すのを忘れなかった。まことに、早川さんは慶應のこととなると、ことの大小にかかわらず力を尽くして走り回っておられた。

早川さんは慶應のことに力を尽くされる場合でも、決して晴れがましく人に目立つことはされなかった。常にご自分は一足うしろに控え、先輩をたて、後輩をたて、ご自分はだまって後ろだてを務められた。しかし、その一方で、人が躊躇して手を出したがらない厄介なこと、人から逆恨みを受けそうな面倒なことでも、塾のため、社中のためとなると、わずらわしさを厭わず、みずから直接そのことにあたられることがしばしばであった。早川さんはその泰然とした風貌に接しただけでは、大まかに物事を処理するタイプの人に見えたかもしれない。しかし実は、こまめに念入りに情報を集め、もちまえのするどいカンでその情報を分析し、対策をたてて実行に移すタイプの方であった。

慶應連合三田会の秋の大会がまだいまのように定着していなかったころ、早川さんは二度にわたって大会の実行委員長をひきうけてくださった。そのときも、先輩をたててご自分は控えめに振る舞われ、しかも、人が言いにくいことは先輩にでも有力者にでもうるさ型にでも、ビシビシ苦言を呈し秩序を整え、後輩の委員が手に負えず困っていることは、すすんで解決して下さった。慶應倶楽部のことでも交詢社のことでも、早川さんのお世話になったことは何回となくあった。

また大勢の塾員の中には心得違いの者が現れることもある。そのようなとき、ほかの人は見て見ぬふりをしていても、早川さんは「これは塾のためにならない」と判断されると厳然として処理をつけられるのであった。

早川さんはご義父早川政太郎氏（ご尊父の姉の子で福澤先生の直弟子、幼稚舎の二代目校長＝当時は幼稚舎監事とよばれた）の関係もあって、福澤先生には親近感を持ち、常に尊敬しておられた。先生の言葉を引用したり、先生の言行を後輩に説くことはされなかったと思うが、ただ一回、私は早川さんが、〝福澤先生はやっぱり偉いと思ったよ〟とおっしゃったのをうかがったことがある。それは、早川さんが昭和四十六年（一九七一）秋、勲二等瑞宝章を受けられたときのことである。そのころは、政府関係者以外が勲二等を受けるのはきわめて稀であった。私たちが早川さんにお祝いを申し上げたとき、早川さんは「イヤあれは初め内示のあったときご辞退しようとしたら、あなたの場合は実業家としてでなく管財人会会長ということで裁判所が初めて推薦するケースだから、是非受けてくれというので、それではお受けしようと返事した。ところが、勲何等が出るかは分からないというんだ。そうなってみると、どうせいただくのなら、いい勲章をいただきたいというさもしい気持ちがどうしても起きてくる。そのとき、ああ、福澤先生が勲章はまっぴら御免とおっしゃったのはこのことかと思ったね。福澤先生はやっぱり偉いよ」とおっしゃった。

　早川さんのお話の楽しさは定評があった。塾の会議室、日本建鉄の応接室で、用件のあとうかがったお話、宴会の席でのほがらかなお声はいまも耳に残っている。ご入院中、相当重いご容態でも、お見舞いにうかがうと努めて居ずまいを正し力のあるお声で応接して下さる早川さんであった。その早川さんも、もうおられない。しかし福澤先生もいわれたように、ひとつの薪《たきぎ》は燃え尽くしても、つぎの薪が義塾の火を燃やし続けてゆかねばならない。早川さんの志をついで塾の発展に尽くすのが、私たち後輩の務めであろう。謹んで早川さんのご冥福を祈るものである。

（「三田評論」一九九二年二月号）

星野靖之助氏を偲んで

星野靖之助さんには、ご生前たびたびおめにかかり、何かとご指導をいただきました。私が、ここ二〇年ほど、星野さんにお近づきできるようになりましたのは、三井関係のご縁でもなく、ご郷里大分とのつながりでもなく、星野さんの母校である慶應の同窓というご縁からでありました。

もちろん、同窓といいましても、星野さんは大正十四年ご卒業という大先輩、私は昭和十七年卒業というはるか後輩であります。しかし、なにごとにつけても後進の面倒をよく見て下さる星野さんには、何かの機会にご挨拶したのをキッカケに、それ以来目をかけていただくようになりました。あるときは、やさしいまなざしで私をご覧になり、「僕は、アンタのおじいさん、服部金太郎さんを知っているヨ」とおっしゃったこともありました。

星野さんは、ダブルの洋服を着こなされ、銀の柄のついたステッキをお持ちになり、私の会社へも何回かお立ち寄りになりました。私が出てご挨拶すると、一、二のご用事を簡単に述べられ、あとはお引き留めしても、「イヤもうアンタの顔みればそれでいいんだヨ。アンタはいそがしいんだから」と腰をあげられるのが常でした。和光の店をごひいき下さって、しばしばご来店になりました。そして、そのあとで、きっとはげましのお言葉やらご注意やらをうかがったものでした。

星野さんは三井を愛されご郷里大分を愛されたように、母校慶應義塾をもこよなく愛されました。そして陰に陽に母校のために尽くされ、卒業生の面倒をよくみて下さるとともに、ご在学当時の恩師であった高橋誠一郎先生、小泉信三先生を終生尊敬され、厚く礼をつくしておられました。星野さんは昭和三十七年以来、お亡くなりになるまで、慶應義塾の評議員を務めておられました。そして一年に六回、三田の慶應義塾で開かれる評議員会に星野さんはほとんど毎回出席されました。お若いときのなつかしい想い出があふれる三田の山に足を向けられることは、星野さんにとってたのしいお務めであったと思われます。会議の前後に、周囲にあれこれと気を配り、声をかけておられたお姿はいまも目に浮かびます。

一昨年、昭和六十二年の九月二十一日の評議員会で、星野さんが臨時に議長を務められたことがありました。それは議長の三村庸平さん（三菱商事会長）が海外出張のため欠席され、出席者中の最年長者ということで星野さんが議長に推されたのでした。星野さんは静かに議長席につき、立派に議事をさばいておられました。しかし、少しはなれた席から議長席の星野さんのお姿を見ていた私は、「ああ、星野さんもだいぶお年をめしたなあ」という感を受け、ふと淋しくなりました。

それから一年あまり、昨年（一九八八）十月八日、星野さんは急に天に召され、満九十歳に近い地上の生涯を終えられました。謹んでご冥福をお祈り申し上げます。

（「星野靖之助追想録」一九八九年）

学生時代の友達

はじめての友達

幼いころから一緒に育った兄弟やいとこたちは別として、生まれてはじめて持った〝友達〟は、私の場合、小学校のクラスメートでした。私が小学校（慶應幼稚舎）に入ったのは、昭和二年（一九二七）のことですから、遠い遠い昔のことですが、そのころの友達とは、いまでも〝呼び捨て〟のつき合いを続けています。こんにちでは、私立の小学校へ入るのは〝お受験〟が大変で、どこでも大さわぎをしていますが、私のころはノンビリしたもので、別段、有名人や有力者の子供や孫がむらがることもなく、それでもちょっとした〝メンタルテスト〟と〝体格検査〟があって、それがすんで翌年入学したものでした。大学に入ってからできた友人や、社会へ出てから名刺を交換して知り合った友人とちがって、小学校時代からずっと一緒に成長してきた友達は、育った家庭は別々でも、成人してからのしごとはお互いにちがっていても、ひとつの大家族に属しているような感じがします。久しぶりに出会っても〝きのうも一緒にいた〟ような気持ちになるから不思議です。従って小学校の友達は身内のようなものなので、誰が何になった、誰が出世したというようなことを触れ回るのは面映ゆい気がします。ただ、異色といえば、となりの組にのちにエッチングの世界で名をなした駒井哲郎がいました。子供のころから絵が上手で、一生、紳士的な人でした。ちなみに、私も駒井も小学校での絵の先生は椿貞雄画伯でしたが、私は一向に絵心が育ちませんでした。

他文化との出会い

旧制大学予科（慶應）に進学したのは、昭和十二年（一九三七）のことでした。早生まれの私は、未だ十六歳三ヵ月でした。ところが受験して入ってきた同級生、新しいクラスメートは五年制中学卒業が大部分で、しかも、一年、二年浪人している人も少なくない。地方からの人もいれば外地、外国からの学生もいる。東京育ちで世間のせまい私はたちまち、広い大人の世界に子供が入ったような感じで、まわりからドシドシ知らない文化を注入されるので、一ぺんに目が開いた気がしました。友人も一度に増え、幅が広がりました。当時の朝鮮から来ていたR君やN君と机をならべていると、いわゆる朝鮮統治の歴史に全く無知だった私にも、彼らの抱く苦悩をなんとなく察することができました。しかし、私たちは何のわけへだてもなくつき合うことができました。それは幸せなことだったと今も思っています。台湾から来たL君は何の屈託もなさそうでした。また、当時はアジア各国（のちの大東亜共栄圏）から優秀な学生が大勢日本にやってきていました。のちにタイ国の大蔵大臣を務めたソンマイ・フントラクーン君もその一人で、中学のときから慶應にきていました。

ソンマイ君は大学時代から優秀な学生で、金融論を専攻し、卒業後は研修生として日本銀行に入り、帰国ののち、タイ国の中央銀行の設立に参画し、同行の各ポストを経て、総裁に就任し、そののち大蔵大臣をながく務めていました。終生、大の親日家で、日本の企業もずいぶんお世話になりました。〝ソンマイが偉くなったそうだね〟といって同級生が訪ねていくと喜んで歓待してくれました。そのあとで私が会うと、〝こないだは誰々が来たよ。こんど日本へ行ったら誰々に会いたい〟などと目を細めていました。そのソンマイ君も、日本へ留学していたとき、下宿が変わるたびに、下宿のおばさんに、必ず「山田長政を知っているか、バンコクには電車が走っているか」ときかれたのには弱ったよ、と苦笑していました。タイ（シャム）は日本よりも早くアメリカと修好条約を結び、西欧文化をとり入れ、日本よりも早く汽車や電車を走らせたことを、下宿のおばさんは、もちろん知らなかったでしょう。私も学生時代は〝山田長政〟の実像など全く知らず、少年雑誌で読んだ物語をそのまま信じていました。

異色のひとびと

大学の学年が進むにつれて、私は、いまいう自治会委員のようなことをしていたので、同級生はもちろん上級生、下級生、よその学部の学生とも、自然とつき合うようになりました。私は左翼運動などとはまったく縁がなく、したがって〝特高〟のご厄介にもならなかったのですが、委員仲間で水戸出身のH君などは相当深入りしていたらしく、戦後はたちまち日本共産党の幹部として名がでるようになりました。戦後H君に会うと、茨城弁まる出しで、共産党の理念を熱心に説いてくれました。しかし、H君は不幸なことに、間もなく党内抗争の犠牲となって命を失いました。H君の葬儀が行われたとき、友人代表として列席した私は、式場内に赤旗が林立しているのにまず眼をみはり、〝同志〟の激烈な弔辞に驚き、前後に〝同志のために、インターナショナルを歌おう〟という号令のもとに一同起立してインターの大合唱が始まったときは、どうしてよいかわからず呆然と立っていました。一緒に行った友人から、〝おれも驚いたが、服部はガクガクしていたね〟とからかわれましたが、まったくそのとおりでした。

別の意味で異色だった友人に梅田晴夫というのがいました。私は小学校のときから友達で、一時は家も近かったのでなお親しかったのですが、別段成績がよいとか文章がうまいという話もきかず、どちらかというと病弱な感じでしたが、大学予科時代に、未だ二十歳にもならないころに、早くも小説を書いて世に認められるようになりました。私たちはそれを読んでも一向にその文学性がわからず〝梅田がなんだか陰気なものを書いたなあ〟というくらいでしたが、卒業後は放送作家として地歩を占め、六十歳になるやならずで世を去るまで、創作、劇作だけでなく、趣味の世界やディレッタンティズムの世界で、つぎつぎに著作を発表しました。若くしてみずから世を去った加藤道夫も同級でしたが、私はおつき合いがありませんでした。

しかし、私はこのような異色の人にばかり囲まれていたわけではありません。大部分の同学の人々は、よく学びよくあそび、よくスポーツや趣味に熱中する、バランスのとれた人たちでした。

そして、卒業後も、実業界、学界、芸術文化の世界などで、それぞれ縦横に活躍し、いまは国内あるいは海外で、ゆったりと第二の人生を楽しんでいるのが仲間の大部分です。苛烈な戦争を経て、クラスメートの中から多くの戦死者を出したわれわれの世代は、いまでも学生時代のいまは亡き友、幸いに生き抜いてきた友と、互いに特別のきずなで結ばれていることを感じます。

学校を出てから

学校を出てからこんにちまで、私は新しく多くの友人を持つことができました。それは、さまざまな人生の縁によって出会った友人です。外国人もあれば日本人もある。男性もあれば女性もある。私より年長者もあれば年の若い人もあります。〝あなたはどうして〇〇さんとお親しいのです?〟ときかれて、〝親戚だから〟〝同級生だから〟と答えられる場合は簡単ですが、たいていの場合はそうではありません。「そういわれれば、あの人とは一体どこではじめて会ったのかな」と自分でもわからなくなることがしばしばあります。つくづく人生の出会いというのは貴いものだな、不思議なものだな、と思うばかりです。

(「ほほづゑ」一九九六年)

卒業式の風景

「春分の日」の三日あと、三月二十三日（一九九二）午前十時から、日吉の記念館で、平成三年度慶應義塾大学ならびに慶應義塾看護短期大学卒業式が行われた。

この日は、前夜からの雨に加えて急に気温が落ちこみ、記念館のなかは底冷えのする寒さであったが、定刻一時間前の午前九時ごろから、式に参列する塾生がつぎつぎに会場をうずめ、広い会場もたちまち満席となった。女子塾生の和服の晴れ姿が目立つなかで、羽織袴姿の男子塾生があちこちに見受けられるのもちかごろの卒業式風景である。ざわめきが場内にうずをまいている。これから学位記、卒業証書を受けようとする約六〇〇〇人の塾生は、あかるい希望にもえながら、互いに呼びかわし、話し合いながら、にぎやかに開式を待っている。

その塾生たちの後方には、恒例によって塾から招待をうけた卒業五〇年、卒業二五年の塾員諸氏が、感慨深げに着席し、ものしずかに語り合っている。

ことし卒業五〇年をむかえるのは、昭和十七年（一九四二）九月卒業の塾員諸氏である。それは太平洋戦争突入の翌年であった。その年、戦時中の非常措置によって大学の修了年限が短縮され、本来は昭和十八年三月に卒業すべきクラスが半年繰り上げて卒業することになった。昭和十七年九月二十六日、三田の大ホールで式が行われ、わずか数日のちの十月一日には、新卒業生のほとんど全員が陸軍または海軍の軍務についたのである。それから終戦までの二年十ヵ月のあいだに、数多くのクラスメートが戦争の犠牲者となったことはいうまでもない。そしていま〝命ありて〟母校の卒業式に旧友とともに招かれている。はかりしれない感慨にふけるのは当然のことであろう。

卒業二五年の招待をうけたのは、昭和四十二年(一九六七)卒業の、一〇八年三田会の塾員諸氏である。大学入学の翌年(一九六四)は東京オリンピックの年であり、東海道新幹線開通の年である。さらにその翌年、すなわち昭和四十年(一九六五)は、一月から二月にかけて、学費値上げに対する〝闘争〟がおきた年である。日吉の二年生として、この〝闘争〟に加わったことは、一〇八年三田会諸氏の記憶になお鮮やかであろう。この年度の諸氏は昭和十七年三田会の諸氏とはまたちがった感慨をもってことしの卒業式に参列したことであろう。

定刻十時、石川塾長はじめ常任理事、学部長が登壇し、予定どおり式が始まった。松本常任理事の学事報告によれば、ことしの卒業生は六学部五五七六名(うち通信教育課程による卒業生は二六一名)、看護短期大学卒業生九六名とのことであった。続いて学部別に〝学位記〟が授与された。ことしからは、学部の卒業生には、〝学士〟という学位が授与されることになったのである。各学部から、それぞれ〝代表〟が出て塾長から〝学位記〟が手渡される。文、経、法、商、医、理工学部、いずれの学部の〝代表〟も女子塾生であった。通信教育課程卒業の総代も女性、看護短期大学の卒業証書をうけたのも女性であった。場内からどよめきがおきる。女子塾生の活躍はたのもしいが、男子塾生はどうしているかという思いもあってか〝失笑〟の声もあちこちから湧いていた。石川塾長の懇《ねんご》ろな式辞、西尾信一評議員（昭和15年経、第一生命保険相互会社会長）の簡潔で温かい来賓祝辞、文学部吉田量彦君の在学生総代祝辞、医学部佐野元昭君の卒業生総代答辞、そして塾歌斉唱で卒業式は閉会となった。

この卒業式のあいだじゅう、卒業生の父母諸氏は、日吉記念館にはスペースの関係で入場できず、あらかじめの用意により、高校の日吉会堂でテレビ中継によって卒業式に〝参列〟していただいたのである。

卒業式にひきつづき、同じ会場で〝一九九二年三田会〟（代表幹事山田大造君）の結成式が行われた。そのあと、左のとおり母校に対する記念寄附の目録が石川塾長に贈呈された。

一九九二年三田会（代表山田大造君）

記念寄附として伝言板を理工学部に設置

昭和十七年三田会（代表服部禮次郎君、吉村善忠君、平野静雄君）

一四〇〇万円

一〇八年三田会（代表　岡野光喜君、磯野計一君）

六七〇〇万円

十二時をすぎるころ、若き血の斉唱とともに、日吉記念館におけるこの日の行事はすべて終了し、卒業生、招待されたＯＢは、それぞれの想いを胸におさめて会場を退出した。

（附記　私事ではあるが、私も、今回卒業五〇年の招待をうけた昭和十七年三田会の一員である。）

（「三田ジャーナル」一九九二年四月十五日号）

生粋の慶應マン——梅田晴夫君を悼む

故梅田晴夫（梅田晃）君の数多い著書のひとつ、『新フランス読本——パリ熱愛記』（昭和五十三年刊）の奥付ページに、君自身の執筆と思われる「著者略歴」が載せられている。

「梅田晴夫。大正九年東京に生まれ、慶應義塾に学ぶこと十八年、フランス文学を専攻、母校の教員をつとめ、昭和二十四年〝五月の花〟で第二回水上滝太郎賞を受賞、作家生活に入る。昭和三十五年広告の世界に入り博報堂取締役を経て、再び自由業となり、今日に至る。ラジオ・テレビの脚本のほか、〝フランス俳優論〟などの翻訳、〝亭主関白のすすめ〟〝紳士のライセンス〟ほか著書多数あり」

いま、君の略歴の末尾に、「昭和五十五年十二月二十一日午前十一時二十二分、肺がんのため慶應病院で死去。六十歳」という数行を書き添えることは、幼稚舎以来の友人の一人として、淋しく悲しいきわみである。

君は昭和二年四月、われわれと一緒に慶應義塾幼稚舎に入学した。まだ幼稚舎も普通部も三田にあったころのことである。幼稚舎六年、普通部四年をおえて、われわれは日吉の旧制大学予科に進んだ。君は文学部を選び、学部にはいってからは「略歴」にもあるようにフランス文学を専攻した。大学のときに、君は一時健康をそこない、卒業がおくれた。君が誇らしげに「塾に学ぶこと十八年」と言い得るのはそのためである。われわれ平凡人は、戦時下の繰り上げ卒業のため、「塾に学ぶこと十五年六か月」で学窓を去らねばならなかったのである。

君はいつでも平凡でなかった。君は在学中から、たびたび平凡でないこと、方面違いではないかと思われることをやってのけては、われわれ平凡人を驚かせた。幼稚舎のころから、シンは人一倍強かったが、決して暴れん坊でもガキ大将でもなく、戦争ゴッコや軍人志望とはおよそ縁遠かった君が、普通部へ入ると間もなく「射撃部」に入部し、しかも運動部の勇ましい連中と一緒に戸山が原の射撃場に通い、「三八銃」で実弾射撃をバンバンやっていると聞かされて、われわれは驚いた。「文弱」のレッテルを君にはりつけようと思っていたわれわれは、アッケにとられたのである。

やがて予科に進むと、君は急にフランス語に傾斜していった。君が国文学や演劇にくわしいことはわれわれも知っていたが、さのみ外国語に強いとも思えなかった君がいつの間にかフランス語をマスターしたと聞いて、われわれは驚いたり感心したりした。また、君が在学中に塾内の雑誌に小説を発表したときは、「梅田がとうとう小説を書いた!!」と感嘆した。

戦争直後の混乱期に、われわれは京橋の「梅田ビル」に君をよくたずねた。あのあたりがまだ槇《まき》町《ちょう》とよばれていたころのことである。また、君が母ぎみと隣り合わせに住んでいた二ノ宮の別荘にしばしば君をおとずれたこともある。君はよく語りよく笑った。そして「文士」「文学者」だとばかり思っていた君に、強烈な「企業家精神」が宿っているのに驚かされた。ながくロシア貿易にたずさわり、また競馬法の制定に力をつくした父君、元青森県選出代議士梅田潔氏の熱血が君にもうけつがれているのを、われわれは気づかなかったのである。

やがて君は塾の先輩内村直也氏の知遇を得て世に出ることとなった。それからの君の活動は、まことに多彩をきわめたものであった。すべての面でめざましい、ときにはめまぐるしいうつりかわりがあった。しかし君自身としては、一つのつらぬいたものを追いつづけていたのであろう。

そして、最後に君がわれわれを驚かせたのは、君のあまりにもあわただしい他界であった。君の最後の著書となった『嫁さんをもらったら読む本』（昭和五十五年、日本実業出版社刊）の中には、君が君の家族にそそぐ愛情の深さが随所ににじみでている。君はその「あとがき」の中で、「この本は二人の子供たちへの早すぎる遺書といってもいい」と述べている。「早すぎる遺書」、それがそのまま遺著となってしまったのも、痛ましく悲しいことである。

謹んで君の冥福を祈るとともに、君の愛したご家族——政江夫人、君と同じく幼稚舎から塾に学ぶ長男望夫《もちお》君（塾工学部在学中）、おなじく長女みか君（女子高在学中）、——お三人の将来に幸多かれと祈るのみである。

（「三田評論」一九八一年四月号）

V 福澤先生をささえた門下生

小幡篤次郎・仁三郎兄弟のこと

福澤先生は、誰にも頼らず、他人《ひと》をあてにせず、「一本の筆、三寸の舌」で一世を指導したといわれています。しかし、困難な状況のもとで慶應義塾を運営し、次第に人数の増える「義塾社中」という集団を統率していくためには、先生の側近にあって先生を補佐する門下生――先生が全面的に信頼できる人格と知性と能力・実行力をもつ門下生が必要でした。先生にとって幸いだったことには、福澤先生は、社中のなかにそのような優秀な補佐役を育てることに成功しました。

その補佐役のなかで、まず数え上げられるのは、先生が郷里中津から選抜して門下に加えた小幡《おばた》篤次郎《とくじろう》、仁（甚《じん》）三郎《ざぶろう》兄弟でしょう。兄篤次郎は福澤先生より七歳年少で、生涯、先生の脇役・補佐役に徹した温厚な人格者であり、学識者でした。義塾の塾長を二度にわたって務め、福澤没後四年の一九〇五年四月十六日に没しました。福澤先生から全幅の信頼を受けたその一生は、平穏なものだったといってよいでしょう。

しかし、弟の仁三郎は福澤先生の大きな期待を受けながら、不幸なことにアメリカ留学中二十九歳で病没しました。

小幡仁三郎は、弘化二年十二月五日（太陽暦一八四六年一月二日）福澤先生の郷里、豊前《ぶぜん》中津、奥平藩の藩士として生まれました。仁三郎は元治元年（一八六四）福澤先生に見出され兄篤次郎とともに江戸に上り、福澤塾に学びました。入塾後熱心に英学を学び、たちまち塾内の秀才として認められ、修学を続けるとともに、塾内の後進生を教え、また徳川幕府の開成校から教員として招かれています。

仁三郎は、若手の学者として、西洋式の軍事用兵術を紹介した『洋兵明鑑』、欧米の教育学校制度を紹介した『西洋学校軌範』、『英文熟語集』など慶應義塾から刊行されたいくつかの出版物に執筆者として名を連ねています。また、その俊敏な性格を発揮して、慶應義塾の行政面にも携わり、塾が新銭座から三田に移ったとき、移転の業務、三田の校舎の整備に大いに手腕を発揮したと伝えられています。当時の慶應義塾は全体として小規模であり、塾内の制度組織も簡素なものでありましたが、仁三郎は明治三年（一八七〇）〜四年（一八七一）慶應義塾の塾長を務めています。ちなみに仁三郎の前任塾長は阿部泰蔵（のちの明治生命会長）、後任塾長は荘田平五郎（のちの三菱重役）でした。

明治四年、数え十七歳の旧中津藩主奥平《おくだいら》昌邁《まさゆき》（のちの伯爵一八五五〜一八八四）はアメリカに留学することとなりました。そのとき二十五歳の仁三郎は、その随行者に選ばれ、昌邁とともにアメリカに留学しました。奥平、小幡は、明治四年十二月、岩倉使節団がアメリカへ出発した翌月、横浜を発ち、サンフランシスコに上陸、そのあと使節団を追うようにソルトレークで岩倉一行と合流してシカゴまで同行し、そのあと二人だけでニューヨークに到着しました。留学先の学校をいくつか探し求めたあと、結局、明治五年（一八七二）ニューヨークのPolytech Institute（現在のPolytech University）に二人ともスペシャル・スチューデントとして入学しました。現在、同大学に残されている記録によると、そのころ奥平、小幡をふくめて一五人の日本人がスペシャル・スチューデントとして在学していたようです。

福澤先生は、東京にあって、仁三郎がアメリカで無事勉学している報せを聞き、喜んでそのことを手紙に書いておられます。ところが仁三郎は、やがて健康を損じ、神経病に悩まされ、知人、友人の相談によって、当時一番進んだ医療を受けられるといわれたフィラデルフィアの病院に入院しましたが、手厚い看護を受けながら、明治六年（一八七三）一月二十日（墓碑に刻まれている日付、福澤関係書類によれば一月二十九日）その病院で逝去しました。墓碑銘には、Died at Brooklyn, LI (Long Island) となっていますが、これは死亡時の住所ということでしょう。

福澤先生は、仁三郎逝去の報せを受け、悲しみのあまり、仁三郎をアメリカに出したのは私の誤りであったとまで嘆いています。ただし、仁三郎の病中、同行の奥平はじめ友人知己、アメリカ人が親切に援助し、看護してくれたことを、福澤先生はせめてもの慰めとしておられたようです。

フィラデルフィアで逝去した小幡仁三郎の遺体はニューブランズウィックに移され、同年二月ウィロー・グローブの墓地に既に葬られていた日本人三人（日下部太郎＝一八七〇年四月十三日没、長谷川雉郎＝一八七一年十一月十八日没、松方蘇介＝一八七二年八月十三日没）のとなりに埋葬されました。この墓地には入江音次郎（一八七三年三月没）、川崎新次郎（一八八五年三月没）、阪谷達三（一八八六年四月没）、高木三郎の幼女（一八七七年九月没）が葬られています。

福澤先生は、仁三郎の学識、才気そして気骨をこよなく愛し、仁三郎逝去の悲報を受けた直後、追悼愛惜の意をこめて長文の「墓碑銘」を執筆し、〝君の親友福澤諭吉、慶應義塾社中の差図に従い、涙を払いてこれを記す〟と結んでおられます。ただし、この文章は先生の自筆原稿が残されているだけで、建碑は行われませんでした。その後も先生はことあるごとに仁三郎の人物、逸話を記して発表し、また最晩年の明治三十二年（一八九九）、『修身要領』の編纂を門下生に命じたとき、「このようなときに、もし生きていれば、真っ先に相談するのに、地下の人となっては仕方がない」として二、三人の名を口にしたとき、まず挙げたのは小幡仁三郎の名でした。福澤先生は、仁三郎没後二六年たったときでも、頼りにしたかった一人として仁三郎の名を口にされたのです。

福澤先生ばかりでなく、慶應義塾の人々は、ながく仁三郎のことを忘れませんでした。仁三郎没後一二年の明治十八年（一八八五）一月二十九日、仁三郎の十三回忌追善会が慶應義塾で開かれ、六十余人が列席しています。さらに、仁三郎没後二五年の明治三十一年（一八九八）五月号の『慶應義塾学報』（いまの『三田評論』の前身）には、巻頭に仁三郎の肖像写真を掲げ、本文にはその伝記を記し、その末尾にアメリカで没したことを述べ、「ニューゼリセー州ブリュスウックの墓地に葬る。今を距ること二十六年前なり」（原文のまま）と結んでいます。

また、仁三郎の墓前には、

ERECTED TO THE MEMORY OF J. OBATA
By His Associates in The Kei-o Gijuku Tokio, Japan

と刻まれた大理石造りの花盛器が捧げられました。この花盛器（marble urn）が捧げられたのはいつのことか不明ですが、一九〇四年の新聞写真にはすでに写っています。美しい石造物だったようですが、残念ながら今では損傷が激しく下部しか残っていません。仁三郎没後四六年後の大正八年（一九一九）、慶應義塾大学田中一貞教授は、十二月二十三日ニューヨークから汽車でニューブランズウィックを訪問し、この墓所に参詣しておられます。

ニューヨーク在住、義塾の大先輩で、日本人会の大元老、新井領一郎から小幡の墓地の所在を教えられて参拝を果たした田中一貞教授は「慶應義塾の後進、今はるばる此の地に来り。小幡篤次郎先生の実弟にして義塾創業の大功臣なる仁三郎君の墓を弔することを得るは何等の光栄ぞや。同窓出身者数千人中、この幸運を担えるもの五指を屈するに過ぎざらん」と感動しています。

さらに田中教授は、墓前に捧げられた「唐草を彫刻したる大理石の優美なる花立」を見て感激し、

「然り、義塾の先輩諸氏は功労者の霊を見捨てず、此の如く心をこめたる花立は友人によりて供えられたるも、万里を隔てたる異境の孤墳、春風秋雨爰に五十年、誰ありてか香花を捧げん」と記しています。

なお、田中教授は墓参を済ませたあと、ただちに小幡家ゆかりのひとびとならびに高木正義氏にカードを送って墓参の報告をしています。

現存する小幡仁三郎ら日本人八人のうち六人の墓は、高さ三メートルほどのオベリスク型の立派な墓石で、これにおのおの出身地、氏名が漢字で刻まれ、その下の礎石に英文で出身地、氏名、没年が記されています。阪谷の墓石も、もとは同様のオベリスク型でしたが、残念ながら、今では欠損し、氏名を英文で記した下部の礎石しか残っておりません。一体誰がこの立派な墓地をつくったのか、石碑の漢字は誰が書き、それを石に刻りつけた石工はどんな人だったのかなどは、いまのところわかりません。この日本人墓地は、第二次世界大戦中も地元のアメリカ人の配慮で保護されて無事でしたが、戦後一時荒廃し、それが一旦修復され、また荒廃するということを繰り返しています。ある時期には地元のロータリークラブなどの奉仕団体やニューヨークの日本人会が墓地修復に努め、アメリカの仏教関係者によって法要が営まれたこともあります。

日下部太郎《くさかべたろう》の墓については、その出身地福井市およびその出身校ラトガース大学の関係者によって維持が行われたこともあり、高木三郎の幼女の墓は、もともと小型のものでしたが、いつしか滅損し、近年、高木三郎の出身地山形県鶴岡市の力で再建が行われました。

福澤先生の期待を一身に受けてアメリカに留学し、惜しくもアメリカで没した、慶應義塾の大先輩小幡仁三郎の墓がニューヨーク市から遠くないニュージャージー州ニューブランズウィックにあることも、その管理がかならずしも行き届いていないことも、多くの人は知らなかったと思います。仁三郎没後一二六年、このたび（一九九九年十月二十三日）鳥居塾長が、歴代塾長のうち初めて〝明治初年の慶應義塾長　小幡仁三郎――若くしてアメリカで没した福澤先生門下の俊秀〟のお墓に訪問されました。地下の仁三郎も、そして福澤先生も、さぞ喜んでおられることと思います。

これを機会に、小幡仁三郎が慶應義塾に残した功績と、アメリカに眠る仁三郎の墓所に対する義塾社中の関心が高まり、仁三郎の墓石の清掃、修復が進み、さらにニューブランズウィックの日本人墓地全体の恒久的な維持管理の方策が立てられることを切望するものであります。

（「三田ジャーナル」二〇〇〇年四月十五日号）

塾の三尊　小幡（篤）・門野・鎌田の三先生

福澤先生の自己責任感

福澤先生は、その一生を通じて、常に〝自己責任〟によって世に処することを貫いてこられた。幕末、明治初年の時期に、先生は（1）中津藩士としての身分をそのまま保持しつづけるのかどうか、（2）幕臣としての進退をどうするのか、（3）明治新政府からのたび重なる〝召命〟にどう対応するかというきわめて難しい〝岐路〟に立たされていた。そのとき先生は誰に相談することもなく、周囲のうごきに顧慮することもなく、自己の信念と責任によって、あざやかに出処進退を決めておられる。

『学問のすゝめ』等の著作活動、言論活動においても、先生は常に〝三寸の舌、一本の筆〟によって世に臨み、厳しい攻撃を受けても、これを一身に引き受けておられた。

慶應義塾についても、先生は『福翁自伝』の中で、次のように語っている。

「例《たと》えば慶應義塾を開いて何十年来様々《さまざま》変化は多い。時としては生徒の減《へ》ることもあれば増えることもある。ただ生徒ばかりでない、会計上からして教員の不足することも度々《たびたび》でしたが、ソンナ時にも私は少しも狼狽しない。生徒が散ずれば散ずるままにしておけ、教員が出て行くなら行くままにして留《と》めるな、生徒散じ教員去って塾が空家《あきや》になれば、残る者は乃公《おれ》一人《ひとり》だ、ソコデ一人の根気で教えられるだけの生徒を相手に自分が教授してやる、ソレモ生徒がなければ強《し》いて教授しようとは言わぬ、福澤諭吉は大塾を開いて天下の子弟を教えねばならぬと人に約束したことはない、塾の盛衰に気を揉むような馬鹿はせぬと、腹の底に極端の覚悟を定めて、塾を開いたその時から、何《なん》時《どき》でもこの塾を潰してしまうと始終考えているから、少しも怖いものはない。平生は塾務を大切にして一生懸命に勉強もすれば心配もすれども、本当に私の心事の真面目《しんめんぼく》を申せば、この勉強心配は浮世の戯れ、仮りの相《そう》ですから、勉めながらも誠に安気《あんき》です。」

『自伝』では、慶應義塾も福澤先生の自己責任でその存亡が一存で定まるように記されているが、実は先生には、また別の深謀遠慮があった。先生は、塾がまだ鉄砲洲にあったころから、将来に備えて義塾社中をささえる人材の獲得育成に努められた。元治元年（一八六四）、先生が郷里中津から小幡篤次郎・仁三郎兄弟をはじめ六人の俊才をスカウトしてきたのが、その第一着手であった。以来、先生は、在塾の生徒の中から〝これは〟と思われる人材を抜擢し、〝特訓〟をほどこした。彼らは塾生として英学を学びながら、在学中すでに教員助手、あるいは塾運営のスタッフとして登用され、やがて社中における大小の役割を次第に分担していくように成長していった。そして、このようにして育成された〝社中のコア〟ともなるべき福澤門下生の層が次第に厚くなり、福澤をささえ、慶應義塾の発展に努めることとなっていったのである。

明治のある時期、福澤先生と同じように〝新時代の人〟として名の高かった洋学者たちは相ついで洋学塾・学校を開き、それらは一時は慶應義塾と肩をならべてランクされていた。しかし、これらの学塾のほとんどすべては、〝一代かぎり〟であったその創始者の引退または逝去とともに衰退し消滅していった。それは、それらの学塾が優秀な門下生を世に送りながら、その学塾をささえる人材を養成しなかったからである。箕作秋坪の三叉学舎、福地源一郎（桜痴）の共慣義塾、中村正直（敬宇）の同人社、尺振八《せきしんぱち》の共立学舎などがその例である。

塾の三尊

それでは、福澤先生の在世当時、先生をささえ慶應の成長に貢献した〝人材〟にはどのような人がいたのであろうか。

大正から昭和の初年にかけて十年間塾長を務められた林毅陸（一八七二〜一九四九）は〝慶應義塾の三尊〟として小幡篤次郎、門野幾之進、鎌田栄吉の三先生の名を挙げておられる。

小幡、門野、鎌田の三尊のほかにも、福澤先生をたすけ、義塾をささえた功労者は数えきれない。草創期の小幡篤次郎塾頭のあとをうけて塾長（塾頭）の職についた阿部泰蔵、小幡仁三郎、荘田平五郎、藤野善蔵、蘆野巻蔵、森下岩楠、猪飼麻次郎、浜野定四郎、小泉信吉、塾監を務めた草郷《そうごう》清四郎、吉川泰次郎、名児耶六都、渡辺九馬八、大河内輝剛、益田英次、北川禮弼、医学所長松山棟庵の名も逸することはできないであろう。修身要領作成の中心人物の一人、日原《ひのはら》昌造の名も忘れられない。

ここでは、〝三尊〟と言われた小幡篤次郎先生、門野幾之進先生、鎌田栄吉先生の略伝を掲げて、その功績を偲ぶこととしたい（以下、敬称を略す）。

小幡篤次郎（一八四二〜一九〇五）

小幡篤次郎は、福澤先生より七歳の年下である。小幡は、その温厚篤実な人格と、深い学識とによって福澤先生を補佐し、終始福澤先生の女房役に徹した〝塾の功労者〟である。元治元年（一八六四）二十歳のとき、福澤先生のすすめによって中津から江戸に出て鉄砲洲の福澤塾に入門し、在学中から先生の片腕となり、二年ののちにはやくも〝塾長〟となって社中の中心人物の一人となった。

小幡は、その学識においては、福澤先生も一目置くほどの学者であった。

福澤先生は、『文明論之概略』の序文の終りに、「この書を著すに当り、往々社友に謀り、或いはその所見を問い、或いはその嘗て読みたる書中の議論を聞きて益を得たること少なからず。就中《なかんずく》、小幡篤次郎君へは特にその閲見を煩わして正刪をそい、頗る理論の品価を増したるもの多し」と述べ、小幡への信頼を明らかに表明している。

明治時代に日本の医学、新しい教育制度、陸軍軍医制度の基礎づくりに活躍した石黒忠悳（一八四九〜一九四一、軍医総監、貴族院議員、枢密院顧問官、子爵となる）は、後年、福澤先生が、小幡篤次郎、仁三郎の兄弟を厚く信頼していたことを回想し、「ある時、自分（石黒）が福澤先生に何か学問上のことについて意見を求め質問したところ、先生は、〝それは、私（福澤）よりも小幡（篤）さんのほうがくわしい。小幡さんにお聞きなさい〟と言われた。福澤先生のような大先生が、それは弟子に聞いてくれと言われた謙虚さと、また小幡さんに対する信頼に自分は敬服した」という意味のことを述べている。小幡は幕末期には福澤先生の推薦で弟仁三郎とともに幕府の開成所に教員として出講し、明治に入ってからは福澤先生に連れそうように明六社、東京学士会院のメンバーとなり、明治二十三年（一八九〇）、国会（帝国議会）が開設された時には、福澤門下を代表するような形で、貴族院議員に勅撰されている。塾内にあっては、同じ明治二十三年に小泉信吉のあとをうけてふたたび塾長に就任、明治三十年塾長を辞任したが、翌明治三十一年、鎌田栄吉の塾長就任とともに、社頭福澤諭吉のもとで新設の副社頭のポストに就任している。また、交詢社については、その設立準備時期から小幡はその中心となって活動し、その社名も、はじめ「日東社」と予定され、印刷まで出来ていたのが、小幡のひと声で「交詢社」に決まったと伝えられている。そして交詢社の開設の時（明治十三年、一八八〇）からその幹事（いまの理事長兼常務理事）に就任し、明治三十一年鎌田栄吉にこれを譲るまで、交詢社の運営にあたっていた。

明治三十四年（一九〇一）、福澤先生が没せられた時、小幡は副社頭として葬儀万端を取り仕切り、先生の最期を見送った。ちなみに、「大観院独立自尊居士」という福澤先生の戒名は、先生が第一回の大患にかかって絶望状態が続いた時、小幡がひそかに準備したものだと言われている。

福澤先生を見送っても、小幡の役目は終らなかった。先生が二月三日に亡くなられたあと、慶應義塾社中では「慶應義塾をどうするか」という議論が起こった。「慶應義塾は福澤先生がおられるからこそ存在してきた。これは先生一代限りの学塾とし、慶應義塾は解散すべきだ」という真面目な提案もあらわれてきた。社頭なき副社頭として二月二十三日の評議員会に臨んだ小幡は、鎌田塾長とともに〝塾の維持存続〟を決議し、「福澤先生没せらる、慶應義塾も共に葬る可きか。否、我我はこれを葬るに忍びざるなり……」に始まる維持会趣意書を発表して、義塾の維持を社中および一般によびかけ、着々と学生数の増加と基金の募集をすすめていった。

それから四年経った明治三十八年（一九〇五）二月三日の福澤先生の五回忌に二代目社頭として出席した小幡は、福澤先生との〝出会い〟を回想し、また先生没後の塾の近況に触れ、次のような意味のことを述べておられる。

「私は伯父の関係から、私がまだ腹掛け一枚のころから福澤先生に見知られている。そして、郷里中津に居るころから、すでに先生の『西洋事情』を、出版前の写本で読んでいる。先生のおすすめで、江戸に出て以来こんにちまで、つねに福澤先生の恩顧を受けてきたが、先生が没くなられて、慶應義塾がますます盛んになっているのは、まことに喜ばしい。」

このころ小幡は、すでに著しく健康を損ねていた。そして、このとし四月十六日逝去した。享年六十四歳であった。

小幡は、自伝、回想録、回顧談のようなものを残していない。したがって、元治元年（一八六四）から明治三十四年（一九〇一）まで三十余年間、あの気象のはげしい〃人間福澤諭吉〃の女房役として過ごしてきた〃苦労話〃〃内輪話〃などは一切残していない。それも、〃控えめ〃な人格者小幡の側面を示している。

小幡の墓は渋谷区広尾の祥雲寺の墓地にある。小幡とともに中津から江戸に出て慶應義塾に一生を捧げた浜野定四郎の墓もここにある。

小幡の郷里、中津市片端町「小幡記念市立中津図書館」には、小幡のゆかりの品が陳列され、同じく中津市留守居町の福澤記念館にも、小幡の書いた書幅等が展示されている。いずれも小幡の趣味、風格を長く伝えている。

慶應義塾の長老　門野幾之進（一八五六〜一九三八）

門野幾之進は安政三年三月、志摩国鳥羽（現在の三重県鳥羽市）に生まれた。この年福澤先生は二十三歳で、同年九月、兄三之助の死によって、養家中村の姓から福澤姓に戻り家督を相続している。小幡が福澤先生より七歳年下であったのに比べて、門野は二十歳以上の年下で、ほとんど親子のような年齢差であった。

明治二年（一八六九）十四歳の門野は、〃鳥羽藩貢進生〃として上京、新銭座の慶應義塾に入塾した。そのときの塾長は小幡篤次郎で、その弟小幡仁三郎が一等（最上級の学級）、小泉信吉、阿部泰蔵が三等、馬場辰猪が四等にそれぞれ在学していた。門野が最も教えを受けたのは小幡仁三郎で、最も世話になったのは小泉信吉であった。〝鳥羽の神童〟と言われた門野はまもなく頭角を現し、二年後の明治四年（一八七一）義塾が三田移転を開始したころには、早くも〝教員（英文講学請持《うけもち》）〟の列に加えられている。

門野よりも一歳年下で、五年遅れて慶應義塾に入った鎌田栄吉は、「私が入塾した当時、塾内では門野君のことを〝ボーイ教師〟と呼んでいた。門野君は十六歳の時から教師をしていたから、自然にそういう名がついたのだろう。」と回想している。やがて、門野は首席教員、鎌田は次席教員になった。門野が正式に〝教頭〟となったのは、明治十六年（一八八三）、二十七歳の時であった。

そののち門野は教頭、教場長、学務主任など制度変更による名称の違いはあっても、塾内の学務責任者として活躍し、学事の改良近代化を常に企画実行していった。その改革をあまりに忠実に行ったため、ある時は、かえって福澤先生の不興を買ったことさえあったほどである。

明治二十三年（一八九〇）の大学部設置の時には、新設三学科（文学科、理財学科、法律科）のカリキュラムの原案作成を門野は一手に引き受けた。さらに門野は欧米の教育界を視察したあと、大学部の学制を改革し、選択科目制《イレクティブ》の導入を図っている。

明治三十年代になって、福澤先生、小幡長老が次第に老境に入られると、社中では小幡を継ぐべき〝後継塾長候補〟を四十歳代の〝新世代〟の中に求めるようになった。そのとき当然名前があがったのは「門野」「鎌田」である。小幡、朝吹英二、中上川彦次郎らは門野をその意中に描いていたようである。しかし門野は固辞した。

門野は、のちに「私は御免を蒙った。というのは、私は塾長になれば或る時に福澤先生と喧嘩しなければならない。それがイヤだから、どうしてもならぬといって断った。」と述懐している。十四歳の時から福澤先生に接してその膝下に育ち、親のような福澤先生の性格と自己の性格を知り抜いている門野は、〝親子の衝突〟を恐れて辞退したのであろう。その結果、一歳年下、五年後輩の鎌田が、明治三十一年（一八九八）四十一歳で塾長に就任した。門野はそののちも鎌田塾長のもとで教頭として義塾に在任し、福澤先生他界後は小幡社頭のもとで副社頭兼教頭となったが、先生没後一年の明治三十五年に教頭を辞任した。

四十八歳で慶應義塾を辞任した門野は、千代田生命を創立して社長に就任し、実業界の人となった。そして終生、保険業界の重鎮として世の尊敬を受けていた。大正十一年（一九二二）鎌田が塾長を辞任したあと、門野は社中の要請で「臨時塾長事務同大学総長事務」の嘱託を受け、さらに昭和十一年（一九三六）小泉塾長の渡来中も〝総長代理〟を嘱託されている。これも、門野が社中から大きな信頼を受けていたあかしである。

林毅陸は「門野先生の在塾時代は実に縁《えん》の下の力持ちで苦労多くして報いられるところ薄《うす》く、塾内の人々には大いに尊敬せられたとはいえ、福澤先生の盛名の影に埋もれて世間的の栄達より遠ざかり、象牙の塔ならぬ破れ校舎に立籠って専ら学問のために尽くされた。」とたたえている。

門野はその晩年、福澤先生の残された事業のひとつである「時事新報」が悲運に見舞われたとき、あえて〝火中の栗〟を拾って私財を提供してまでその挽回を計ろうとした。これは福澤先生に対する門野の〝報恩の誠意〟の表れにほかならない。また、義塾の募金に応じて多額の私財を寄附したこともしばしばであった。

門野は晩年まで健康な生活を送っていたが、昭和十三年（一九三八）十一月十八日、狭心症のため、八十三歳の天寿を完うした。

その葬儀は十一月二十二日、当時三田山上にあった慶應義塾の大講堂で行われた。葬儀委員長は小泉塾長であった。当日、義塾は臨時休業とし、多数の教職員、塾生、塾員、および一般の焼香客が参列した。かくて慶應義塾は〝三尊の一人〟門野先生を最高の儀礼をもってお見送りしたのであった。

塾長在任二五年　鎌田栄吉（一八五七〜一九三四）

鎌田は安政四年八月、紀州和歌山能登町（現在の和歌山市東長町）に生まれた。福澤先生が二十五歳で鉄砲洲に塾を開く前年である。和歌山には、鎌田の幼時にすでに藩校学習館の一部に洋学所があり、鎌田もそこで英語の初歩を学び、翻訳書も習った。福澤先生の『雷銃操法』『西洋事情』もこの時読んでいる。廃藩置県により藩校は県校となったが、鎌田はここで慶應義塾から派遣されてきた教師から〝慶應義塾でやっている通り〟の英学を教わり、〝カッケンボウスの物理書、米国史、マルカムの英国史……〟等を読まされている。このような基礎教育を受けたうえで、明治七年（一八七四）、鎌田は上京して三田の慶應義塾に入塾したのである。

そのころ、慶應義塾社中には鎌田の同郷〝紀州〟の出身者が多かった。松山棟庵、小泉信吉、和田義郎、森下岩楠などが鎌田の同郷の先輩であった。同郷の人も多かったが、会津・薩摩・水戸など〝異国〟の人も多い。「これまで使いなれた方言をいっても、笑われてはじめて気がつき、直する工夫をする。これは大きな利益だったと思います」と鎌田は回顧している。のちに鎌田は教員として塾長として、交詢社理事長として、また貴族院議員として、つねに広く明るく円満に人と交わり、包容力の大きさを示しているが、入塾の時から〝他郷の人とも交わっていく〟姿勢をとっていたのであろう。鎌田は翌年四月塾を卒業し、そのまま塾に残り、社会科学系統の英書を数多く読破するとともに、数学の勉強にも力を入れている。福澤先生は優秀な門弟を外部に送り出し、各地の新設学校にも校長を派遣している。鎌田も郷里和歌山の自習館校長、鹿児島学校教頭、大分県師範学校校長等をそれぞれ数年間務めた。また、内務省に御用掛（准奏任）として勤務し、短期間ではあるが和歌山第一選挙区から選出されて、衆議院議員を務めたこともある。

しかし、鎌田はその前後はつねに義塾の教員として福澤先生の側近にあった。三田演説会の発足、交詢社の設立など、福澤先生のイクステンション活動についても、つねにブレーンの一人として活動している。

明治三十一年（一八九八）四月、鎌田は慶應義塾の塾長に就任した。その年の九月に福澤先生は脳溢血にかかり一時は絶望とまでいわれた。幸い先生は次第に快復されたが、病後は一切の著述執筆を廃された。その最晩年の先生を助けて、鎌田は塾長として社中一切のことに責を負わなければならなかった。「修身要領」の起章についても鎌田は小幡、日原昌造と三人で原案の作成に当たった。

明治三十四年二月、福澤先生は逝去された。〝福澤なき慶應義塾〟を塾長として双肩に担った鎌田は、義塾の存続を決意して維持の方策を樹《た》てた。「福澤先生は、生前においては随分ラディカルの説も立てる人であったので敵もあった。然しながら先生が一度《ひとたび》永眠すると敵も随分同情者に変ずるであろう」従って「慶應義塾に対する同情も期待も高まってくる」というのが鎌田の観察であった。

鎌田の予想どおり、明治三十六年ごろから塾では学生数が激増し、財政にもやや余裕がでるようになった。

福澤先生没後の明治三十九年（一九〇六）、慶應義塾は創立五〇周年を迎えた。鎌田はこの機会に〝福澤なき義塾の健在〟を内外にアピールするために盛大な式典を催し、記念図書館の建設を発表した。この建設は明治四十五年に完成し、いまも三田キャンパスのシンボルとしてその偉観を示している。

そのころ義塾では、理工学部開設の案が浮上してきた。この夢は一転して「医学科設置」の案として具体化し、大正九年（一九二〇）の慶應義塾「医学科開設・病院開院」式が挙行され、翌年大学令の公布によって大学医学部が誕生した。大正十一年六月、鎌田は加藤友三郎内閣に文部大臣として入閣し、在任二五年におよんだ慶應義塾長を辞任した。

そののちも鎌田は義塾の長老として、僚友門野とならんで社中の信望を受けていた。帝国教育会会長、枢密顧問官の要職にもあった。昭和八年（一九三三）には、健やかに喜寿、金婚の祝を挙げたが、翌年（一九三四）二月五日、七十八歳で逝去した。

鎌田前塾長の墓所は、当時福澤先生、小泉信吉の墓地のあった芝白金常光寺の墓地に定められた。そののち福澤先生の墓は麻布善福寺に、小泉の墓は多磨霊園に移されたが、「鎌田栄吉墓」は、「和田義郎墓」（平成十五年青山霊園に改葬された）とともに、いまも常光寺の墓域にあって参詣者の拝礼を受けている。


（「三田ジャーナル」二〇〇〇年八月十五日号）

服部禮次郎（はっとり　れいじろう）
1921年、東京に生まれる。1942年、慶應義塾大学経済学部卒業。現在、セイコーホールディングス株式会社名誉会長、株式会社和光代表取締役会長。慶應連合三田会会長。社団法人福澤諭吉協会理事長。

慶應ものがたり——福澤諭吉をめぐって

2001年 2月26日　初版第1刷発行
2008年11月 8日　初版第2刷

著者————服部禮次郎
発行者————坂上　弘
発行所————慶應義塾大学出版会株式会社
〒108-8346　東京都港区三田2-19-30
TEL　［編集部］03-3451-0931
［営業部］03-3451-3584〈ご注文〉
〃　03-3451-6926
FAX　［営業部］03-3451-3122
振替 00190-8-155497
装丁————巖谷純介
印刷・製本————株式会社 精興社

Printed in Japan　ISBN4-7664-0828-4